JN299624

Technology Management Research
for Innovation

技術経営の実践的研究

イノベーション実現への突破口

丹羽 清［編］

石黒 周／板谷和彦／白肌邦生
清野武寿／手塚貞治［著］

東京大学出版会

Technology Management Research for Innovation
Kiyoshi NIWA, Editor,
Shu ISHIGURO, Kazuhiko ITAYA, Kunio SHIRAHADA,
Takehisa SEINO, and Sadaharu TEZUKA
University of Tokyo Press, 2013
ISBN978-4-13-040259-0

はじめに

　「技術経営学」は高度技術社会における新しい経営学として大きな期待が寄せられ，その確立に向けて歩みを進めている．

　そのような状況の中で，本書の編者（丹羽）は，技術経営学の体系化を試みた標準的教科書として『技術経営論』（東京大学出版会，2006）を出版した．これは，大学における技術経営学の研究と教育の基盤として，さらには企業における技術経営の現場に対しても一定の見通しを与える土台としての役割をもたせたものであり，幸いにも今日に至るまでその使命を果たしている．

　ついで 2010 年には，企業の技術経営において今日もっとも重要な課題であるイノベーションに焦点を当て，その効果的な実践を支援する指針書として『イノベーション実践論』（東京大学出版会，2010）を出版した．これは，企業がイノベーションを実行しようとする際に妨げとなる根本的な問題と，それを解決する道筋を明らかにしたうえで，実際に企業を革新（イノベート）させる戦略と方法を具体的に提示したものである．すでにいくつかの企業が同書の方法に基づいて革新的新事業を創出してイノベーションを実現しようとするプロジェクトを開始している．

　本書は，上記 2 冊の姉妹編として，イノベーションの実現を確かなものとするために，技術経営の大学における研究と企業における実践とを有機的に結びつけ，両者の相乗的な発展を促進させる企てを述べるものである．この企てが本書のタイトルにもなっている「実践的研究」である．実践的研究とは，企業で実際に直面する技術経営上の重要課題を扱い，その解決策を提案することを目的とする研究である．このような実践的研究を成功させれば，企業にとってはその経営にあたっての大きな支援となり，また，大学にとっては新しい重要領域を学問体系に組み込むことができる．つまり，このような実践的研究は技術経営の企業における応用展開と，大学における学問的確立とを推進させると

いう役割を担うものである．

　しかしながら，このような技術経営の実践的研究はこれまで多くはなされてこなかった．その大きな原因は，企業が現実に抱える複雑な課題に対して実際に解決法を提案しようとしたときに，基礎的な理論的研究や過去の事例を対象とする分析的研究などのアプローチでは歯が立たないというところにある．また，実践的研究を開始し進展させるには大学と企業との共同作業が必要となるが，この両者間のコミュニケーションを効果的にとることは一般的には難しいという事情もあった．さらに，模範とする実践的研究の実施例がなかなか見当たらないということは，企業にとっても大学にとってもこれを行うメリットが，具体的にイメージしにくいということにもつながっていた．

　そこで本書は，実践的研究が今後広くそして効果的に実施されることを願って，序章で本書全体の位置づけと意義とを明らかにしたうえで，第1章から第5章において，各々優れた実践的研究の具体例を紹介するものである．それらは，編者の研究室（東京大学大学院総合文化研究科広域科学専攻広域システム科学系丹羽研究室）において，博士課程学生として技術経営の実践的研究を行い，厳しい審査を経て東京大学大学院総合文化研究科の博士号を取得した5人（うち4人は社会人学生）の研究者が，自らの博士論文をもとに解説している．

　第1章から第5章で述べられる研究対象は，各々「研究マネジメント」，「設計と生産の連携」，「技術人材のマネジメント」，「研究開発型ベンチャー」，「長期研究システム」という技術経営学の骨格を形成すべき領域であり，同時に，高度技術社会に入って企業がイノベーション実現のために効果的な経営方法を求めて模索を重ねている領域でもある．本書は，上記それぞれの領域に新たな研究的枠組みを与え，さらに，具体的なマネジメント施策を提案しており，学問的にも実務的にも高い水準のものである．

　上記の5つの研究はそれぞれの研究者が，技術経営現場の状況やその課題に対しての深い理解に基づいて，鋭い問題意識と洞察のもとに自らテーマの設定をしてはじめたものである．そして研究の実行にあたっては，研究成果を実際の現場で活用できる具体的水準にまで深めるために，現場適用実験の実施など多大で地道な努力を積み重ねてきた．また，研究の学問的質を高めるために，

国際学会での講演発表，国際論文誌への投稿なども積極的に行ってきた．そして，その結果それぞれの研究は博士論文として完成したのである．

　本書の5つの章は，各々の博士論文をもとにしているが，なるべく多くの人たちにこの研究成果を活用していただくために，わかりやすく新たに簡潔に書き直されたものである．その中でも，詳細は序章で述べるが，とくに次の人たちを本書の主な読者として想定している．

・技術経営学の大学教員（とくに，修士や博士研究指導教員）
・技術経営学の学生（とくに，修士と博士課程学生）
・企業の研究・技術者，技術管理者や技術担当役員
・企業内経営研修の企画・実施担当者

　以上のように，本書は企業現場における技術経営上の重要課題の解決に向けて，実践的研究を行った結果得られた実務的なマネジメント方法を提案したものである．そして，それと同時に技術経営学のさらなる体系化と確立に向けて中核的役割を果たす実践的研究の研究アプローチ（テーマの設定や研究の進め方など）についての具体的実例を示したものである．本書によって今後さらに実践的研究が広く行われるようになり，技術経営学の学問的確立と企業現場での有効活用とが促進され，イノベーション実現の突破口として貢献できれば幸いである．

　前著『技術経営論』，『イノベーション実践論』に引き続き，本書の執筆段階において東京大学出版会の編集者丹内利香氏から，とくに本書の構成について貴重な助言をいただいた．記して感謝の意を表したい．

2012年10月　　丹羽　清

目　次

はじめに　　iii

序章　イノベーションを先導する技術経営の確立　　*1*
──実践的研究の役割と実施（丹羽　清）

第1章　研究マネジメント──発見プロセスの支援（板谷和彦）　　*15*

1.1　対象課題と研究方法 …………………………………………… *16*

(1)　対象課題と問題意識　*16*
　(a)　発見支援の必要性　*16*　(b)　企業での発見活動の課題　*17*
(2)　従来の研究の問題点　*18*
　(a)　研究開発マネジメント　*18*　(b)　発見のプロセス　*19*
(3)　研究の目的と方法　*20*
　(a)　研究目的　*20*　(b)　研究方法　*20*

1.2　発見を支援する研究マネジメント ……………………………… *21*

(1)　発見の促進ファクターと阻害ファクター　*21*
　(a)　促進ファクター　*21*　(b)　阻害ファクター　*22*
(2)　発見支援のための特性要素の設定　*24*
　(a)　4つの特性要素　*24*　(b)　具体的施策とねらい　*25*
(3)　発見の現場主導型マネジメントの提案　*27*
　(a)　特徴と対象範囲　*27*　(b)　類似マネジメントとの比較　*27*

1.3　発見の現場主導型マネジメントの適用実験 …………………… *28*

(1)　適用企業の特徴　*28*
　(a)　組織　*28*　(b)　マネジメント　*30*

(2) マネジメント実験　*30*

　　　(a) 概要　*30*　　(b) 実験対象チーム　*32*

　　(3) 実験の方法と評価指標　*32*

　　　(a) 実験の方法　*32*　　(b) 評価項目　*32*

1.4　研究者の意識と行動に与えた効果の分析 ………………………… *33*

　　(1) 分析の方法　*33*

　　　(a) 意識調査　*33*　　(b) 行動分析　*34*

　　(2) 意識に与えた効果　*37*

　　　(a) 調査結果　*37*　　(b) 考察　*39*

　　(3) 行動に与えた効果　*39*

　　　(a) 調査結果　*39*　　(b) 考察　*42*

1.5　企業的成果に与えた効果の分析 ……………………………………… *43*

　　(1) 企業的成果に与えた効果　*43*

　　　(a) 特許や論文　*43*　　(b) 発見創出と社内の関心　*45*

　　(2) 事例にみる効果　*45*

　　　(a) ナノ構造を有する配線材料の研究　*45*　　(b) 環境フリー材料による増幅器の研究　*47*

　　(3) 総合的考察　*49*

　　　(a) 短期的効果　*49*　　(b) 長期的効果　*51*

まとめ ………………………………………………………………………………… *51*

　　(1) 研究の成果と意義　*51*

　　　(a) 成果　*51*　　(b) 意義　*52*

　　(2) 今後の展開　*53*

　　　(a) 研究課題　*53*　　(b) 実践課題　*53*

引用文献 ……………………………………………………………………………… *54*

第2章　設計と生産の連携——製品開発活動の強化（清野武寿）　57

2.1　対象課題と研究方法 …………………………………………………… 58

　　(1)　対象課題と問題意識　58
　　　　(a)　日本の製造業の中核：新製品開発　58　　(b)　設計と生産の連携の必要性　59
　　(2)　従来の研究の問題点　59
　　　　(a)　コンカレントエンジニアリング　59　　(b)　プロジェクト活動　60
　　(3)　研究の目的と方法　61
　　　　(a)　研究目的　61　　(b)　研究方法　61

2.2　連携の実態 ……………………………………………………………… 62

　　(1)　設計部門と生産部門の役割と活動　62
　　　　(a)　製品開発プロセス　62　　(b)　両部門の活動　63
　　(2)　設計部門と生産部門の連携不足の実態　64
　　　　(a)　実態調査　64　　(b)　連携不足の要因　66
　　(3)　連携不足の解決事例　67
　　　　(a)　事例　67　　(b)　解決方法　67

2.3　連携のモデル化 ………………………………………………………… 69

　　(1)　モデル化の方法　69
　　　　(a)　連携の基本モデル　69　　(b)　連携の連鎖　70
　　(2)　連携の成功事例　72
　　　　(a)　事例　72　　(b)　成功した連携　73
　　(3)　成功事例のモデル化　75
　　　　(a)　モデル化　75　　(b)　意義　76

2.4　連携モデルに基づくマネジメントの提案 …………………………… 78

　　(1)　連携の基本モデル　78
　　　　(a)　「データ・情報の伝達と有効活用」　78　　(b)　「機能・役割の置換」　79

(2)　「データ・情報の伝達と有効活用」からの連鎖　*79*

　　　(a)　設計部門が起点の場合　*79*　　(b)　生産部門が起点の場合　*80*

　(3)　設計部門から生産部門への「機能・役割の置換」からの連鎖　*81*

　　　(a)　設計部門へ連鎖した場合　*81*　　(b)　生産部門へ連鎖した場合　*82*

2.5　連携を開始するための生産部門の主導的役割 …………………… *83*

　(1)　生産部門による連携開始　*83*

　　　(a)　働きかけ　*83*　　(b)　生産部門の活性化効果　*84*

　(2)　生産部門の能力向上の必要性　*85*

　　　(a)　製品設計知識の獲得　*85*　　(b)　生産ノウハウの形式化　*85*　　(c)　技術レベル向上　*86*

まとめ ……………………………………………………………………… *88*

　(1)　研究の成果と意義　*88*

　　　(a)　成果　*88*　　(b)　意義　*89*

　(2)　今後の課題　*89*

　　　(a)　研究課題　*89*　　(b)　実践課題　*90*

引用文献 …………………………………………………………………… *90*

第3章　技術人材のマネジメント──人材の活性化法（白肌邦生）*93*

3.1　対象課題と研究方法 …………………………………………………… *94*

　(1)　対象課題と問題意識　*94*

　　　(a)　技術人材の活性化　*94*　　(b)　ミドルマネジャーの重要性　*95*

　(2)　従来の研究の問題点　*96*

　　　(a)　組織・個人の統合　*96*　　(b)　実践的研究の必要性　*97*

　(3)　研究の目的と方法　*98*

　　　(a)　研究目的　*98*　　(b)　研究方法　*99*

3.2 技術人材の特徴 ……………………………………………………… *100*

 (1) 未来志向性　*100*
  (a) 未来への時間感覚　*100*　(b) 測定項目　*101*
 (2) 調査　*101*
  (a) 対象　*101*　(b) 方法　*103*
 (3) 分析結果　*105*
  (a) 意欲と未来志向　*105*　(b) 技術内容との関係　*107*

3.3 活性化マネジメントの提案 ……………………………………… *108*

 (1) 活性状況の分析方法　*108*
  (a) 活動モデル　*108*　(b) ポテンシャルチャート診断　*110*
 (2) 活性化のマネジメント　*111*
  (a) 活性化アプローチ　*111*　(b) 実践の場　*112*
 (3) 活性効果の分析方法　*114*
  (a) データ　*114*　(b) 分析　*115*

3.4 活性化マネジメントの実践 ……………………………………… *116*

 (1) 実践対象　*116*
  (a) 組織　*116*　(b) 技術人材　*117*
 (2) 活性状況の分析　*118*
  (a) ポテンシャルチャート　*118*　(b) 活性状況　*120*
 (3) 活性化アプローチの実践　*121*
  (a) 事前問いかけ　*121*　(b) 面談手順　*122*

3.5 効果とマネジャーへの影響 ……………………………………… *124*

 (1) 技術人材の意識　*124*
  (a) 活性度別クラスター　*124*　(b) 能動的意識　*125*
 (2) 技術人材の活動メカニズム　*126*
  (a) ビジョンと目標　*126*　(b) アイデアと行動および成功実感　*128*
 (3) マネジャーへの影響　*129*

             (a) マネジメント　*129*　　(b) 自律的改善　*130*

　まとめ………………………………………………………………………… *131*

　　(1) 研究の成果と意義　*131*
             (a) 成果　*131*　　(b) 意義　*132*
　　(2) 今後の展開　*133*
             (a) 研究課題　*133*　　(b) 実践課題　*134*

　引用文献……………………………………………………………………… *135*

第4章　研究開発型ベンチャー──企業間の知識連携（手塚貞治）*137*

　4.1　対象課題と研究方法 ……………………………………………… *138*

　　(1) 対象課題と問題意識　*138*
             (a) 研究開発型ベンチャーの課題　*138*　　(b) 企業間提携への期待　*139*
　　(2) 従来の研究の問題点　*140*
             (a) 企業間提携　*140*　　(b) 知識習得　*141*
             (c) 企業間提携における知識習得　*142*
　　(3) 研究の目的と方法　*143*
             (a) 研究目的　*143*　　(b) 研究方法　*144*

　4.2　「組織間知能」概念とその分析方法………………………………… *144*

　　(1) 「組織間知能」概念　*144*
             (a) 定義　*144*　　(b) 近縁概念との比較　*145*
　　(2) 分析方法　*147*
             (a) 組織間知能の構造　*147*　　(b) 提携成功要因　*148*
　　(3) 調査方法　*149*
             (a) アンケート調査　*149*　　(b) インタビュー事例分析　*151*

　4.3　組織間知能構造の分析 …………………………………………… *151*

　　(1) 基本構想立案能力の向上　*151*

  　　　(a)　概要　*151*　　(b)　詳細分析　*153*

  　(2)　提携成功との優位な関連性　*155*

  　　　(a)　概要　*155*　　(b)　提携成功と事業成功の相違　*156*

  　(3)　実行能力と基本構想立案能力との２ステップ向上プロセス　*157*

  　　　(a)　概要　*157*　　(b)　解釈　*158*

4.4　提携成功要因の分析 ………………………………………… *158*

  　(1)　提携内容別の分析　*158*

  　　　(a)　提携内容の分類　*158*　　(b)　分析結果　*160*

  　(2)　競合状況別の分析　*161*

  　　　(a)　競合状況の分類　*161*　　(b)　分析結果　*161*

  　(3)　業種別の分析　*162*

  　　　(a)　業種の分類　*162*　　(b)　分析結果　*163*

  　(4)　提携先規模別の分析　*164*

  　　　(a)　提携先規模の分類　*164*　　(b)　分析結果　*164*

  　(5)　提携パターン別成功要因のまとめ　*165*

  　　　(a)　結果　*165*　　(b)　含意　*166*

4.5　提携事例 ……………………………………………………… *167*

  　(1)　事例概要　*167*

  　　　(a)　提携の経緯　*167*　　(b)　両社の役割分担　*168*

  　(2)　組織間知能構造の分析　*168*

  　　　(a)　基本構想立案能力向上　*168*　　(b)　提携成功との関連性　*169*

  　　　(c)　組織間知能向上プロセス　*170*

  　(3)　提携成功要因の分析　*170*

  　　　(a)　インタビューから抽出された成功要因　*170*　　(b)　アンケート分析から導き出される成功要因との比較　*171*

まとめ………………………………………………………………… *172*

  　(1)　研究の成果と意義　*172*

  　　　(a)　成果　*172*　　(b)　意義　*173*

(2)　今後の展開　*174*
　　　(a)　研究課題　*174*　　(b)　実践課題　*175*

引用文献 …………………………………………………………………… *176*

第5章　長期研究システム——NPO型分散研究システム（石黒　周）*179*

5.1　対象課題と研究方法 …………………………………………… *180*

　(1)　対象課題と問題意識　*180*
　　(a)　科学技術長期研究　*180*　　(b)　長期研究マネジメントの必要性　*180*
　(2)　従来の長期研究システムの問題点　*181*
　　(a)　大規模研究機関　*181*　　(b)　連携組織による研究システム　*183*
　(3)　研究の目的と方法　*185*
　　(a)　研究目的　*185*　　(b)　研究方法　*185*

5.2　RoboCup の組織 ………………………………………………… *186*

　(1)　RoboCup の概要　*186*
　　(a)　組織形成の経緯　*186*　　(b)　参加研究者　*188*
　(2)　組織的特徴　*188*
　　(a)　4つの特徴　*188*　　(b)　具体的内容　*189*
　(3)　組織特性　*190*
　　(a)　8つの組織特性　*190*　　(b)　具体的内容　*191*

5.3　RoboCup の活動分析とマネジメント施策 ………………… *193*

　(1)　活動分析　*193*
　　(a)　長期研究推進の評価項目　*193*　　(b)　活動実績の評価　*194*
　(2)　マネジメント施策　*196*
　　(a)　4つのマネジメント施策　*196*　　(b)　具体例　*197*
　(3)　マネジメント施策の評価　*198*
　　(a)　企業との協同事業事例　*198*　　(b)　自治体との協同事業事例　*199*

5.4 NPO 型分散研究システム ………………………………………… *200*

 （1）　NPO 型分散研究システムの定義　*200*

  （a）　定義　*200*　（b）　類似の仕組みとの比較　*201*

 （2）　実例 1：IRS　*202*

  （a）　組織的特徴，組織特性とマネジメント施策　*202*　（b）　評価　*204*

 （3）　実例 2：SBI　*207*

  （a）　組織的特徴，組織特性とマネジメント施策　*207*　（b）　評価　*209*

5.5 有効性と適用の推進 ……………………………………………… *211*

 （1）　従来の長期研究システムの問題の回避　*211*

  （a）　大規模研究機関に対して　*211*　（b）　国家研究プロジェクトに対して　*212*

 （2）　従来の長期研究システムとの相互補完性　*213*

  （a）　大規模研究機関に対して　*213*　（b）　国家研究プロジェクトに対して　*213*

 （3）　適用可能テーマと立ち上げ・推進プロセス　*214*

  （a）　適用可能な研究テーマの性質　*214*　（b）　立ち上げ・推進プロセス　*215*

まとめ …………………………………………………………………… *216*

 （1）　研究の成果と意義　*216*

  （a）　成果　*216*　（b）　意義　*218*

 （2）　今後の展開　*218*

  （a）　研究課題　*218*　（b）　実践課題　*219*

引用文献 ………………………………………………………………… *220*

終章　技術経営の展開　*223*
　　── 研究と実践の共同によるイノベーションの実現（丹羽　清）

索　引　*229*

執筆者紹介　*235*

序章

イノベーションを先導する技術経営の確立

実践的研究の役割と実施

　技術経営の大学における研究の実態と企業における活用の実情を概観したうえで，技術経営学の学問としての確立と企業での有効活用とを促進させるために実践的研究が必要であることを述べる．ついで，実践的研究の先駆例として第 1 章から第 5 章で詳述する 5 つの研究に関して，それらを開始するに至った研究者の問題意識や動機を明らかにし，また各々の研究の内容と意義を概説する．さらに，想定する読者層が，いかにすれば本書を有益に活用することができるかについても提案する．

大学における技術経営学の研究

 従来の経営学は「人」,「モノ」,「金」を主要な経営資源として形成されてきた.ところが,今日の高度技術社会では,「人」,「モノ」,「金」に加えて「技術」が,企業の盛衰を決定するイノベーションの実現にとってもっとも重要な資源として表舞台に登場してきた.つまり,高度技術社会とは企業にとっては技術を効果的・戦略的に使って優位な経営を目指すべき社会であり,そして今まさにその時代といえるのである.

 しかし,これまで大学に対して,技術をいかに戦略的に経営に生かしたらよいのかその方法を研究せよといっても,ただちにはそう簡単にできるものではなかった.さらにいえば,もともとそのような発想は理解されにくかったのである.その原因は,技術は経営学とは別の分野である工学で扱われてきたため,伝統的な経営学者や工学者はお互いに相手の分野のことに概して無関心・無知であり,そのために技術を経営に生かすなどという両分野の境界領域に関する問題意識はなかなか生まれてこなかったからである.

 このような状況の中で,主として工学を背景にもちながらも企業経営に関心をもつ一部の研究者たちの間で,技術を効果的に活用して経営を行うことを前面に打ち出して従来の経営学を補完し,さらには,再構築しようとする試みが1990年代ごろから徐々に注目を集めるようになった.これが,歴史的観点からみた技術経営学の位置づけである.すなわち,技術経営学は「高度技術社会における経営学」ともいうべき新しい学問である.

 わが国において,いくつかの大学や大学院で技術経営コースが開設されはじめたのは2005年ごろからである.また,この分野の代表的な国際学会であるPICMET (Portland International Center for Management of Engineering and Technology) は,本書の編者(丹羽)も設立メンバーとして1991年に開始されたが,他の伝統的な学会にみるように毎年開催されるようになったのは2004年からである.このように,技術経営学は発展途上の段階にある若い学問といえよう.

 一般的にいって,理工学や技術経営学のような実学では,車の両輪のように学問研究と応用実践とがお互いに連携し,また刺激しあってともに発展するも

のであろう．実際に理工学の分野では，たとえば，バイオ科学とバイオ工学，物質科学と材料工学との連携などのように，学問研究と応用実践との連携が，それらの分野の発展に大きく寄与していることを随所に見出すことができる．

ところが，技術経営学の分野では，上記のような学問研究と応用実践との連携が十分とはいえない．その大きな原因は，大学での学問研究が企業での実践に比べてまだまだ力不足の状況にあるためといえよう．

技術経営学の学問研究が未成熟であるのは，先に述べたようにこの分野が新しくいまだ発展途上の段階にあることが主要な原因といえる．新しい学問分野ではよくみられることではあろうが，現在のところ技術経営学の多くの研究者は異なった既存分野（たとえば，工学の各分野，経営学，あるいは，経営実務）からの新規参入者が多い．このような研究者たちは，それぞれが育ってきた分野で当然と考えられる価値観や研究方法論にとらわれがちであり，彼らがその独自の価値観や方法論をもった技術経営学という新しい学問体系を構築するためには，もうしばらくの時間が必要なのであろう．

実際に今日の技術経営学の研究現場において次のような状況がよくみられる．

- 工学出身の研究者の多くは定量的な分析を重視するため，定量化が確実にできるようにと，研究対象を定量的データを集めることのできる範囲に狭く設定する傾向がある．したがって，量だけでは把握することが困難な人間的要素が複雑に絡み，かつ，広い領域にまたがる現実の経営課題に直接立ち向かうことに躊躇する．さらに，このような現実問題に取り組もうとする定性的研究に対しては「定量的分析がないので学問研究ではない」と往々にして否定的な態度をとりがちである．
- 伝統的な経営学出身の研究者の多くは，企業の過去の経営実績データを集めて綿密に分析を行い，その企業の成功や失敗の要因を統計学的に明らかにしようとする研究を重視する傾向が強い．したがって，将来に向けて新しい経営方法やマネジメント施策を考案して提案する研究に対しては，「それらを適用した実績データの分析がないので学問研究ではない」という拒否反応を示しがちである．
- 経営実務出身の研究者の多くは，企業経営における経営者個人の思いや個

性的決断のありようを重視して，その観点から個別事例の詳細な歴史的記述を強調する傾向がある．したがって，将来のより効果的な経営の実現を支援するために経営戦術やマネジメントのパターンをなるべく多くの企業に適用できる形で提案しようとする研究に対して，それらは「単純化，あるいは，一般化しすぎて役立たない研究」として価値を認めたくないという態度をとりがちである．

以上述べてきたように，大学において技術経営学の研究が行われるようになったのは最近のことであり，現在も試行錯誤の状態にあるといえる．技術経営学がそれ独自のアイデンティティーをもった学問として確立されることが期待されている．

日本企業における技術経営学の活用

日本の製造業が第2次世界大戦後に先進欧米企業へのキャッチアップを果敢に実現し，高品質製品を効率的に製造する能力を武器に著しい発展を遂げたことは周知のことである．しかし，フロントランナー段階に入った今日の日本企業は，新製品のコンセプトは真似ではなく自分自身で創出することが必須であり，一方既存製品においては途上国企業の驚異的に強い競争力の前に立ち往生するという，両面において非常に困難な状況に追い込まれている．

日本企業がこの状況を抜け出しイノベーションへの道を目指すためには，これまでのように単に製品開発に力を注ぐだけでなく，さらに広い視点から事業戦略に新たな展開や工夫を加えることが望まれる．換言すれば，日本企業の強みをかつての「技術を製品に生かす『もの作り』」から，今後は「技術を経営に生かす『技術経営』」へと大きく脱皮させることが重要であろう．そして，途上国企業が同じように技術経営力をつける前にこれを行う必要がある．

ここで技術経営のイメージを確認するために，技術経営課題のいくつかを例としてあげておこう．

・先端技術（たとえば，情報通信技術，ナノ・マテリアル技術，バイオ技術，新エネルギー技術など）を活用した革新的新事業の創出

・研究開発人材の効果的マネジメント方法の開発による革新的研究の促進
・シミュレーション技術とロボット技術を活用した研究―設計―生産工程の革新的連携方式
・新技術システム導入による既存ビジネスモデルの無力化
・位置確認技術と高度移動技術を活用した新物流インフラの構築
・インフラとサービスとを統合するビジネスモデルの構築
・海洋開発の統合システムの構想

　上記課題などに対して，もちろん多くの企業はその実現に向けて挑戦を行っている．しかしながら，このような挑戦を支援する考え方や行動の指針を示すことのできる頼りがいのある学問は成熟していない．もっとも期待されるのは技術経営学であるが，前述のようにこの学問は確立への努力が進行中であり，概してその成果を企業がただちに経営に生かす段階には至っていないのである．
　このような状況で，いくつかの企業では，欧米大学のMBA（経営学修士）コースに経営幹部層の人材を入学させ経営学を学ばせるという企てを最近また強めている．確かに，各国からきた学生と混じり，英語でのコミュニケーション能力を高め，さらに，世界に人脈を広げることは，グローバル経営を志向するうえで大きな効果が望めるであろう．しかし，伝統的なMBAの教育内容は従来型の経営学が主体であり，そこでは，新しい技術経営学の修得と鍛錬は十分には行われておらず，これが大きな欠点となっている．
　この欠点を克服しようといくつかの日本企業では，技術経営のいわば中心テーマであるイノベーションに焦点を当て，その実現のために新たなタイプの研修プロジェクトをはじめている．これは，企業の複数事業部門から経営幹部候補層を「研修生」として十数人程度選抜し，研修の前半では技術経営学とイノベーションの最先端の考え方と実現方法を外部の技術経営学専門家に学び，それを修得する．そして後半では修得した新しい考え方や知識を土台にして他事業部の研修生や外部専門家とも議論を重ね，その企業において近い将来の収益の柱となる新規事業を提案させるというものである．この企ては，技術経営学の修得（研修）と新事業の提案（実践）とを一致させて，企業にイノベーションを起こさせ，さらに，技術経営のマネジメント力を育成・強化させようとす

る先進的なものといえる．

　以上のように，一部の先進企業では企業内研修に技術経営学やイノベーションの内容を取り込んで新規事業開拓の動きを促進させようとする企てを開始している．しかし，多くの企業にとっては大学における技術経営学が未成熟であるため，その研究成果を直接活用することができない状態が続いている．

実践的研究の必要性と特徴

　先に述べたように，高度技術社会に入り技術経営学が新しい経営学として必要とされているのにもかかわらず，技術経営学はその確立が途上であり，また，そのためもあって企業での応用展開も十分に進んでいない．

　それでは，技術経営学を体系化された学問として確立するためには何をすればよいのであろうか．現在考えられる1つの効果的なアプローチは，企業で実際に直面する技術経営上の重要課題を扱い，その解決策を提案することを目的とする研究，すなわち，実践的研究を大学が効果的に行うことであろう．

　まず第1に，実践的研究が実施されれば技術経営学の学問的確立に大きく貢献できる．その理由は，技術経営学のような実学は，企業現場の活動の中にその課題があり，それらの課題と解決策とを体系化することこそが学問の構築そのものだからである．ついで第2に，このような実践的研究は技術経営学のさらなる改善にも貢献できる．その理由は，実践的研究は現場での課題の解決策を提案するので企業では当然のことながら役立つ研究としてこの成果を活用することが可能となり，その結果，明らかとなった研究の限界や問題点が大学にフィードバックされて研究活動の改善を促すことができるからである．

　上記のように実践的研究は，大学における技術経営学研究と企業における技術経営実践とを効果的に結びつけることができ，その結果として技術経営学の体系化が進み学問としての確立に貢献できることになる．

　それでは次に，技術経営学の実践的研究とはどのような特徴をもつべきものであろうか．換言すれば，どのような実践的研究を行えばよいのだろうか，それを考えてみたい．

　まず第1に，皮肉なことに，既存分野の視点からは，前に述べたように否定されがちな特徴要素をあわせもつものだともいえるのである．すなわち，実践

的研究とは，

- ・人間的要素が複雑に絡む広い領域にまたがる現実の経営課題に取り組む
- ・新しい経営体制やマネジメント施策を考案して提案する
- ・行動やマネジメントのパターンを議論する

というような特徴をもつ研究といえるのだ．つまり，重要な現実の経営課題に正面から取り組み，実務の指針となるような経営体制やマネジメント施策のパターンを考案・提案するというものである．

さらに，その特徴としてあげるべき第2の点は，技術経営学の研究であるゆえ技術経営の本質を見据えてこれに立ち向かうべきということである．ここで，技術経営の本質とは，技術を与えられた条件としてではなく自ら動かすべき操作変数として扱うという点にある．たとえば，世の中の技術動向にあわせて企業経営をするという受身の態度ではなく，企業経営を優位に行うために技術動向を自ら積極的に作り出すという経営のやり方である．これは，新技術開発の成否が企業の盛衰に直結するという性質をもつ高度技術社会において，企業経営のもっとも留意すべき点である．この点をふまえて技術経営の研究においても，技術や技術動向を与えられた条件ではなく，操作すべき変数として扱うという特徴をもつべきなのである．

実践的研究の開始：問題意識と研究テーマ

先に述べた技術経営学研究の状況からも推察されるが，大学における技術経営の実践的研究は，伝統的学問の影響が強い学部や研究科ではなかなか認められにくい．

しかしながら，幸いなことに丹羽研究室は，既存学問の枠を超えて学際的研究を志向する東京大学大学院総合文化研究科，その中でもとくに，理科系と文科系の学問の融合を目指す広域科学専攻に所属していたことから，技術経営学の確立を目指して実践的研究を進めてくることができた．本書はこのような恵まれた環境におかれた大学の研究室で，技術経営の実践的研究を目指して，5人の博士課程学生の博士研究がいかになされたか，その研究成果を解説するも

のである.

　ところで，実践的研究を効果的に実行するためには，的確な問題意識をもって技術経営の現場での中心課題を見抜き，それをいかに研究テーマとしてとりあげるかがもっとも重要となる．そこで，まず，本書で述べる5つの研究がいかなる問題意識をもって開始されそして完成されたのか，その経緯を章の順序に従って述べておこう．

　第1章「研究マネジメント」の執筆者（板谷）は，技術系企業の中央研究所で探索研究の研究リーダーをしていたが，従来型の研究開発マネジメントの限界を痛感していた．この限界を突破するには，研究者の発見に向けての意識と行動を効果的に支援できる新しいマネジメントの確立こそが必要だと判断して，それを開発することを研究テーマに決めた．世の中に個々の偉大な発見物語は多いが，それらを具体的なマネジメント方法にまで具体化することはきわめて難題であり，これまでほとんど成功していない．執筆者は，広い領域での関連研究や自身の経験と洞察に基づき新たなマネジメント方法の仮説を構築した．そして，その効果を確認するために，発見が行われる研究現場で自ら打ち立てた方法を実際に適用してみるという画期的な参画型実験を長期間にわたって行い研究を完成させた．

　第2章「設計と生産の連携」の執筆者（清野）は製造業企業で生産技術の研究と運用を担当していた．生産コストが低いという理由で生産拠点が日本から海外に進出する動きの中で，競争力を強めていくためには，製品開発における設計と生産の連携こそが鍵であるという思いがあった．しかし，社内でこれを主張するためには説得力のある理論武装に基づき，設計と生産の連携を実現できる具体的なマネジメント施策の提案が必要であると考え，これを構築することを研究テーマとした．自分の守備範囲である生産技術を超える領域（それは従来深く研究されてこなかった境界領域でもあった）の研究を推進するために広く社内外にネットワークを構築し，具体的な先駆的事例を集めることに成功した．それら個別的事例を一般化して体系化する方法を作り上げ，さらに，現場で効果的に使用できるように手順化をするという挑戦に立ち向かった．

　第3章「技術人材のマネジメント」の執筆者（白肌）は学部で経済学を学び技術経営学の修士課程を修了し，フルタイム学生として博士課程に進学した．

丹羽研究室には社会人学生が多く，そこでの議論は学問的オリジナリティーとともに，つねに現場での実践的価値を追求するものであった．そのような現場重視の環境の中で，執筆者は逆にフルタイム学生としての特徴を生かそうと，人間の動機づけに関する理論的な考察を重ね独創的な仮説を構築した．しかし同時に，現場適用にも耐える現実性をもたせようと，社会人学生に議論を挑んで手厳しい指摘を受けることによって改善を加えていった．そして，満を持して仮説の適用と検証のため自ら企業に乗り込み共同研究をもち掛けた．現場の実情に真摯に立ち向かおうとする執筆者の研究態度は，適用先現場からの信頼を勝ちとり，その結果数年に及ぶ適用実験を続けることに成功した．そして得られた研究成果は現場の実際の活性化にも貢献し，また，学問的にも優れた成果を残した．

　第4章「研究開発型ベンチャー」の執筆者（手塚）は社会人学生であったが，経営コンサルタントを職業とするため守秘義務のある実際の仕事の内容を研究テーマにすることはできなかった．そこで，自らの多くのコンサルティング経験を通じて形成した問題意識と鋭い洞察力に基づいて独自の研究テーマを設定した．それは，研究開発型ベンチャー企業は今後わが国において重要な役割を果たすであろうが，元来弱小であるベンチャー企業が成功するためには，いかなる企業連携を形成することが必要かを明らかにしようというものである．効果的なアンケートとインタビュー調査を武器に研究を進めたが，特筆すべきは，その際に経営情報学の先端的理論「組織知能」に注目し，さらにそれを発展させた独自の新コンセプト「組織間知能」を打ち立てて研究の新たな道筋を構築した点にある．この切り口から学問的に興味深く，同時に，実務上有益な知見を得ることに成功した．

　第5章「長期研究システム」の執筆者（石黒）は，技術系企業で研究開発や新規事業開発などを担当していたが，請われてNPO型長期研究プロジェクト（RoboCup）の運営に携わるようになった．その中で，今後の社会にとって重要となる長期科学技術プロジェクトを有効に推進する新しい仕組み構築の可能性を見出し，これを体系的に確立することを研究テーマとして設定した．執筆者は実際にRoboCupプロジェクトを運営する中で，種々の仮説や試みを考案して実施し，さらに効果をみては改善を重ねるという文字通り参画型研究を進

め，新しいマネジメント方式を体系化した．ついで，新しいマネジメント方式の有効性を確認するために，この方式に基づく別の新たなプロジェクトを2つ現実に立ち上げるという画期的で壮大な企てを実行し，それらが効果的に運用できることを示すところまで粘り強く研究を進めた．

　これまで，本書各章の5つの研究がいかなる問題意識をもって研究テーマを設定し，さらに，いかなる道筋で完成されたかを述べてきた．引き続いて，完成された5つの研究の内容概要を章の順序にしたがって述べよう．

各実践的研究の概要
　第1章「研究マネジメント」では，技術系企業の研究，とくに，新材料を発見するような探索研究を効果的に実施できる新しいマネジメント法を提案している．ここでは，未踏の分野ともいえる「試行錯誤のマネジメント」を取り扱っている．従来の経営論においては，発見を遂げた以降にいかに製品開発を効率的に推進させるかという製品開発支援が主要な研究対象であった．これに対して，研究者の発見プロセスを対象とする研究は，非常に難しい課題であり十分に研究がなされてこなかった．そのような状況の中で，本研究は，わが国の企業における探索研究を支援する過程と方法を正面から実証的に取り組んでいる．
　第2章「設計と生産の連携」では，日本の製造業の競争力を強化するために，設計部門と生産部門とを効果的に連携させる方法を提案している．先駆的な連携事例の分析を土台にして，両部門間での効果的な情報のやりとりと役割の置換が重要であることを明らかにし，それを実現するための契機作りと連携を連鎖的に展開する手順を具体的に提示している．これまでは，設計と生産のそれぞれの部門を対象とする研究は多いものの，部門間をまたぐ研究の蓄積は十分ではなかった．一方，産業界では生産部門と設計部門との効果的な連携方法を求めて今やまさに試行錯誤の状態にあるといえる．このような状況において，本研究は両部門間の連携のための具体的手順を提案しており，部門間をまたぐ研究を大きく前進させている．
　第3章「技術人材のマネジメント」では，高度技術社会での企業の戦略的資

源である技術人材の活性化の方策を提案している．ここでは，組織の戦略目標と技術者個人の夢に基づく自己目標とをいかに統合して活性化状態にするかという，今日の技術組織におけるもっとも難しい課題に対して，具体的な指針と手順を提示している．従来の研究においては，組織活性化の分析や測定に関する研究は多いものの，活性状態をいかに達成させるかというマネジメント視点の研究は十分でなかった．これに対して，本研究は独創的なアイデアを土台に，企業現場との長期共同研究を実現することによって，新たな道をふみ出している．

　第4章「研究開発型ベンチャー」では，ベンチャー企業が成長していくために，いかに企業間提携を通じて知識（ノウハウやスキル）を習得すべきかを明らかにしている．組織間知能という新しい視点から成功事例分析を行い，ベンチャー企業がどのような相手とどのような機能や業務で提携すべきかの類型を提示している．従来の研究においては，1つの組織内における知識共有形態に関する研究は多いが，組織間についてはその研究が十分になされてこなかった．しかしながら，今後の活躍が期待されるベンチャー企業において，その成功の要因の1つは効果的な企業間提携であるともいわれる中で，長らく待たれていた組織間提携における知識共有に関する研究の進展が提示されていることは画期的な一歩といえよう．

　第5章「長期研究システム」では，社会に大きなインパクトを与える長期（数十年）の科学技術研究プロジェクトをいかに運営すべきかを明らかにしている．本研究は，これまで長期研究を標榜している国家研究プロジェクトや産学連携，および，企業中央研究所などで行われるマネジメントの弱点を克服できる新たな長期的研究推進のための仕組みを提示し，その有効性を確認したものである．従来，長期研究システムに対する多くの研究は，既存の産，学，官の3つのセクターでいかなるパターンの連携を組むべきかが主要な論点であった．これに対し，本研究は別の新たな選択肢として，NPO型分散研究システムを提示しその有効性を実証している．

本書が想定する読者層

　本書が想定する主要な読者層は，先に述べたように，

・技術経営学の大学教員(とくに,修士や博士研究指導教員)
・技術経営学の学生(とくに,修士と博士課程学生)
・企業の研究・技術者,技術管理者や技術担当役員
・企業内経営研修の企画・実施担当者

である.本書はそれらの人たちに次のようなメッセージを伝えたい.

・<u>技術経営学の大学教員(とくに,修士や博士研究指導教員)に対して</u>
　技術経営学は歴史が浅く研究実績も限られているので,修士や博士研究のテーマを設定する際に,その着想源を先行研究に見出そうとしても限界がある.むしろ,学生(とくに,社会人学生)自らが自分の業務の中などに挑戦すべきテーマを見出すようにすることが望ましい.事実,上記5つの研究テーマはすべて,それぞれの執筆者が博士課程学生として自ら設定したものである.したがって,結果的に5つの研究領域は非常に広範囲に及んでいる.このような場合,指導教員は自らの専門分野を超えるテーマに対して一種の不安を感じるであろうが,学生とともに学び考えることを通じて自らのキャパシティーを広げる機会ともなり得よう.さらにいえば,技術経営学という新しい学問領域を開拓し確立しようとする際には,実はこれは避けて通れない道なのである.

・<u>技術経営学の学生(とくに,修士と博士課程学生)に対して</u>
　修士研究や博士研究のテーマを自分自身の関心や問題意識に基づいて設定して実行することは望ましく,そして,本書が実際に示すようにそれは可能である.そのためには,大学において自らの問題意識を育て,現実問題の中に的確で独創的な研究テーマを見出し設定する能力を身につけることが必要である.付言すれば,このような能力は大学にとどまらずこれからの人生においてももっとも重要な力となるであろう.なぜならば日本の産業は今やキャッチアップからフロントランナーの段階に入り,自ら新たな目標やコンセプトを設定することを必要とされているからである.

・企業の研究・技術者，技術管理者や技術担当役員に対して

　本書がとりあげる5つの領域では，多くの企業人が悩み，そして，問題の解決に向けて試行錯誤をくり返しているであろう．それらの人たちにとって，本書で提案するアプローチやマネジメント方法は有益であろう．あるいは，本書での議論にヒントを得て，それを土台にそれぞれの現場で独自の方法を構築する道筋が与えられるかもしれない．このように，企業にとって大学での技術経営学の実践的研究は実際に役立つものなのである．そもそも実践的研究とは，まさに企業が実際に抱える問題を解決したり，あるいは，今後の進むべき道を提案する研究そのものだからである．さらに次のステップとしては，企業がこれらの研究成果を現場に適用した結果を大学にフィードバックすることが望まれる．このような大学と企業の効果的な連携によって技術経営学はその質をいっそう高めることが可能となり，日本の産業界がイノベーションの実現によって次の段階へと飛躍するために貢献できる学問へと確立され，また，さらなる発展をしていくことであろう．

・企業内経営研修の企画・実施担当者に対して

　今日，企業内研修は大学や大学院での教育を補完し，さらに，企業業績に直結され得る研修であるという観点から注目され，実際に広範囲に多くの企業で行われている．この企業内研修には2つの役割があろう．第1は最先端の技術知識やマネジメント法を習得させ人材の基本的能力を強化することである．第2は企業がその将来発展に向けて直面するであろう種々の課題に対して，自ら積極的にその課題の構造を明らかにし，その解決に取り組むことができる能力を育成することである．企業がキャッチアップ段階にあるときは第1の役割が研修に求められるが，フロントランナー段階に入るとさらに第2の役割をもつ研修がいっそう重要となってくる．ところが，第2の研修は非常に難しい．せいぜい過去の事例（ケースと呼ぶ）を与え，自分がその場にいたらどのようにすべきか考察してみよという方法（ケースメソッドと呼ばれる）が行われる程度であろう．しかし，この方法は「答え」がわかっている過去のある状況下での事例であり，そのままの形で現在の自企業に適用できるはずがない．むしろ，本書で提案する実践的研究のアプローチを採用するのがよいであろう．つまり，

その企業（その研修生）が実際に抱える課題に対して解決策を考え出すという研修を本書を参考にして企画できると考えるからである（すでにいくつかの企業では，この方法での研修を編者（丹羽）とともに実施している）．

　以上のように，本序章において，まず，技術経営学の学問としての確立と企業における有効活用を促進させるために，実践的研究の実施が必要であることを明らかにした．ついで，その先駆的な5つの実践的研究がいかなる問題意識のもとになされどのような成果を得たかを述べた．さらに，本書が想定する読者層がどのように本書を有益に用いることができるかも明らかにした．これらをふまえて，第1章から第5章に述べられている5つの実践的研究をお読みいただけると幸いである．

第 1 章

研究マネジメント

発見プロセスの支援

　高度技術社会においてイノベーションを実現するには，科学技術の研究開発が大きな役割を果たす．研究開発の中で，目標が比較的明確な技術開発については，それを支援するマネジメント方法は世の中に多い．しかし，研究開発の中でも新技術の種を探し出す探索研究は，未知の領域で発見を求める活動が主体となることから不確実性が高い．そのため，資源・計画の管理を中心とする従来からのマネジメント方法の支援では限界があった．そこで本章では，研究者の発見を志向する意識や行動を促すことを主目的とする，発見を支援するマネジメント方法を提案する．そして，その提案方法を日本のある大手技術系企業における 15 の研究チームへ実際に適用する実証実験を行い，発見に向けて研究者の意識や行動への支援効果があるかどうかを確かめる．さらに，18 カ月の長期にわたって適用実験を行い，複雑な発見のプロセスを効果的に支援すること，そして優れた特許や論文の産出も含め企業的価値のある発見を創出する効果が認められることを示す．

1.1 対象課題と研究方法

(1) 対象課題と問題意識

(a) 発見支援の必要性

　国際的な競争が激しくなる中で高度技術社会をむかえ，企業の発展は新技術に基づく新製品の創出に代表されるイノベーション実現の成否に大きく依存するようになり，その中核的役割を果たす研究開発はいっそう重要になっている．そのため企業では，効果的な研究開発の推進を目指して，組織の調整，資源，短期・長期の実施計画の管理といった側面から，研究開発マネジメントの活用とその強化をはかってきた．

　研究開発の中でも，新材料や新原理の発見など新技術の種を探し出す探索研究は，その成果がわれわれの生活や社会を革新させる可能性が高いことから，大きな期待を担っている．また，企業がこのような技術の種を探し出すことができれば，特許やノウハウとして囲い込むことによって，他社による容易な模倣が困難な新製品を創出し，企業の継続的な発展を導くことが可能になる．

　しかしながら，探索研究では未知の領域で発見を求める活動が主体となることから，目標達成の不確実性や研究の進捗に対する不確定性が高く，資源・計画の管理を中心とする従来の研究開発マネジメント法では限界がある（丹羽，2006）．そのため，企業における探索研究の推進をどのように効果的に支援するかは，研究開発マネジメントにおける喫緊の課題の1つであるといえる．

　それでは探索研究の支援にはどのようなアプローチが考えられるだろうか．第1のアプローチとして，企業における技術戦略の視点から取り組むことが考えられる．これまでにも，探索研究に対する「go or no-go の判断」（桑嶋，2006）や，「発見の偶然性を考慮した研究開発戦略」（池島，1999）など，探索研究を扱う際の望ましい技術戦略のあり方に関する報告がなされている．しかし，ここでの議論の対象は，マクロな視点による経営レベルでのマネジメントに限る．

　第2として，海外研究所の設置や，他企業や大学との連携によって，技術の

種や発見の広域的な探索を促す方法が考えられる．しかしながら，「海外研究所のマネジメントの難しさ」（榊原，1995）や，「研究開発のオープン化に対する盲点」（丹羽，2006）の指摘などがあるように，他力本願ともいえるアプローチに難点が残る．

ついで第3に考えられるのが，企業の現場で探索研究に携わる研究者を直接対象として，ミクロな視点から効果的なマネジメントの方法を構築することで発見の支援を行う方法であり，これが本章の採用するアプローチである．そもそも発見とは，現場で研究者が複雑なプロセスを経て達成するものであるので，直接，発見の担い手である研究者への働きかけを意図することは健全なアプローチといえるであろう．

(b) 企業での発見活動の課題

企業の発見活動は一般に企業の研究所において行われる．それでは，企業の研究所の組織とマネジメントにはそれぞれどんな特徴があるのだろうか．また，それらは，発見の支援にどのような影響を与えているのだろうか．

まず日本企業にみられる組織的な特徴は階層構造にあるといえよう．日本の大手技術系企業では，多くの場合，社長直下の階層に研究所が設置され，研究所の中には担当する技術の分野ごとに部が設置されている．部の下では，複数のグループリーダー（課長）が研究テーマごとに編成した研究者やチームの管理を行うように配置されるのが一般的である（今野，1993）．

階層的構造の中で，グループリーダーと研究者は上司と報告義務を負う部下の関係にある．そのために，研究者は説明の難しい定説とは異なる仮説・解釈に基づく活動や，失敗の恐れのある実験には躊躇してしまう懸念がある．また，組織間の敷居を感じ，コミュニケーションの範囲に制約が生じる可能性もあるといえる．

次に日本企業のマネジメントの特徴は，予算配分を中心とする計画的なリソース管理（今野，1993）や，成果主義型人事制度（中村・石田，2005）の採用にあるといえる．研究開発を行っている大手技術系企業の227社のうち，成果主義型人事制度を導入している企業の割合は80％を越えており（日本能率協会，2005），研究所の現場にもこの制度の導入が浸透しているものと考えられ

る．期限を定めて，具体的な目標の達成に対する貢献を定量的に評価することを重視する成果主義型人事評価制度は，不確定性や不確実性を内在させる発見の活動に従事する研究者の意欲やモチベーションを損なわせるだけでなく，研究行動に制約を与える懸念があるものといえる．

以上述べてきたように，現状の日本企業における組織とマネジメントは，階層構造と成果主義型人事制度を中心としたものであり，発見の活動を必ずしも考慮したものではないこと，むしろ発見の活動に対する阻害ファクターとして働いている可能性がある．

(2) 従来の研究の問題点

(a) 研究開発マネジメント

そこで本研究では，現状の日本企業における組織とマネジメントがもたらす問題点を克服し，直接研究者の発見を支援する方策について考える．そこでまず，研究開発マネジメント分野と発見のプロセスに関する二面から先行研究をみてみよう．

研究開発マネジメント分野では，研究者の属性や職務特性と研究業績との関係性を調べた研究（Pelz and Andrews, 1966; 石田，2002）や，研究開発部門の風土とイノベーションとの関係に関する調査研究（Abbey and Dickson, 1983）など多くの研究が展開され，重要な示唆を与えてきた．また，研究開発におけるリーダーシップのあり方（たとえば，Katz, 1997）の視点からも，研究者の動機づけや革新的な成果を創出するための研究開発チームのマネジメントに関する重要ファクターが指摘（Thamhain, 2003）されている．

一方，研究開発においては強過ぎるリーダーシップが研究者のプロフェッショナルな行動とのコンフリクトを生じやすいとの指摘（蔡，2002）もある．他から干渉のない思考と変革的な行動を導く効果（Engel, 1970）があるとされる自律性の付与やエンパワーメントが，研究者の内的な動機づけも促す方法として重要であるとの考え方（Amabile, 1988）が示されている．企業研究所における自律性の付与に際しては，企業の戦略との整合やバランスが必要との視点から，Asakawa (2001) が全社的な価値や情報を共有しつつ自律性を付与すべきとの方向性を示しているのは注意すべきであろう．

これらの先行研究は，研究者をマネジメントするうえで望ましい要因，リーダーシップのあり方や自律性付与の方向性を明らかにした点で意義がある．しかしながら，「発見のプロセス」を支援するという目的からみると，これらの研究では不十分である．

(b)　発見のプロセス

　次に発見のプロセスに関する先行研究についてみてみよう．認知科学分野の研究において，発見のプロセスは仮説空間と実験空間という2つの空間における説明活動と実験活動による探索としてとらえ得ることが提示されている (Klahr and Dunbar, 1988)．そして，両空間の中で適切な仮説と決定的実験とがうまく統合することによって科学的発見に至ると考えられている（岡田, 1999）．ここで，適切な仮説を形成する際には，類推の使い分けや概念変化が重要な役割を果たす（Dunbar, 1997）ことや，種々の協調活動の重要性（植田・丹羽，1996）が示されてきた．一方，決定的実験に巡り合うためには，「セレンディピティー」という偶然に予想外の発見をする能力（たとえば，ロバーツ, 1993）もおおいに発揮され得るが，適切な仮説と統合するには2つの探索空間における知識の選択と探索の方向をよく検討することも重要であるとの指摘（植田，1999）は，発見の奥深さを示すものとして興味深い．さらに，実際の発見のプロセスは複雑で長期にわたる（植田，1999）との指摘は，発見のプロセスを計画することの難しさを示すものといえよう．

　実践面から企業における探索研究を扱った事例研究からは，たとえば，次のような具体的な意識や行動にかかわる種々のことがらが重要であるとの指摘がされている．

- 「定説にとらわれない仮説やモデルの設定」（石井，2005; 藤井，2001）
- 「自分の仮説や経験を重視した試行錯誤」（石井，2005; 藤井，2001）
- 「実験における失敗や意外な結果への洞察」（石井，2005; 藤井，2001）
- 「執念深く実験を続けること」（石井，2005; 藤井，2001）

　以上みてきたように，こうした発見プロセスへの理解が進み，また，発見を

志向する研究者の種々の「心がまえ」が提示される一方で，企業でのマネジメントが研究者の発見活動にどのような影響を与えるかを明らかにする実証的研究や，具体的なマネジメント方法の提案はこれまで十分には行われてこなかった．発見の支援に有効なマネジメント法を構築するためには，リーダーと研究者の発見にかかわる意識や行動を実証的に調査・研究し，得られた知見をもとに有効なマネジメント法を提案することが必要である．

(3) 研究の目的と方法

(a) 研究目的

本研究の目的には，大きく次の2点がある．

第1の目的は，企業の探索研究の現場における研究者やチームの発見プロセスを支援する具体的なマネジメント方法を提案することにある．学術研究としても発見の支援を目的とした体系的な研究は少なく，実務上も探索研究を対象としたマネジメント方法の提示は稀有であり，このような提案は有益と考えられる．

第2の目的は，日本の大手技術系企業において，筆者の提案するマネジメント方法の有効性を実証的に確かめることにある．具体的には，提案するマネジメント方法を適用することで，現状の組織とマネジメントがもたらす問題点がどのように克服され，研究者の発見志向の意識や行動を促すかについて明らかにする．さらに長期的な適用実験も行い，本方法を実践することでどのように企業に貢献するかを実証的に示していく．

なお，本研究では，発見を「新しい物質や現象を見つけだす決定的実験と説明活動の統合」(たとえば，岡田，1999)と定義し，発見のプロセスには，決定的実験に至る種々の研究行動と，関連する説明活動が含まれるものとする．

(b) 研究方法

最初に現状の組織とマネジメントにおいて，研究者の発見行動を阻害する問題点は何かを明らかにする．引き続き，その問題点を克服するマネジメント機能を考案し，新しいマネジメント方法として提案する．

ついで，日本のある大手技術系企業において，合計15の研究チームに対し

て提案方法の適用群と非適用群を設定した2カ月半の実証実験を実施する．また，研究者の意識や行動に与える効果をアンケートとインタビュー手法によって調査し，効果分析を行う．

さらに，最長で18カ月におよぶ提案方法の長期的適用をはかり，研究者の発見のプロセスを支援し発見の創出へと導く効果を事例分析によって示す．同時に，参与観察を通じて，国際会議への論文採択や特許出願などの状況も調査し，企業において意義のある貢献に寄与することができたかを評価する．

1.2 発見を支援する研究マネジメント

(1) 発見の促進ファクターと阻害ファクター

(a) 促進ファクター

本節では発見プロセスの理解に基づき，発見を支援する研究マネジメント法の提案を行う．そのためにまず1.1節(2)(b)において述べた認知科学分野の先行研究において発見をするために重要だと指摘されたことがらを，発見を創出するうえでの「促進ファクター」としてとらえなおす．これらは発見のプロセスにおける実験活動，説明活動，およびその両方の活動に対応させて，以下の3つ（下線部）にまとめる．

〔促進ファクター1〕
　偶然に予想外の発見をする能力（たとえば，ロバーツ，1993）を発揮させるために，実験活動において，偶然の機会に対して考慮できるような心理的な余裕を確保することが必要である．

〔促進ファクター2〕
　適切な仮説を形成するためには，類推の使い分けや概念変化（Dunbar, 1997），そして種々の協調活動（植田・丹羽，1996）が重要であり，そのために研究者の種々の自律的な説明活動を尊重することが必要である．

〔促進ファクター3〕

　発見のプロセスは2つの探索空間におよぶ活動であり，実際の発見のプロセスは複雑で長期にわたるとの指摘（植田，1999）があることから，<u>発見のプロセスの複雑さや長期性を理解</u>する必要がある．

(b)　阻害ファクター

　次に1.1節（1）（b）で明らかにした，企業における研究所の組織とマネジメントの特徴（下線部）を以下に示す．

　I．組織の特徴としては，<u>階層的構造を有する研究所において，リーダーと研究者は上司と部下の階層関係にある</u>．

　II．マネジメントの特徴としては，<u>成果主義を中心とした計画的な研究管理</u>が浸透している．

　これらの2つの特徴は，上記で述べた発見のプロセスにおける3つの促進ファクターに対し，それぞれ以下に述べる阻害ファクター（下線部）をもたらす懸念がある．

〔阻害ファクター1-I〕

　実験活動に関する促進ファクター1に対して，階層的構造を有する研究所においてリーダーと研究者は上司と部下の階層関係にあることは，次のような懸念をもたらす恐れがある．すなわち，直接的な上司であるリーダーの視線，反応やさらに経営上層の反応が関心事となる（たとえば，Farson and Keyes, 2002; Amabile *et al.*, 2002）ため，失敗の恐れのある実験に対して躊躇したり，締め切りに間に合う実験を優先したりするなど，<u>心理的なプレッシャーが試行に対する制約を研究者にもたらす懸念がある</u>．

〔阻害ファクター1-II〕

　同じく促進ファクター1に対して，成果主義を中心とした計画的な研究管理が浸透していることは，チームや研究者ごとに定められた定量的な目標を達成することが研究者にとって優先度の高い関心事となる（たとえば，白肌，2009）ため，予想外の結果や偶然得られた結果に遭遇しても，目標達成の方向性と関

係が確実に見出せなければこれを無視してしまうことになる．つまり，予想外の結果や偶然得られた結果を発見のプロセスに生かす機会の損失をもたらす懸念がある．

〔阻害ファクター 2-I〕
　一方，説明活動に関する促進ファクター2に対して，階層的構造を有する研究所においてリーダーと研究者は上司と部下の階層関係にあることは次のような懸念をもたらす．直接的な上司であるリーダーの視線や反応，そして経営上層の反応が関心事となり，彼らに論理的な説明をすることが難しい仮説や類推を考えることへの躊躇が生じやすく，したがって，種々の説明活動の範囲に制約をもたらす懸念がある．

〔阻害ファクター 2-II〕
　同じく説明活動に関する促進ファクター2に対して，成果主義を中心とした計画的な研究管理が浸透していることにより，多様な仮説や類推を避け，目標達成へ効率よく直接に結びつく説明のできる仮説や類推を考えてしまう傾向となる．つまり，目標への延長上の説明活動に陥りやすい懸念がある．

〔阻害ファクター 3-I〕
　実験活動と説明活動の両方に関係する促進ファクター3に対しては，階層的構造を有する研究所においてリーダーと研究者は上司と部下の階層関係にあることにより，複雑な発見のプロセスに対して必要とされる研究上の観点からの種々の情報交換やコミュニケーションが阻害される可能性がある．したがって，研究者の視点が固定化し，行き詰まりが生じやすくなる懸念がある．

〔阻害ファクター 3-II〕
　さらに同じ促進ファクター3に対して，成果主義を中心とした計画的な研究管理が浸透していることにより，予算や成果管理の枠組みと，発見のプロセスにおける経費の発生や発見に至るタイミングが整合しない懸念がある．

表 1.1 企業における研究所の組織とマネジメントの特徴と阻害ファクターの関係

	企業における研究所の組織とマネジメントの特徴	
	I. 階層組織においてリーダーと研究者は上下の階層関係	II. 成果主義を中心とした計画的な研究管理
促進ファクター	阻害ファクター	
〔促進ファクター1〕実験活動において，偶然の機会に対して考慮できるような研究者の心理的な余裕の確保	〔阻害ファクター1-I〕心理的なプレッシャーにより，試行に対する制約を研究者にもたらす懸念	〔阻害ファクター1-II〕予想外の結果や，偶然得られた結果を発見のプロセスに生かす機会の損失をもたらす懸念
〔促進ファクター2〕研究者の種々の自律的な説明活動の尊重	〔阻害ファクター2-I〕種々の説明活動の範囲に制約をもたらす懸念	〔阻害ファクター2-II〕目標への延長上の説明活動に陥りやすくなる懸念
〔促進ファクター3〕発見のプロセスの複雑さや長期性の理解	〔阻害ファクター3-I〕研究者の視点が固定化し，行き詰まりを生じやすくなる懸念	〔阻害ファクター3-II〕予算や成果管理の枠組みと，発見のプロセスにおける経費の発生や発見に至るタイミングが整合しない懸念

以上述べてきたように，企業における研究所の組織とマネジメントの特徴は，発見に至るプロセスにおける促進ファクターに対して，6項目にわたる阻害ファクターをもたらす懸念がある．以上を簡潔にまとめて，企業における研究所の組織とマネジメントの特徴と阻害ファクターの関係を表 1.1 に示す．

(2) 発見支援のための特性要素の設定

(a) 4つの特性要素

したがって，企業の研究所において，研究者の発見に向けた意識や行動を支援するためには，前項で述べた6項目の阻害ファクターを抑制することが必要となる．それを検討する前に，まず6項目の阻害ファクターを4つに分類する．つまり，表 1.2 の左列に示すように，(i) リーダーの影響に関するもの，(ii) 目標のとらえ方に関するもの，(iii) コミュニケーションに関するもの，(iv) 予算や評価に関するもの，の4分類である．

ついで，この分類ごとに阻害ファクターを抑制するために有効と考えられる

表1.2 発見の阻害ファクターを抑制するために考案した
マネジメントの特性要素とそのねらい

発見のプロセスにおける阻害ファクターの分類	マネジメントの特性要素	ねらい
(i) リーダーの影響に関するもの〔阻害ファクター1-I〕〔阻害ファクター2-I〕	破格の実行権限の委譲	研究者に対してリーダーが与えるプレッシャーについて，顕在化しているものだけでなく，潜在的なものまでも与えないように抑制する
(ii) 目標のとらえ方に関するもの〔阻害ファクター1-II〕〔阻害ファクター2-II〕	ビジョン的表現による目標の共有	微細な目標による束縛感や制約感を抑制する
(iii) コミュニケーションに関するもの〔阻害ファクター3-I〕	ゆるやかなコミュニケーション	心理的な負担のない協調活動を可能にする
(iv) 予算や評価に関するもの〔阻害ファクター3-II〕	臨機応変な既存組織との整合	発見の現場の活動を尊重した資源確保と業績評価を可能にする

4つのマネジメントの機能を考案すると表1.2の中列のようになる．これらをここではマネジメントの特性要素と呼ぶ．表1.2の右列に，ねらいとの関係を示す．なお，マネジメントの特性要素とそのねらいについては，次項でさらに詳しく説明する．

(b) 具体的施策とねらい

前項で設定した4つのマネジメントの特性要素について，それぞれ具体的なマネジメント施策を表1.3にまとめた．表にまとめる際には，企業における実際の研究開発のマネジメント項目（今野，1993）や，マネジメントの実態を調査した事例研究（たとえば，藤井，2001; 金井，1991）なども参考にした．これらの概要と，表1.2に記述した「ねらい」との関係を以下に述べよう．

まず，最初のマネジメント特性要素である破格の実行権限の委譲とは，研究の実施に関する実行権限を，たとえば，締め切りを設けずフォローもしないなど，計画段階から結果の解釈に至るまで拡大的に研究者に委譲するとともに，

表 1.3 マネジメントの特性要素の内容と具体的なマネジメント施策

マネジメントの特性要素	内容	具体的なマネジメント施策
破格の実行権限の委譲	計画立案を含む実行権限の拡大的な委譲と報告義務の免除	・実験の実施に至る研究の実行と推進を研究者にまかせる ・締め切りを設定せず,研究の進捗のフォローをしない ・材料や機材の購入に承認を求めない ・ペナルティーがないことを告げたうえで,定例や定期的な報告を免除する
ビジョン的表現による目標の共有	社会や企業に対する将来的な貢献のイメージとして研究の目標を共有	・チーム単位で,目標達成による企業や社会にとってのインパクトや,夢を語り合い,ビジョン作成を行う ・作成したビジョンを目標としてリーダーと研究者で目標を共有する ・定量的な数値目標の設定や,期限の設定をしない ・ビジョンを適宜研究者と確認しあう
ゆるやかなコミュニケーション	権威や組織の階層における上下関係を意識させないコミュニケーション	・肩書きを外し,上下関係を意識させない議論や助言を工夫する ・積極的に鼓舞することや指導することをしない ・チーム外との情報交換に関しても指示や承認を求めたりしない
臨機応変な既存組織との整合	発見のタイミングを尊重した資源確保と業績評価に対する工夫	・定期的な進捗報告はせずに発見に至った時点で研究成果のアピールを行う ・研究者の業績評価を発見に至った時点で重点的に行う ・発見に至るまでは,取り組みの努力を評価し,研究者の業績評価を補完する ・突発的な予算発生などに対する措置を臨機応変に行う

報告義務も負わせないという施策である.ねらいとするのは研究者へ自律性を最大限に付与することにより,リーダーや経営陣に対する潜在的な遠慮や躊躇を抑制し,制約を取り払った試行や説明活動を可能にすることにある.

　次に,ビジョン的表現による目標の共有とは,リーダーと研究者が,たとえば,目標とする物質を発見した際の社会的インパクトや夢などを,ビジョン的表現による目標として共有することである.ねらいとするのは,目標を広くと

らえて共有することにより，企業との価値貢献の道筋は共有しつつも微細な目標による束縛感や制約感は抑制することにある．

3つ目のゆるやかなコミュニケーションとは，リーダーと研究者，あるいは研究者間で，階層構造上の上下関係に対する意識を感じさせないコミュニケーションをはかる施策である．ねらいとするのは，上下関係，役割や組織の垣根といった階層構造がもたらす遠慮，義務感や躊躇を取り払った議論や情報交換を促進することにある．

4つ目の臨機応変な既存組織との整合とは，研究の成果評価と研究者の業績評価を発見のタイミングにあわせて行うとともに，研究活動に必要な資源確保を臨機応変に行う施策である．ねらいとするのは，発見のタイミングを尊重し，想定される既存組織との不整合を臨機応変な対応で解決をはかることにある．

(3) 発見の現場主導型マネジメントの提案

(a) 特徴と対象範囲

前項で示した具体的なマネジメント施策を有し，研究者や研究チームを対象とする研究マネジメントを「発見の現場主導型マネジメント」と称し，これを技術系企業の探索研究を支援する研究マネジメントとして提案する．

発見の現場主導型マネジメントの特徴は，企業の将来的な価値貢献の共有を前提に，研究者の研究行動に対するマネジメントやリーダーによる干渉を可能な限り抑制することにある．また，企業の実務や体系的なマネジメントとの整合に対する工夫も含まれている．

なお，発見の現場主導型マネジメントは，発見を目指した活動が主体となる探索研究への適用を想定したものであることに注意が必要である．技術改良が主体となる開発研究や，納期を重視する製品開発に対する適用は想定していない．

(b) 類似マネジメントとの比較

研究者の自主研究を認める「アンダー・ザ・テーブル」(榊原他，1989) や，秘密裏に研究を進める「スカンク・ワーク」(榊原他，1989) などのインフォーマル組織も，研究者の「隠れた」自主研究活動を可能にするものとして知ら

れている．しかしながら，これらのインフォーマル組織内においてどの程度の自律性が確保されていたか，あるいはインフォーマル組織に対する評価や資源確保が企業の中でどのように位置づけられていたかに関する議論は不十分である．

1980年代に日本で設立が相次いだ基礎研究所は，研究者の自由を最大限生かそうとした点では似ているが，研究のビジョンが不明確なため企業における価値貢献の道筋が明確ではなく，研究者を放任させる懸念があるとの指摘があった（丸山，1987）．

このように，従来のマネジメントの中にも，研究者やチームへの権限の委譲をはかる点で類似性がみられるものがある．しかしながら，アンダー・ザ・テーブルや，スカンク・ワークのように権限の委譲が限定的であったり，日本の一部の基礎研究所のようにビジョン共有の不徹底が原因で長期的な運営に課題がみられる場合もある．したがって，本研究が提案する発見の現場主導型マネジメントは，発見に至るプロセスの支援を効果的に行う従来にないマネジメント方法であるといえよう．

1.3 発見の現場主導型マネジメントの適用実験

(1) 適用企業の特徴

(a) 組織

前節で提案した発見の現場主導型マネジメントの実証研究を，日本のある大手技術系企業A社の中央研究所で行った．同企業は，資本金3,000億円以上，従業員（単独）3万人以上，年間売上高（単独）3兆円以上と，日本有数の規模である．業種は製造業に属しており，産業用機器からパソコンや液晶テレビなどのデジタル機器，半導体部品まで多種の製品群を生産する．どの製品群も競合企業が多数ひしめく中での厳しい国際競争にさらされる環境にある．

社長直下の階層に研究開発本部が設置されており，中央研究所は研究開発本部の下の階層として位置づけられる．中央研究所の従業員規模は約1千人である．中央研究所長の下には，担当する技術の分野ごとにラボラトリー（部に相

表1.4 マネジメント実験の対象としたチームの詳細と調査項目の関係

ラボラトリー	グループ	チーム	人数	研究テーマ	適用群（期間）/非適用群	実施した調査 短期 アンケート	短期 インタビュー	長期 評価指標	長期 インタビュー
L1	G1	A	1人	ナノ構造を有する配線材料の研究	適用群（14カ月）	○			○
L1	G1	B	2人	配線材料の高密度堆積を可能にするシード材料の研究	非適用群	○			
L1	G2	C	2人	微小アクチュエータを実現する機能材料の研究	適用群（18カ月）	○	○	○	○
L1	G2	D	2人	環境フリー材料による増幅器の研究	非適用群（18カ月）	○	○	○	
L1	G2	E	2人	環境フリー材料による慣性センサーの研究	非適用群	○	○	○	
L1	G2	F	2人	異種素子間の接合を可能にする有機材料の研究	非適用群	○	○	○	
L1	G2	G	1人	環境フリー材料による物体接近センサーの研究	適用群	○	○		
L1	G3	H	3人	ナノ構造を有する半導体材料による光機能制御の研究	適用群（6カ月）	○			
L1	G3	I	3人	光機能材料による低消費電力伝送素子の研究	非適用群	○			○
L2	G4	J	2人	希少金属を代替する太陽電池用の電極材料の研究	適用群（14カ月）	○			
L2	G4	K	2人	ナノ構造を有する表示用材料の研究	適用群（2カ月半）	○			
L2	G4	L	3人	ナノ構造を有する有機材料の発光素子の研究	非適用群	○			
L2	G5	M	2人	資源回収を可能にする機能材料の研究	適用群（10カ月）	○			
L2	G5	N	2人	水資源の効率活用を可能にする機能材料の研究	適用群（2カ月半）	○			○
L2	G5	O	2人	環境フリー材料による接合金属材料の研究	非適用群	○			

当）が設置されている．ラボラトリーの下にはいくつかのグループ（課に相当）が置かれ，グループリーダー（課長に相当）が数名の研究者で編成される研究チームのマネジメントを行っており，組織の特徴は典型的な階層的構造にあるといえる．

本研究では，中央研究所の2つの材料系ラボラトリー（L1ラボラトリーとL2ラボラトリー）において実証研究の協力が得られた．L1ラボラトリーでは，従来の半導体デバイスの限界突破をねらった先端デバイスに適用する材料に関する探索研究を手がけている．L2ラボラトリーでは，環境リサイクルに関する画期的な材料の探索研究や，ナノテクノロジーを用いて材料物性を革新する探索研究を行っている．

L1ラボラトリーからG1グループ，G2グループ，G3グループの3グループ，L2ラボラトリーからG4グループとG5グループの2グループの計5グループを実証研究の対象とした．これらのグループに含まれる研究チーム数は15（A-O）である（表1.4参照）．

(b) **マネジメント**

両ラボラトリーでは，テーマ発足から予算配分，研究の進捗・成果評価管理，研究者の業績評価を行うために，ラボラトリーリーダー（部長に相当）の下にグループリーダーを置いて階層的なマネジメントを実施している．

ラボラトリーにおいて，グループリーダーが現状で具体的に実施しているマネジメントの施策は表1.5のとおりであり，本研究ではこれを「現状のマネジメント」と称することにする．基本的には，現状のマネジメントは，期限を定め，具体的な目標の達成に対する貢献を定量的に評価することを重視する成果主義型人事評価制度に基づくマネジメントの典型であるといえる（中村・石田，2005）．

(2) **マネジメント実験**

(a) **概要**

対象とする研究チームは，前述のように2つのラボラトリーの計5グループにおける15チームであり，研究者は31人である（表1.4参照）．

表1.5 グループリーダーが行う現状のマネジメント

マネジメントの視点	具体的なマネジメント施策
実行権限の扱い	・6カ月後の目標達成に向けた実行計画を1カ月単位でグループリーダーが作成し，チームごとに研究者と実行計画における役割分担を決める ・研究の進捗のフォローを1週間ごとに行うとともに，次週の実行計画を設定する ・材料や機材の購入は，事前に予算化を行い，実際に購入する際にリーダーが決裁する ・グループリーダーへの週報の報告を義務化する
目標の共有	・グループリーダーはラボラトリーリーダーの承認を得た目標をチームに提示する ・チームごとに研究者と議論を行い，6カ月後の達成目標として研究者ごとに目標をブレークダウンする ・ブレークダウン後の目標は定量的であることが求められる ・目標を変更する場合はグループリーダーの承認が必要である
コミュニケーション	・主にミーティング形式により，グループリーダーは上司としての立場で研究者との議論やコミュニケーションをはかる ・必要に応じて積極的に助言や指導をする ・他部門と情報交換する際はグループリーダーは目的を確認のうえ同席し，議事録をとらせる
既存組織との関係（ラボラトリーリーダー，経営上層との関係）	・研究の進捗は毎週，成果評価報告を6カ月ごとに行う ・研究者の業績評価を6カ月ごとに行う ・研究者の業績評価は目標達成の度合いを主に行う ・予算は前年度に作成し，予算執行進捗を1カ月ごとに報告する

　マネジメント実験のためには，なるべく同質な2群（適用群と非適用群）を確保する必要がある．そこで，環境要因となる組織やリーダーの属性とともに，研究者の業績に影響を与える要因（Pelz and Andrews, 1966; 石田, 2002）と，研究者の実績的な能力の観点（植田, 1999）から統制をはかった．具体的には，適用群と非適用群について，ラボラトリーとグループの種類，研究者の年齢層，博士号取得者数，学会賞受賞者数に関し，可能な限り同じ割合に割り振られるようにした．

(b) 実験対象チーム

対象とした全15チームの構成人数，研究テーマ，発見の現場主導型マネジメントを適用したか否か，および適用期間を表1.4に示す．

全15チームとも研究テーマを開始してから6カ月以上経過しており，発足まもないチームや開発研究に移行しつつあるチームは含まれていない．また，現場における実証性を重視し，実験のための新たなチーム編成は行っていない．表1.4の右側には，各チームに対して実施した調査内容を記述している．これについては後述する．

(3) 実験の方法と評価指標

(a) 実験の方法

マネジメント実験は2006年10月初旬から2009年7月までの期間，表1.4に示すように2つのラボラトリーの15チームに対して行った．

8チーム（A, C, D, H, J, K, M, N）は，発見の現場主導型マネジメントの適用をまず2カ月半実施した．ラボラトリー側の事情により研究者の異動があった2チーム（K, N）を除く6チーム（A, C, D, H, J, M）は，さらに6カ月以上の適用を実施した．やはりラボラトリー側の事情により研究者の異動があった2チーム（H, M）を除く4チーム（A, C, D, J）は，さらに12カ月以上の適用を実施した．

グループリーダーに対して，実験を実施する際にグループリーダーが研究者にどう対応するかを具体的に説明した．たとえば，研究者にマネジメント施策を伝える際には，発見の意識づけや研究行動を促す直接的な表現は避け，「研究を進めるにあたっての事前の相談や報告は必要ありません」などの表現で伝えるよう依頼した．実験目的も研究者には明確には告げられていない．なお，非適用群のチームに対しては，表1.5に示す現状のマネジメントの施策の適用が継続された．

(b) 評価項目

本項では，適用実験の効果を測定するための評価項目を示す．評価項目は，発見支援の効果の評価と，企業的成果の評価という2つの視点からなり，それ

ぞれ次のように設定した．

発見支援の効果を評価するための評価項目は，マネジメントの特性要素を導いた手順に従い，以下①，②のように設定した．これらは定性的評価項目となる．

① 現状の組織とマネジメントによる阻害ファクターの抑制の効果
② 発見のプロセスにおける促進ファクターの効果

企業における成果面の評価では，特許や論文などのドキュメンテーションに関して評価する2項目，探索研究の第1義的な成果でもある発見の数そのものと，社内部門の関心を獲得したか否か，という以下の4つの評価項目を設定した．

① 社内報告の発表数，特許出願数
② 学会発表と論文への採択数，学会と論文の採択率
③ 現場で創出される発見の数
④ 発見に対する社内部門からの関心の獲得数

1.4 研究者の意識と行動に与えた効果の分析

(1) 分析の方法

(a) 意識調査

発見の現場主導型マネジメント適用の効果を問うアンケート調査票を，Floyd (2002) の方法論に則り作成した．アンケートの質問項目は，表1.6に示すように，まず定性的評価項目①として，発見の阻害ファクターを抑制する効果を問う3項目（問1, 問2, 問3）を設定した．ついで，定性的評価項目②として，発見の促進ファクターの効果を問う2項目（問4, 問5）を設定した．さらに，基本的な確認項目として研究者の感じる目標の明確さや，技術課題の理解の程度を問う2項目（問6, 問7）を補足的に設定し，最後に先駆的な取

表1.6　調査の目的と具体的な質問項目

調査の目的	具体的な質問項目
定性的評価項目①として，阻害ファクターの抑制の効果を測定	(問1) 失敗を気にしないで取り組める雰囲気があった (問2) 締め切りを気にしないで取り組める雰囲気があった (問3) 研究の取り組みに関して自由に議論したり調査したりできた
定性的評価項目②として，促進ファクターの効果を測定	(問4) 主に自分の考えで具体的な実験や設計を行った (問5) 得られた結果をじっくり考え抜くことができた
目標や技術課題に関する基本的な意識の測定	(問6) 目標は明確だった (問7) 取り組む技術課題は理解していた
ダミー項目として組織風土を測定	(問8) 前例のない試みも躊躇なくできる雰囲気があった

り組みに理解を示す組織風土（Abbey and Dickson, 1983）があると思うかを問う確認項目を1項目（問8）設定した．

アンケート調査票は，2カ月半の短期適用実験の終了後1カ月以内に対象とする研究者31人全員に配付し全数を回収した．無記名だが，適用群と非適用群を判別できるようにした．回答はリッカートの5段階評価（5: 強く感じる，4: やや感じる，3: どちらでもない，2: あまり感じない，1: ほとんど感じない）からの選択とした．

(b)　行動分析

発見の現場主導型マネジメントの適用が研究者の行動に及ぼした効果を知るために，インタビュー調査を行った．これはYin（1984）の方法論に則り，対象とする研究者ごとに独立に約1時間のインタビューを実施した．

このインタビューは半構造化インタビューの形式で行い，「具体的な目標をどのように設定し，どのように研究に取り組もうとしましたか，また研究を進めていく際に実際に考えたこと，実施したことを時間順序に従って述べてください」という形で問いかけを行った．インタビュー結果は，ボイスレコーダーからテキストに起こしコーディングを行った．

表 1.7 研究行動の知識範囲と方向性

(a) 研究行動の知識範囲に関する分類の定義と例

知識範囲	定義	例
利用可能な知識範囲	追試可能な公開知識および研究者が所属する企業内で蓄積された知識の範囲	・関連する基本原理・法則 ・論文・学会誌，公開された特許 ・研究者自身のノウハウや研究所内の報告書など研究所内で蓄積された知識・情報
競争的知識範囲	追試には不十分であるが速報として扱われる知識，または非公開であるが人的な接触，交渉や代償によって入手可能な知識の範囲	・速報扱いの競合研究機関の研究報告 ・人的な接触による非公開の知識・情報 ・買収や契約により入手可能な知識・情報
知識のギャップ領域	未知の領域	（発見される知識）

(b) 研究行動の方向性に関する分類の定義と説明

方向性	定義	例
延長的方向	現状から目標（仮目標）に対する延長方向 （目標（仮目標）に対して論理的な説明が可能な方向）	・定説や常套手段に従った方向 ・競争的知識が容易に獲得可能な方向
延長と異なる方向	現状から目標（仮目標）に対する延長線上にない方向 （目標（仮目標）に対してすべて論理的に説明するのが難しい方向）	・定説や常套手段では予測がつかない方向 ・競争的知識が少ない方向

発見の行動においては探索空間における知識の選択と探索の方向の設定が重要である（植田，1999）との指摘がある．したがって，インタビュー結果を分析する枠組みとして，どのような知識の選択を行い，また，（探索の目標に対して）どのような方向性で探索を進めたかに関して，2つの次元，すなわち，研究行動の知識範囲と，研究行動の方向性を設定した．

研究行動の知識範囲に関しては，表 1.7 (a) に示すように次の 3 分類に設定

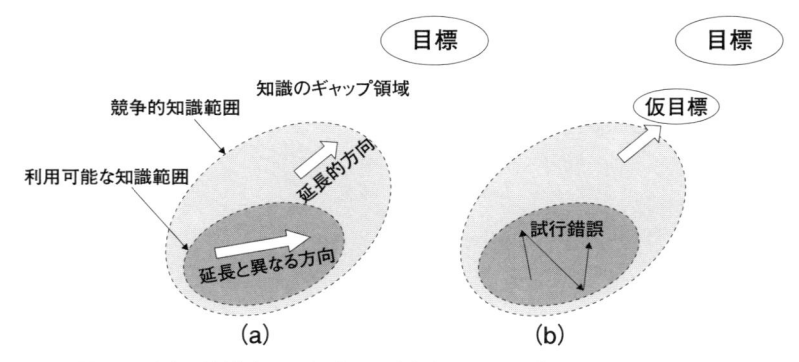

図 1.1 (a) 分析枠組みの概念図，(b) 仮目標の設定と試行錯誤の概念図

した．

- 利用可能な知識範囲
- 競争的知識範囲
- 知識のギャップ領域

ついで，研究行動の方向性に関しては，表 1.7 (b) に示すように次の 2 分類によって設定した．

- 延長的方向
- 延長と異なる方向

図 1.1 (a) に研究行動の知識範囲と方向性を分析枠組みの概念図として示す．この図では知識のギャップ領域に位置する目標に対して，競争的知識範囲と利用可能な知識範囲の関係を示すとともに，延長的方向と延長と異なる方向を図示している．

インタビュー結果の分析に関しては，発見のプロセスにおける次の 2 つの特徴的な段階：

- 仮目標の設定

・試行錯誤

に着目した．仮目標の設定とは，最終ゴールに対して当面取り組むべき暫定的な目標の設定であり，試行錯誤とは，本格的に説明活動や実験活動を試みる過程である．図 1.1 (b) に仮目標の設定と試行錯誤の概念図を示す．この図では知識のギャップ領域において延長的方向に仮目標を設定し，利用可能な知識範囲において延長と異なる方向に試行錯誤を行う様子を示している．

(2) 意識に与えた効果

(a) 調査結果

表 1.6 で設定した 8 問のアンケート項目に対する回答の分析結果を表 1.8 に示す．

定性的評価項目①として，阻害ファクターを抑制する効果を確認するための 3 項目（問 1-問 3）のうち，問 1 と問 2 に関しては，発見の現場主導型マネジメントの適用群と非適用群（すなわち，現状のマネジメントの適用群）との間で，肯定的回答率やスコア平均に差があるのがわかる．両項目に対する適用群の肯定的回答率が 50% 以上であるのに対して，非適用群では 30% 未満である．スコア平均も 1 ポイント以上適用群のほうが高い．2 サンプル t 検定の結果からも，2 項目の両方で適用マネジメントに対して有意差があることが確かめられた．問 3 に関しても，スコアの平均は，発見の現場主導型マネジメント適用群が，0.7 ポイント高く，2 サンプル t 検定の結果からも，非適用群に対して有意差があることが確かめられた．

定性的評価項目②として，促進ファクターに対する効果を問う項目（問 4，問 5）に関しても，適用群に対する肯定的回答率は高い．スコア平均も非適用群に対して，問 4 で約 1 ポイント，問 5 で 1 ポイント以上高く，2 サンプル t 検定の結果からも，2 項目の両方で非適用群に対する有意差を確認した．

基本的な確認項目として研究者の感じる目標の明確さや，技術課題の理解の程度を確認する 2 項目（問 6，問 7）に関しては，両項目とも適用群／非適用群によらず肯定的回答は高く，スコア平均の差も 0.3 以下であり，2 サンプル t 検定の結果においても両群で有意な差はみられていない．研究に取り組む際

表1.8 アンケート調査における質問項目と調査分析の結果

質問項目	発見の現場主導型マネジメント ($n=16$)			現状のマネジメント ($n=15$)			t（2サンプル）検定
	肯定的回答率（スコア：4 or 5）	スコア平均	標準偏差	肯定的回答率（スコア：4 or 5）	スコア平均	標準偏差	p値
(問1) 失敗を気にしないで取り組める雰囲気があった	(12/16)	4.19	0.83	(4/15)	3.13	0.99	0.004*
(問2) 締め切りを気にしないで取り組める雰囲気があった	(8/16)	3.31	1.30	(1/15)	2.20	0.78	0.008*
(問3) 研究の取り組みに関して自由に議論したり調査したりできた	(15/16)	4.56	0.63	(12/15)	3.87	0.92	0.022*
(問4) 主に自分の考えで具体的な実験や設計を行った	(16/16)	4.81	0.40	(9/15)	3.87	0.99	0.003*
(問5) 得られた結果をじっくり考え抜くことができた	(12/16)	4.13	0.81	(5/15)	2.80	0.94	0*
(問6) 目標は明確だった	(14/16)	4.50	0.73	(15/15)	4.73	0.46	0.29
(問7) 取り組む技術課題は理解していた	(16/16)	4.50	0.52	(14/15)	4.20	0.78	0.22
(問8) 前例のない試みも躊躇なくできる雰囲気があった	(13/16)	4.19	0.91	(10/15)	3.73	0.96	0.188

*：有意水準5%で有意.

の基本となる目標共有の程度や技術課題の理解は，適用するマネジメントの違いによらずすでに高いレベルにあるものと考えられる．先取りの組織風土に関する質問項目（問8）に対しても，適用群／非適用群によらず肯定的回答は高く，2サンプル t 検定の結果からも有意差ではなく，斬新なものへの取り組みを許容する雰囲気を，研究所の風土として研究者が感じていることを確認した．

(b) 考察

前項で述べたように，基本的な確認項目として設定した，研究者の感じる目標の明確さ（問6）や，技術課題の理解の程度を確認する項目（問7），および，先取りの組織風土を確認するための項目（問8）に対しては，現状のマネジメントを維持した非適用群との差がみられなかった．これは発見の現場主導型マネジメントの適用が，研究者の戸惑いや過度な解放感をもたらすことなく受け入れられたことを示しているものと考えられる．

一方，定性的評価項目①（阻害ファクターの抑制）に関する項目（問1-問3）では，適用群と非適用群との差は有意であり，現状のマネジメントがもたらす研究者への悪影響を抑制する効果を確認した．さらに，定性的評価項目②（促進ファクターの効果）に関する項目（問4，問5）においても，有意な有効性を確認した．つまり，本研究で提案した発見の現場主導型マネジメントが適切な仮説やアイデアを自ら見つけ出す説明活動や，熟考を深めるといった研究意識を高めることに効果があることを確かめることができた．

以上により，発見の現場主導型マネジメントの適用は，2カ月半という期間において，現状の組織とマネジメントによる問題点の抑制に有効性があること，さらに発見に結びつく研究意識を高めることを確認できた．

(3) 行動に与えた効果

(a) 調査結果

インタビュー調査結果は，表1.4で示すG2グループの5つのチーム（C，D，E，F，G）の9人に対して，長期（18カ月）適用実験終了後1カ月以内に行った．仮目標の設定に関しては有益な5つの事例，試行錯誤に関しては9つの事例が得られた．これらを各々表1.9 (a)，(b) に示す．なお各表の右側には，

表 1.9 インタビュー調査によって得られた事例

(a) 仮目標の設定に関する調査結果

事例	対象研究者	適用群/非適用群	仮目標の設定	利用可能な知識範囲	競争的知識範囲	ギャップの知識領域	延長的方向	延長と異なる方向
1	C1氏とC2氏で仮目標を共有	適用群	それまでの実験結果に対するメンバー2人の問題意識が一致し、回り道ではあるが、「候補物質 [N] をプロセスする際の、効果的なプラズマ反応を実現すること」を仮目標として設定					○
2	D1氏とD2氏で仮目標を共有	適用群	深刻な障害として「避けて通れない」と考え、「候補物質 [S] により増幅機能を目指した際の不安定現象のメカニズム解明」を仮目標として設定			○		○
3	E1氏とE2氏で仮目標を共有	非適用群	関連する社内部門への成果を示すため、「他研究機関で速報のあった類似方式をもとにして、候補物質 [E] によるセンシング機能を検証すること」を仮目標として設定		○	○		
4	F1氏とF2氏で仮目標を共有	非適用群	リーダーとの議論を経て、「候補物質 [F] をプロセスする際の暫定的な要素プロセスを見出すこと」を仮目標として設定			○	○	
5	G1氏	非適用群	リーダーの示唆を受けて、「候補物質 [G] による空間位置認識機能の実現の示唆となる信号を見出すこと」を仮目標として設定			○	○	

(b) 試行錯誤に関する調査結果

事例	対象研究者	適用群/非適用群	試行錯誤	利用可知識範囲	競争的知識範囲	ギャップの質領域	延長的方向	延長と異なる方向
6	C1氏	非適用群	試行錯誤をくり返す中で、意図しない条件の振れで目標とするプラズマ反応に到達しているのに気づいた	○				○
7	C2氏	適用群	同僚のC1氏の実験結果と、他の物質での自分の経験とを比較し、類推によって新たな反応条件を着想した	○			○	
8	D1氏	適用群	マクロな視点での試行錯誤から類推してミクロな視点へと移行し、熱に起因する微小な波の散乱によるモデルを着想した	○		○		○
9	D2氏	適用群	他の物質の挙動での説明を類推して試みようとした不安定現象の説明を試みようとした	○		○	○	
10	E1氏	非適用群	客員研究者との情報交換をふまえて、試行の条件とするパラメータの設定を進めていった		○	○	○	
11	E2氏	非適用群	社内部門からの要求を満足する制約条件を考慮しながら、関係者との議論をふまえ実験パラメータの設定を進めていった		○		○	
12	F1氏	非適用群	外部から入手した物質と界から得た情報を頼りに実験の条件を設定し、実験を進めていった		○		○	
13	F2氏	非適用群	試行するたびに課題が山積し、いったん標準的な出発物質に戻し、小刻みに様子をみながら実験をやり直すこととした	○			○	
14	G1氏	非適用群	競合企業の情報と、この目的のために導入した計算ツールを頼りに機能検証に向けた実験を1つずつ行っていった		○		○	

先に設定した分析枠組でのコード化の結果（該当する範囲と方向を「○」にて表示）を示す．

「仮目標の設定」に関する調査結果を表 1.9 (a) でみてみよう．非適用群の事例 3, 4, 5 では目標への延長的方向に仮目標を設定しているのに対して，適用群の事例 1, 2 では延長と異なる方向に仮目標を設定している．非適用群では，事例 3 で「機能の検証」というような目標に対する直接的な仮目標が設けられているのが典型的であるが，他の 2 事例でも効率的な到達を志向しているといえる．一方，適用群では，「避けて通れない」（事例 2）とこれまでの取り組みで苦労した問題意識を重視したり，「回り道ではあるが」（事例 1）など，目標の効率的追求にとらわれることなく，課題への取り組みを設定したりする傾向にある．

ついで「試行錯誤」に関する調査結果を表 1.9 (b) でみてみよう．非適用群ではすべて仮目標に対する延長的方向に試行の方向が集中したのに対して，適用群では事例ごとに分散する結果となった．知識範囲に関しては，非適用群では，1 つの事例 (13) を除いて，競争的知識範囲で試行錯誤が行われているのに対して，適用群ではいったん利用可能な知識範囲を中心に試行錯誤を進める中，4 事例中 3 事例 (6, 7, 8) で未知の領域に及ぶ試行をしていた．非適用群の事例では，事例 11 のように社内の調整を行ったり，事例 12 のように外部から入手した材料や情報を活用したりして仮目標への直接的な到達を目指して実験の条件を小刻みに設定する傾向にあった．一方，適用群では全事例に共通して，自分の経験や基本的な原理を重視した実験を進めようとする態度がみられ，さらに，視点の変化をともなう着想や，予想外の結果を見落とすことなく洞察しようとする行動に至るなど，未知の領域に知識範囲を飛躍させる傾向もみられた．

(b) 考察

非適用群である現状のマネジメント下では，研究所の研究者は延長的方向と競争的知識範囲での研究行動に同質化しており，これは日本企業の一般的な特徴から予想される傾向と同じだともいえる．一方，発見の現場主導型マネジメントを適用すると，「仮目標の設定」では，仮目標そのものへの到達を過度に

意識することなく，定説的な延長的方向に縛られずに研究者が重要課題と考える方向に仮目標を設定している．「試行錯誤」においては，研究者の行動は実験活動における多様な試行や説明活動における類推など，熟考を深める傾向があるものとして特徴づけられた．

　以上のように，発見の現場主導型マネジメントを適用することにより，発見を支援する研究行動を促す効果があることを定性的に確かめることができた．さらに，発見の現場主導型マネジメントを適用した際の研究行動の特徴として，利用可能な知識範囲を中心とした試行錯誤が，飛躍ある研究行動への予備的なアプローチになるなどの事実発見があった．

1.5　企業的成果に与えた効果の分析

(1)　企業的成果に与えた効果

(a)　特許や論文

　発見の現場主導型マネジメントの適用による企業的成果面の効果分析をG2グループの5チーム（表1.4参照）を対象に行った．まず1.3節 (3)(b) で示した，特許や論文などのドキュメンテーションに関する以下の定量的評価項目を対象とする．

① 社内報告の発表数，特許出願数
② 学会発表と論文への採択数，学会と論文の採択率

　表1.10に該当する評価項目に関する結果を示す．発見の現場主導型マネジメントの適用実験は18カ月間実施し，これらの非適用，すなわち，現状のマネジメントを継続したチームとの評価指標と比較を行う．
　適用群のチームCでは，特許を10件出願した．社外への投稿に関しては関連分野ではトップレベルの30％台の厳しい採択率を有する米国の国際会議に投稿し採択された（2007年8月）．その他にも採択率50％台の国際会議や採択率60％台の論文誌にも採択された．

表 1.10　企業的成果の結果

グループ	チーム	人数	適用群/非適用群	適用時期（期間）	対象とした評価項目			
					社内発表・特許		学会論文など	
					社内発表数	特許出願数	採択案件	採択率
G2	C	2人	適用群	2006/10-2008/03（18ヵ月）	8件（4件/人）	10件（5件/人）	① 国際会議 ② 国際会議 ③ 論文	① 30% 台 ② 50% 台 ③ 60% 台
	D	2人	適用群	2006/10-2008/03（18ヵ月）	7件（3.5件/人）	8件（4件/人）	① 国際会議	① 60% 台
	E	2人	非適用群	N.A.（適用せず）	3件（1.5件/人）	2件（1件/人）	N.A.（対象事例なし）	N.A.（対象事例なし）
	F	2人	非適用群	N.A.（適用せず）	5件（2.5件/人）	4件（2件/人）	① 国際会議	① 80% 台
	G	1人	非適用群	N.A.（適用せず）	2件（2件/人）	3件（3件/人）	① 国際会議	① 90% 台

　適用群のチーム D では，8 件の特許出願を果たすとともに，米国の国際会議（採択率は約 60％）に投稿し 2008 年 9 月に採択の通知を受けた．

　一方，非適用群（現状のマネジメント適用）のチーム E では，当初見込んだ機能を検証したが再現に乏しく，競合する研究機関のデータを凌駕するに至らず研究をいったん見直す判断がグループリーダーより下された（2008 年 2 月）．特許出願数は 2 件にとどまり，社外への投稿には至っていない．

　非適用群のチーム F では，競争的知識範囲の試行錯誤を継続することにより，比較的早期に暫定的な反応プロセスの発見に至った．この結果に基づき，関連する分野では代表的な米国の国際会議（採択率は 80％ 台）に投稿し採択された（2007 年 10 月）．

　非適用群のチーム G では，決定的な実験までは至らなかったが目標とする機能原理の段階的な発見に到達した．特許を 3 件出願するとともに，国際会議（採択率は 90％ 台）に投稿し採択に至った（2007 年 10 月）．

　以上のように，発見の現場主導型研究マネジメントを適用した 2 チームでは，厳しい採択率を経て国際会議に採択されるなど社外からも高いピアレビュー評価を得るに至った．計数的に差がみられたのは，特許出願数である．発見の現場主導型研究マネジメントを適用したチーム 1 人あたりの平均出願件数（4.5

件／人）は，現状のマネジメント下のチームの平均（1.8 件／人）と比較して 2 倍以上である．発見の現場主導型研究マネジメントの長期適用が，企業的価値のある研究成果を導く可能性を示しているものと考えられる．

(b) 発見創出と社内の関心

発見の現場主導型マネジメントを適用した 8 チームの中で，中期的適用（6 カ月以上 12 カ月未満）を実施した 2 チーム（H, M）と，長期的適用（12 カ月以上）の実施をはかった 4 チーム（A, C, D, J）の計 6 チームに対し，現場で創出される発見の数と，発見に対する社内部門からの関心に関する事例を調査した．

表 1.11 に，その結果を示す．調査した 6 チームすべてで発見の創出の事例を確認した．1 チーム（H）を除く 5 チームで，発見に対する社内部門の関心を獲得した事例も確認した．発見の創出に対するこれらの社内の関心の中には，社内部門側が当初保有していた計画の変更を促すという大きな影響を与えた事例も含まれている．

(2) 事例にみる効果

(a) ナノ構造を有する配線材料の研究

本節では 2 つの事例を詳細にみて，発見の現場主導型マネジメントを長期的に適用した場合の効果を総合的に確認していく．最初の事例はナノ構造を有する配線材料の研究である．

L1 ラボラトリーのチーム A（表 1.4 参照；A1 氏 1 人で構成される）では，ナノ構造を有する物質「C」を実現するための効果的な反応を発見する探索研究を進めている．配線材料として低抵抗化が可能な高密度の状態でナノ構造を有する物質「C」を実現することが目標である．

チーム A では，研究を開始して約 1 年が経過し，現状の進め方の中での限界がみえはじめていた．発見の現場主導型マネジメントの適用により，「半導体屋が文句なく使ってくれる密度のレベルを目指そう」との思いが A1 氏とグループリーダーとで共有されたという．まず，目標に関する視点の変化があった．他の研究機関の定説であった方法ではなく，反応を分けて個々に効果的な

表1.11 発見創出と社内関心に関する調査結果

ラボラトリー	グループ	チーム	適用時期（期間）	発見創出	社内の関心
L1	G1	A	2008/06-2009/07（14カ月）	・ナノ構造を有する物質「C」を高密度で実現する効果的な反応の発見	・半導体事業部の開発センターから問い合わせがあり，将来の基盤技術として協同で研究する議論を開始
	G2	C	2006/10-2008/03（18カ月）	・候補物質「N」を実現する効果的なプラズマ反応の発見 ・「N」によりあらたな機能を発現させる原理の発見	・半導体事業部の営業部門より顧客に紹介したいと問い合わせを得た ・技術系企業の広報部門より新聞発表に向けた打診を得る
		D	2006/10-2008/03（18カ月）	・環境フリー物質による増幅器における不安定性の原理の発見	・半導体事業部の開発部門より将来の開発計画に反映したいとの関心を得る
	G3	H	2008/06-2008/11（6カ月）	・効果的な光の屈折制御を可能にするナノ構造を有する候補物質「G」の発見	N.A.（対象事例なし）
L2	G4	J	2008/06-2009/07（14カ月）	・希少金属を代替する太陽電池用電極材料における効率を高める原理の発見	・経営上層が関心を示し，新規事業として活用する方策の検討がはじまる
	G5	M	2008/06-2009/03（10カ月）	・産業用途の効果的なリサイクルを可能にする化学結合基の発見	・インフラ関連の事業部から高い評価を得る

反応を発見することを仮目標して設定した．

その結果，高密度化へのきっかけがつかめてきたという．反応をさらに多段階の反応に分解し，初期反応についである条件で反応を行うことにより，物質「C」を成長させると高密度化の収率が劇的に高まることを発見した．

A1氏によると，この発見のきっかけは，類似の材料を扱う隣のチームBのB1氏との情報交換だったという．A1氏とB1氏との当時の情報交換は次のような形だったという．「B1さんと，ほとんど毎日，昨日の結果はどうでしたかとか，こういう条件のときはこうでしたとか，というのをディスカッションしあっていました」．B1氏の方法を採用しようと思うまでには，A1氏は自分の装置の最適条件に固執しており，ほとんどの実験に失敗したという行き詰まりがあったという．しかしながらB1氏の方法をただちに取り入れたのではなく，葛藤があったという．「自分の装置の条件は良いと確信していたので，私から

みると後退でした」とA1氏はいう．

　この同僚の方法を採用したのを機にA1氏は試行錯誤を本格化させる．その様子を「そこはもう手当たりしだいにかなり近い．パラメータはどれもこれも当然誰も経験がないので，参考にすべきデータもないと．ですからパラメータはちまちま振らない．一気に振ると，パワーだとだいたい桁で2, 3桁変えられるのですね．これはもう範囲を目一杯振ることをしていました」と，A1氏は語っている．

　A1氏の大胆な試行錯誤を進めるに際に，グループリーダーは口を出すことはなかったという．到達した密度は世界トップデータを上回り，研究成果は米国の国際会議に投稿した．30%台という厳しい採択率を克服して採択に至り，当日の発表においても質問が相次ぐなど大きな反響を呼んだという．半導体関係の事業部の開発センターからも問い合わせがあり，半導体の基盤技術として開発に移行させるための議論が開始されている．

　本事例では，まず，「ビジョン的表現による目標の共有」の効果として，研究者の問題意識を重視する仮説の設定を促しているといえる．「破格の実行権限の委譲」により，リーダーからの指示や視線は抑制されており，結果として徹底した試行錯誤と飛躍のある条件での試行につながっている．しかしながら，当初の仮説に基づく試行錯誤はいったん行き詰まりに遭遇する．この行き詰まりは同僚との情報交換により克服され，見落としていた現象への洞察を促した後に効果的な反応の発見に至る．これは，「ゆるやかなコミュニケーション」の効果といえよう．「臨機応変な既存組織との整合」として，リーダーは研究者への干渉を抑制しながらも，発見のタイミングを逃さず研究成果としての扱いも効果的に行っている．

(b)　環境フリー材料による増幅器の研究

ついで2つ目の事例である環境フリー材料による増幅器の研究をみてみよう．
　L1ラボラトリーにおけるチームD（表1.4参照）では，携帯無線機器の増幅器を環境フリー材料「S」により実現することを研究テーマとしていた．
　チームは狙いを定めた「S」を使うと増幅器に原因不明の著しい不安定現象が発生することが明らかとなり行き詰まっていた．発見の現場主導型マネジメ

ントの適用は，チームのメンバーである D1 氏，D2 氏とグループリーダーとの間で交わした「『S』で増幅器が実現できたら素晴らしいよね．世の中の景色（無線機器分野の）が変わるだろう」との新たな目標の共有からはじまった．チームのメンバーである2人（D1 氏，D2 氏）の問題意識を重視して，不安定性を引き起こすメカニズムの発見を当面の目標とすることがすんなり決まったという．

　D1 氏は熱の視点から，一方，D2 氏は過渡的な現象の視点から不安定性を引き起こす可能性のある「高エネルギー状態の電子」によるモデルを掘り下げることとした．このようにして，しだいに探索研究としての活動が本格化した．

　D1 氏は，「ミクロな熱が，物質『S』の格子を振動させながら逃げるのではないか」との視点の変化とともに，新たな仮説メカニズムの着想に至った．D2 氏も，「高エネルギー状態の電子」モデルの妥当性を計算で確かめようと試行錯誤を進めた．ところが，2人の仮説やモデルを検証するために「S」による増幅器の試作を行ったところ，期待を込めて試作した増幅器でも不安定現象は止まらなかった．さらに D2 氏の採用した特殊な評価構造も試作時の思わぬミスから断線し，研究は行き詰まった．

　行き詰まりを打開したのは，社内の専門家とのざっくばらんな情報交換だったという．情報交換の場で測定方法に課題があることがわかり，D1 氏は助言をもとに再測定をしたところ，不安定性は抑制できなかったものの，新たなモデル構築への視点の変化を得るに至った．

　一方，D2 氏は，試作時に断線した特殊な評価構造の修復を試みた．修復は特殊な装置を用いるため想定外の予算を必要としたが，グループリーダーは何も言わずに承認してくれたという．修復された増幅器を評価してみると，「ぴたりと不安定現象が止まっていた（D2 氏）」という．修復の際の電気抵抗上昇により，安定化現象が出現するという偶然が重なったことも後に明らかとなった．

　局所的な不安定現象のメカニズムの解明は進んだが，不安定現象の全体メカニズムは，まだわかっていなかった．そこで，D1 氏は，D2 氏の仮説である「高エネルギー状態の電子」が引き金となり物質「S」中でミクロな波が発生し，それが格子振動として不安定性が伝搬するのではないかとのメカニズムを

推定した．引き金の原因が熱ではなく，「高エネルギー状態の電子」へと仮説の修正を行ったのである．さらに，「私からみても変なアイデアであきれていたが，もう他に策がなかったというのが本音でした」とD1氏が振り返るように，波の伝搬を阻害するために飛躍した試行錯誤を進めた．こうして試作した増幅器を評価したところ，不安定性現象が抑制されていただけでなく，例をみない望ましい増幅特性が得られていることを発見した．

不安定性のメカニズムの発見と抑制の方策は，グループリーダーが半導体関係の事業部に報告する場を設け，同事業部から将来の開発計画に反映したいとの関心を得ることができた．この不安定性メカニズムの発見に関する論文を投稿したところ，採択率が約60％の国際会議にも採択が決まった．

本事例において，「ビジョン的表現による目標の共有」は，目標へのプレッシャーがもたらしていた制約感を解消し，定説にとらわれない仮目標の再設定へと意識の移行を促したといえる．「破格の実行権限の委譲」は，自分の経験を重視した独自の視点での仮説モデルの設定を促すとともに，研究者の試行錯誤の活動における飛躍を促しているものといえよう．

一方，当初の仮説では発見に至っておらず，深刻な行き詰まりに遭遇している．こうした行き詰まりは，グループリーダーがとりもつ「ゆるやかなコミュニケーション」の効果として克服に至る．「ゆるやかなコミュニケーション」は同僚との効果的な協調活動のきっかけとなり，仮説を望ましい方向へと修正するのにも効果があったといえる．本ケースでは，「臨機応変な既存組織との整合」により，偶然の発見につながる予算獲得を支援し，社内へのアピールや学会への投稿を促すなど発見のタイミングを重視した成果の活用を可能にしている．

(3) 総合的考察

(a) 短期的効果

ここで発見の現場主導型マネジメントの適用が発見のプロセスに与える効果を総合的に考察する．

まず，短期的効果について，マネジメントの特性要素ごとに総合的に考察する．

表1.12 短期的効果と長期的効果

マネジメントの特性要素	短期（数カ月間）的適用における効果	長期（おおそ1年以上）的適用における効果
破格の実行権限の委譲	・自分の経験や問題意識の重視を促す ・基本原理に即した方針の設定を促す	・常識の範囲にとらわれない飛躍をともなう試行錯誤を促す ・説明活動において洞察を深める志向を促す ・予想外の結果や着想への気づきを促す
ビジョン的表現による目標の共有	・定説にとらわれない仮説や目標の設定を促す	・目標への延長上にとらわれない研究行動を促す ・視点の変化をもたらす視野の広がりを促す
ゆるやかなコミュニケーション	・研究者への干渉をともなわないコミュニケーションを促す	・行き詰まりを克服する視点の変化を促す ・効果的に仮説の修正を促す
臨機応変な既存組織との整合	・研究の成果評価や研究者の業績評価の時期に対する束縛感を抑制する	・試行錯誤に関わる資源制約への躊躇を抑制する ・発見のタイミングに即した成果評価とアピールを可能にする

1.4節で述べたように，数カ月間の短期適用により，発見の現場主導型マネジメントの特性要素である「破格の実行権限の委譲」と「ビジョン的表現による目標の共有」は，研究者の意識や研究行動における固執や制約感を効果的に抑制し，定説にとらわれない研究行動を高めているものといえる．これは，成果主義型人事制度に基づくマネジメントや，競合企業の動向がもたらす固執や制約感の克服を促す効果ともいえよう．

3つ目のマネジメント特性要素である「ゆるやかなコミュニケーション」は，初期の段階では研究者の干渉をともなわないコミュニケーションを促している．チームのメンバー同士でお互いに情報交換しつつも，まずは自分の仮説やモデルを重視することを促している．

事例を通して，研究者の発見を達成する時期や自分の業績評価に対する懸念はみられていない．4つ目のマネジメント特性要素である「臨機応変な既存組織との整合」は，初期の段階から，研究の成果評価や研究者の業績評価の時期に対する束縛感を抑制することにその効果があるものといえよう．以上をまと

めて表示したのが表 1.12 の中央部分である.

(b) 長期的効果

ついで，長期的効果についてマネジメントの特性要素ごとに総合的に考察する.

おおよそ 1 年以上の長期的適用によって，マネジメントの特性要素である「ビジョン的表現による目標の共有」は，目標への延長上にとらわれない種々のアプローチを探索する研究行動を促している．さらに「破格の実行権限の委譲」の効果とも相乗して，時に飛躍をともなう試行錯誤を促す効果をみることができる．

3 つ目のマネジメント特性要素である「ゆるやかなコミュニケーション」は，次のように長期適用で大きな影響を与える．研究を長期にわたって進めていく過程には，種々の行き詰まりが生じる．このような行き詰まりの対応は容易ではない．そのような局面で研究者は，同僚や専門家との間で義務をともなわないインフォーマルな情報交換などの「ゆるやかなコミュニケーション」をはかることにより，視点の変化を実現し効果的な仮説修正を遂げて，行き詰まりを克服している．

4 つ目のマネジメントの特性要素である「臨機応変な既存組織との整合」も資源の制約による躊躇を抑制したり，発見の事実を企業内で共有し意義のある成果として効果的にアピールしたりするなどの役割を果たし，長期的適用により大きな効果を生む．以上をまとめて表示したのが表 1.12 の右部分である．

まとめ

(1) 研究の成果と意義

(a) 成果

本研究は，イノベーション実現にとってもっとも大きな課題の 1 つである企業の探索研究の支援を目的として，階層的組織と成果主義型人事制度に基づくマネジメントの問題点を抑制するための 4 つのマネジメントの特性要素，すな

わち，1.破格の実行権限の委譲，2.ビジョン的表現による目標の共有，3.ゆるやかなコミュニケーション，4.臨機応変な既存組織との整合，を組み合わせる新しいマネジメント方法である「発見の現場主導型マネジメント」を提案した．
　続いて，その効果を確かめるために，日本の大手技術系企業における実証実験を行った．その効果分析の結果，

- 現状の組織とマネジメントがもたらす阻害ファクターを抑制し，発見を志向する意識を促す効果がある．
- 研究者の研究行動において，定説にとらわれずに仮説を設定するとともに，拠り所となる確かな知識の範囲で試行錯誤をはじめ，しだいに飛躍のある試行や予想外の結果への対応を進めるなど，発見志向の傾向を高める効果がある．

という2点が確かめられた．
　さらに，最長で18カ月間適用した3チームに関する事例分析と，企業的成果の観点からの参与観察を行った結果，

- 4つのマネジメントの特性要素が，発見創出へと導く効果があることがわかった．
- 優れた特許出願や採択率の厳しい国際会議への論文採択なども含めて企業にとって意義のある発見を創出する効果があることがわかった．

という2点も確認することができた．
　現状のマネジメント下では，研究者はリーダーや経営陣からの影響を受け，制約された研究行動を余儀なくされている懸念がある．本研究で提案した発見の現場主導型マネジメントは，その問題点を克服して，探索研究において効果的な発見プロセスを導く可能性のあるマネジメントであると考えられる．

　(b)　意義
　本研究の意義は，以下の2点にまとめられる．

まず第1点は，企業の探索研究の現場における研究者の発見プロセスを支援する具体的なマネジメント方法を示したことである．実務上も探索研究を対象としたマネジメント方法の提示は稀有であり，また学術研究としても体系的な研究は少なかった．したがって独自性は高いものと考える．

　第2点は，日本の大手技術系企業において，発見の現場主導型研究マネジメントの有効性を実証実験で確かめたことである．企業の現場でマネジメント方法の実証実験を行った例は非常に少ない．

(2)　今後の展開

(a)　研究課題

今後の課題は次の3点である．

　1点目は，実証実験の拡大と適用期間の長期化をはかることである．実証実験は，日本のある大手技術系企業で行われた．今後，他の複数の企業において適用し，実証実験としての拡大をはかることで本研究の質を高めることができると考える．また適用期間の長期化をはかり，どのような過程を経て発見の創出から企業における製品につながっていくのか，また途中でどのような課題に遭遇するのかなどさらに多くのことがらが明らかにできると考える．

　2点目は，実証研究の方法面の改善をはかることである．実証実験における統制が難しい研究者の属性や，観察者の介入によるバイアスなどの影響を，調査項目や分析枠組みの見直しをはかることにより改善することが望まれる．

　3点目は，より効果的，かつ普遍的な発見支援の研究マネジメント法として改善をはかることである．設定されたマネジメントの特性要素は，日本の技術系企業における組織とマネジメントが発見支援にもたらす問題点を抑制するために設定されたものである．さらに適用と有効性の実証を積み重ねることにより新たに明らかとなる問題点を抑制すべく，特性要素の修正や要素の追加をすることも必要となろう．

(b)　実践課題

実践課題は次の2点である．

　まず，発見支援のマネジメントとして，探索研究を手がける企業において円

滑に適用をはかる方策の工夫が必要である．企業で実践するためには，その企業特有の風土や課題を明らかにしたうえで，それらを加味した具体的なマネジメントの方策の拡充をはかることが必要となろう．さらに現場のリーダーが円滑に実施できるように，実施マニュアルを準備することも重要である．

　本研究では，発見の現場に直接かかわるリーダーの視点でマネジメントの構築や実証実験を進めてきた．しかし，企業全体のイノベーション実践という観点からさらに効果を高めるためには，企業の全社的な組織とマネジメントの体系の中で，発見の現場主導型マネジメントをどのように位置づけて活用するかの検討が重要となる．たとえば，トップマネジメントの視点から発見の現場主導型マネジメントをどのように戦略的に活用するかは，残された重要な実践課題であるといえよう．

引用文献

Abbey, A. and Dickson, J. W., "R & D Work Climate and Innovation in Semiconductors," *Academy of Management Journal*, Vol. 26, No. 2, pp. 362-368, 1983.

Amabile, T. M., "A Model of Creativity and Innovation in Organizations," in B. M. Staw and L. L. Cummings (eds.), *Research in Organizational Behavior*, Vol. 10, JAI Press, Greenwich, Conn., pp. 123-167, 1988.

Amabile, T. M., Hadley, C. N., and Kramer, S. J., "Creativity Under the Gun," *Harvard Business Review*, Vol. 80, No. 8, pp. 52-61, 2002.

Asakawa, K., "Organizational Tension in International R & D Management: The Case of Japanese Firms," *Research Policy*, Vol. 30, No. 5, pp. 735-757, 2001.

Dunbar, K., "How Scientists Think: On-line Creativity and Conceptual Change in Science," in Ward, T. B., Smith, S. M., and Vaid, J. (eds.), *Creative Thought: An Investigation of Conceptual Structures and Processes*, Washington DC, American Psychological Association, pp. 461-493, 1997.

Engel, G. V., "Professional Autonomy and Bureaucratic Organization," *Administrative Science Quarterly*, Vol. 15, No. 1, pp. 12-21, 1970.

Farson, R. and Keyes, R., "Failure-Tolerant Leader," *Harvard Business Review*, Vol. 80, No. 8, pp. 64-71, 2002.

Floyd J. Fowler, Jr., *Survey Research Methods*, 3rd ed., SAGE Publications, 2002.

Katz, R. (ed.), *The Human Side of Managing Technological Innovation*, Oxford University Press, 1997.

Klahr, D. and Dunbar, K., "Dual Space Search during Scientific Reasoning," *Cognitive Science*, Vol. 12, No. 1, pp. 1-48, 1988.

Pelz, D. C. and Andrews, F. M., *Scientists in Organizations, Productive Climates for Research and Development, Revised Edition, Institute for Social Research*, The University of Michigan, 1966.

Thamhain, H. J., "Managing Innovative R & D Teams," *R & D Management*, Vol. 33, No. 3, pp. 297-311, 2003.

Yin, R., *Case Study Research and Design,* Sage Publications, 1984.
池島政広, 『戦略と研究開発の統合メカニズム:エレクトロニクス企業の比較研究』, 白桃書房, 1999.
石井正道, 『独創的な商品開発を担う研究者・技術者の研究』, 文部科学省科学技術政策研究所, 2005.
石田英夫編, 『研究開発人材のマネジメント』, 慶應義塾大学出版会, 2002.
植田一博, 「現実の研究・開発における科学者の複雑な認知活動」, 岡田猛他編, 『科学を考える:人工知能からカルチュラル・スタディーズまでの14の視点』, 北大路書店, pp. 56-95, 1999.
植田一博・丹羽清, 「研究・開発現場における協調活動の分析:『三人寄れば文殊の知恵』は本当か?」, 『認知科学』, Vol. 3, No. 4, pp. 102-118, 1996.
岡田猛, 「科学における共同研究のプロセス」, 岡田猛他編, 『科学を考える』, 北大路書店, pp. 2-25, 1999.
金井壽宏, 『変革型ミドルの探求:戦略・革新指向の管理者行動』, 白桃書房, 1991.
桑嶋健一, 『不確実性のマネジメント:新薬創出のR&Dの「解」』, 日経BP社, 2006.
今野浩一郎, 『研究開発マネジメント入門』, 日本経済新聞社, 1993.
蔡芒錫, 「中間管理職のリーダシップと研究業績」, 石田英夫編, 『研究開発人材マネジメント』, 慶應義塾大学出版会, 2002.
榊原清則, 『日本企業の研究開発マネジメント:"組織内同形化"とその超克』, 千倉書房, 1995.
榊原清則・大滝精一・沼上幹, 『事業創造のダイナミクス』, 白桃書房, 1989.
白肌邦生, 「日本の製造業における技術組織活性化マネジメントの研究」, 東京大学大学院総合文化研究科広域科学専攻博士論文, 2009.
中村圭介・石田光男, 『ホワイトカラーの仕事と成果:人事管理のフロンティア』, 東洋経済新報社, 2005.
日本能率協会, 『成果主義に関する調査』, 日本能率協会, 2005.
丹羽清, 『技術経営論』, 東京大学出版会, 2006.
藤井大児, 「技術革命のメカニズム:青色LED開発史の事例分析」, 一橋大学大学院商学研究科博士論文, 2001.
丸山瑛一, 「基礎研究のマネジメントは人のマネジメント」, 『技術と経済』, 7月号, pp. 2-8, 1987.
ロバーツ, R. M., 安藤喬志訳, 『セレンディピティー:思いがけない発見・発明のドラマ』, 化学同人, 1993.

第 2 章

設計と生産の連携

製品開発活動の強化

　新興国企業の躍進でグローバル競争が激化する中，日本の製造業がイノベーションの果実を確実に手に入れる，すなわち，利益を確保し持続的に成長するには，新たな性能・機能を有した製品を高品質かつリーズナブルな価格でタイムリーに市場・顧客に提供していく，新製品開発活動の強化が重要である．これを効果的に行うためには，製品を考え出す「設計」部門と，製品を具現化する「生産」部門の連携強化が欠かせない．設計部門と生産部門の連携の必要性については，コンカレントエンジニアリングの研究などで唱えられ続けられているが，実際の製品開発の現場で，この連携が十分に実現できているとはいえない．

　本章では，設計部門と生産部門の連携不足を解決した成功事例をもとに，両者の連携プロセスをモデル化し，新製品開発の現場で設計と生産の連携強化を促進するためのマネジメント方法を考察し提案する．

2.1 対象課題と研究方法

(1) 対象課題と問題意識

(a) 日本の製造業の中核：新製品開発

　戦後の日本の製造業は，欧米で生み出された製品コンセプトを導入し，生産技術を発展させることによって，安価で品質の高い製品を効率よく市場・顧客に提供することで発展してきた．多くの日本の製造業が，欧米の製造業をキャッチアップすることを目標に互いに競い合いながら生産技術を進化させ続け，日本を欧米と並ぶ経済国に発展させてきた．

　しかし，近年，台湾，韓国，中国をはじめとする新興国の製造業が，安価な労働力を武器に低価格製品を生産・販売することで成長し続けており，わが国の製造業の脅威となってきている（日本機械工業連合会，2004; 中川，2008）．現在の日本の製造業は，新興国に対抗できる競争力を向上させるための活路を見出さなければならない状況にある．

　日本の製造業の中には，蓄積してきた技術やノウハウをもとに，他企業が抱える業務上の課題を分析して課題解決を実行するソリューション事業や，機器やシステムの保守，教育，定型業務支援，ソフトウェアコンテンツ製作に代表されるサービス事業など，新たな事業領域の模索と進出を試みている企業もある．

　しかし，多くの日本の製造業は，その売上高や利益の大半を占めるハードウェア中心の新製品開発を主な事業活動の1つに位置づけている．したがって，わが国の製造業が今後も利益を獲得し持続的に成長していくためには，上記のような新たな事業形態の模索を進めるとともに，イノベーション実現の鍵となる新製品開発の活動も強化していかなければならない．

　新製品開発の活動強化には，顧客に提供する価値として，製品の基本性能・機能，意匠デザイン，操作性，周辺機器との親和性や拡張性を含めた性能・機能を向上させる必要がある．加えて，日本製の製品には新興国の製品以上の品質が期待されているため，継続的な品質向上も必要となる．また，新興国製の

低価格製品に対抗するために，価値に見合ったリーズナブルな価格を実現するためのコスト低減も必須となる．さらに，新興国からの低価格製品が市場参入する前に，新製品を短期間で開発し先行者利益を確保することが重要となる．

すなわち，「性能・機能向上」，「品質向上」，「コスト低減」，「期間短縮」が，新製品開発の活動強化のための重要指標であるといえる（海老根・森田，1999）．

(b) 設計と生産の連携の必要性

高度成長時代の日本の製造業は，「製品開発・設計部門（以降，設計部門）」が長い期間をかけて製品の性能・機能を向上させ，「生産技術・製造部門（以降，生産部門）」が生産段階で発生する不良を低減する品質改善や，生産性向上による製造コスト低減を段階的に進めていけばよかった．

しかし，現在の日本の製造業が新興国に対抗するためには，「性能・機能向上」，「品質向上」，「コスト低減」，「期間短縮」のどの1つを満足できなくても製品の競争力を失う可能性があり，これらの指標を同時に実現するための技術やマネジメントが必要である（今田，2003; 真子・木下，2011）．

しかしながら，これらの4つの指標を同時に実現することはけっして容易ではない．なぜならば，これらの指標の1つを改善することで他の指標を悪化させる場合もあるからである．その中でも，とくに，「性能・機能向上」は，新技術や新材料を導入することが多いため，技術の完成度の低さによる品質低下や材料コストの増加，さらに試作評価回数増加による製品開発期間の長期化など，他の指標に悪影響を及ぼす可能性が高い．

したがって，これらの指標を同時に実現するには，新製品の性能・機能を考え出す「設計部門」と製品を具現化する「生産部門」が連携し，製品開発の最初の段階から生産段階での品質やコストを考えて性能・機能を設計することによって，製品開発の後戻り（やり直し）を極小化して短期間で新製品を具現化することが必要となる．

(2) 従来の研究の問題点

(a) コンカレントエンジニアリング

設計と生産の連携を強化するマネジメントの代表的な研究としては，コンカ

レントエンジニアリングがあげられる．この研究の歴史は古く，数多くの研究成果，解説，事例が報告されている．

コンカレントエンジニアリングの狙いは，製品開発の業務プロセスの上流に位置する設計部門の活動後に下流に位置する生産部門の活動が実行されるのではなく，設計部門と生産部門が同時並行的にオーバラップして活動することで製品の開発期間を短縮しようとすることにある（延岡，2002）．

コンカレントエンジニアリングの従来研究では，同時並行開発のためのマネジャーや推進チームの役割，コミュニケーションや共同作業の向上（Carter and Baker, 1992），同時並行開発のために有効な製品の形状モデル生成の方法（福田，1993），コンカレントエンジニアリングを推進した企業の成果をもとにした実践的な方法の考察（斉藤，1993）など，さまざまな視点から議論されている．

しかし，これらの従来研究はコンセプトやフレームワークの研究が中心であり，新製品開発の現場で，設計部門と生産部門の連携を強化するための具体的で実践的なマネジメント方法までは十分には議論されてこなかった（Adachi *et al.*, 1995; 圓川・安達，1997）．

(b) プロジェクト活動

多くの製造業では，設計部門や生産部門というように機能別に構成された組織形態（機能別部門体制）がとられている．これは，設計部門が製品の性能・機能を中心とした製品技術，生産部門が製造プロセスや生産管理を中心とした生産技術というように，専門性の異なる技術やノウハウの蓄積や人材育成を効率的に進めるのに有用だからである（沼上，2004）．しかし，同時に，機能別部門体制は，各部門が分業化され，それぞれで部分最適なマネジメントが実行されやすく，部門間連携が弱まる点が課題であり，設計部門と生産部門も例外ではない．

各部門が技術やノウハウの蓄積や人材育成を行いながら，部門間連携を強化する方法として，経営トップからの指示によって，複数部門からメンバーを選出し編成されるプロジェクト活動があげられ，すでに多くの研究が報告されている．

しかし，これらの研究では，プロジェクト活動の有効性（Wheelwright and Clark, 1992; Galbraith and Lawler, 1993; 延岡，2002），プロジェクト組織の形態，プロジェクト組織におけるマネジャーやリーダーの役割（藤本・クラーク，1993）などの研究が中心となっており，設計部門と生産部門の連携強化のための実効的なマネジメント方法までは十分に議論されていない．

(3) 研究の目的と方法

(a) 研究目的

本研究は，中国，韓国，台湾などの成長が著しい新興国に対して，日本の製造業が今後も競争力を維持・強化するための方策の１つとして，設計部門と生産部門とが新製品開発の実際の現場において連携を強化するための実践的なマネジメント方法を提案することを目的とする．

従来の技術経営の研究では，新性能・機能の実現や，そのための研究開発というように，研究部門や設計部門の視点からの議論が中心であり，設計部門と生産部門の連携を扱う研究は少なかった．

そこで本研究では，これまで議論されることが少なかった生産技術の視点からも深く考察することで，「性能・機能向上」，「品質向上」，「コスト低減」，「期間短縮」を同時に実現するための具体的かつ実践的なマネジメント方法と指針を提案する．

(b) 研究方法

先に述べたように，新製品開発における設計部門と生産部門の連携の必要性は，コンカレントエンジニアリングやプロジェクト活動など，多くの研究で提唱されている．したがって，多くの日本の製造企業で両者の連携の必要性はコンセプトレベルでは十分認識されているはずである．それにもかかわらず連携が十分に実行されていないのは，実際の現場においてはコンセプトレベルでは明らかになっていない阻害要因が存在していると推測できる．

そこで，両者の連携強化のマネジメント方法を考察する第１段階として，設計部門と生産部門の連携不足の実態を日本の代表的な製造企業でインタビュー調査を行うことによって，「連携不足の要因」を明らかにする．さらに連携不

足を実際に解決できた先進的な事例を調査し，そこでの知見をもとに個々の「連携不足の要因」を解決するための共通的な方法を考察する（2.2節）．

　実際の現場での活動は，コンセプトレベルで描かれる現象よりも複雑であろう．そのため，連携を強化するには，第1段階で考察した連携不足を解決する共通的な方法だけの適用では十分ではないだろう．実際の現場で連携が十分に実行されていないのは「連携不足の要因」が単発ではなく連鎖的に発生しており，それらを解決する必要があると考えられるからである．

　そこで研究の第2段階として，「連携を連鎖させる方法」を考察する．具体的には，研究の第1段階で考察した個々の「連携不足の要因」を解決する共通的な方法を「連携の基本モデル」と定義し，実際の連携の成功事例における過程（連携プロセス）を「連携の基本モデル」の結合で表現することで，連携の連鎖をモデル化する方法を提案する（2.3節）．

　そして第3段階として，以上のモデルに基づいて設計部門と生産部門の連携を推進する具体的なマネジメント方法を提案する（2.4節）．

　最後に，生産部門が連携の開始を提案することが効果的であるとの立場から，生産部門がなすべきマネジメントについて具体的な施策を提案する（2.5節）．

2.2　連携の実態

(1)　設計部門と生産部門の役割と活動

(a)　製品開発プロセス

　製造業における製品開発プロセスは製品や企業によってさまざまである．ここでは代表的なプロセスを図2.1を用いて述べる．

　製品開発プロセスは製品企画から開始される．市場の動向やニーズ，研究開発の成果，社外から導入可能な技術などを加味しながら，製品のコンセプトの立案や基本的な仕様の企画が行われる．これらは「製品企画部」や「商品企画部」などと呼ばれる部門が，マーケティング部門や研究部門などと共同して行われることが多い．

　製品企画の次のプロセスから本研究が対象とする設計部門がかかわってくる．

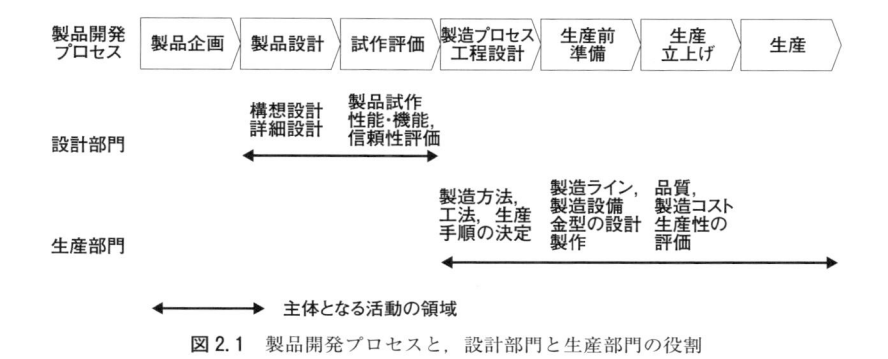

図 2.1 製品開発プロセスと,設計部門と生産部門の役割

設計部門は,まず,製品設計を行う.ここでは,概略的な構想設計を経てから,製品の具体的な構造や詳細な性能・機能を決める.

続けて,設計部門は試作評価を行う.ここでは,詳細設計に基づいて製品を試作し,その試作品が定められた性能・機能を満足しているか,あるいは信頼性も十分であるかなどを評価する.

次の製造プロセス・工程設計から生産部門が担当する.ここでは工場での製造方法,さらには,生産の手順が決定される.

そして製品開発プロセスの最終段階では,生産前準備(製造ライン,製造設備,金型の設計製作),生産立上げ(品質チェック,製造コストや生産性の評価)を経て生産が開始される.

(b) 両部門の活動

前項(a)では,製品開発プロセスという時系列の流れの中で,設計部門と生産部門の役割を述べてきた.本項では別の視点から,すなわち,製品開発の重要指標である「性能・機能向上」,「品質向上」,「コスト低減」,「期間短縮」から両部門の代表的な活動内容を示す.表 2.1 に重要指標ごとにまとめた設計部門と生産部門の主活動を示す.

「性能・機能向上」については,新機能・性能の技術開発,製品設計,試作評価という設計部門の活動が主体であり,その具現化方法を決定していくことが生産部門の活動となる.

表 2.1 設計部門と生産部門の主活動

	設計部門	生産部門
性能・機能向上	・新機能・性能の技術開発，製品設計，試作評価	・性能・機能を実現するための製造プロセス，工法開発，工程設計
品質向上	・設計品質向上，設計ミス低減，デザインレビュー	・製造品質管理方法/システム開発，品質向上のための工法，プロセス開発，製造現場改善
コスト低減	・開発コスト低減，低コスト材料・部材選定	・低コスト工程設計，製造方法，設備の開発 ・低コストで高生産な製造ライン設計，製造現場の効率改善
期間短縮	・製品設計の効率化，製品開発の後戻り防止，試作回数削減	・生産準備期間の短縮，効率的な生産計画作成

「品質向上」では設計部門は設計図上での製品の理論的な品質，すなわち，設計品質を，生産部門は製造段階での製品の物理的な品質である製造品質を向上させることが主な活動である．

「コスト低減」については，設計部門は開発コストの低減や低コストの材料や部材の選定などを行う．生産部門は低コストの工程設計，製造方法や設備のコスト低減，さらに，製造ラインや製造現場の効率化を行う．

「期間短縮」については，設計部門は製品設計の効率化に加え，製品開発の後戻り防止や試作回数削減を，生産部門は生産準備期間の短縮や効率的な生産計画などを行う．

(2) 設計部門と生産部門の連携不足の実態

(a) 実態調査

設計部門と生産部門の連携不足の実態を把握するためにインタビュー調査を実施した．

インタビューは，業種の異なる日本の代表的な製造企業6社（映像情報機器，情報機器，精密電子部品，精密機器，感光材料，化学材料）の生産部門のマネジャー6人を対象に行った．生産部門のマネジャーを調査対象としたのは，設計部門と生産部門の連携不足による悪影響が，生産部門が担当する製品開発プロ

表 2.2 設計部門と生産部門の連携不足の実態

	設計部門起因	生産部門起因
性能・機能	・キー部品・ユニット，製造設備，製品の試作を生産部門に依頼せずに，外部メーカーに依存した結果，外部メーカーから技術が流出し，製品を差異化できなくなる． ・設計段階で製造の実現性を十分に考慮しないために，試作段階で得られた性能・機能が生産段階で再現できない．	・性能・機能達成の必要条件や阻害要因の情報・知識が不足しているため，性能・機能を満足させる製造方法や課題解決を実現できず量産で性能・機能を達成できない． ・量産での品質安定化，工数達成，立上げ期間短縮を最優先するため，実績ある製造法・プロセスを重視し，新性能・機能のための新製造法・プロセスの変更に対応しない．
品質	・性能・機能達成を最優先するために，製造の実現性などの生産部門の知見が設計に反映されず，量産段階で品質トラブルが発生する． ・生産段階の品質不良発生の原因が特定できないために設計を変更できず，不良が再発する． ・試作でのチャンピオンデータをもとに製品設計仕様を決定するため，量産で品質が低下する．	・製品の構造決定や材料の選定理由が理解できないため，品質を向上する方法を考案できず，量産段階で品質が低下する． ・生産段階で収集した品質情報を，そのまま設計部門に伝達するために，設計部門が品質情報を理解できず，品質を向上するための設計変更や改良に反映されない．
コスト	・製造法や製造ばらつきを考慮した設計が行われないため，量産での工数増加や品質不良の発生によって目標コストを達成できない． ・低コスト化のため生産部門から構造や材料の変更を要求されても，実績のある構造や材料を変更せず，製造コストを低減できない． ・性能・機能達成方法が不確実なために，製造設備へ過剰な仕様を要求し，設備コストが増加する．	・精度の高い製造コスト見積りを設計部門に提供できないために，製品コスト試算が不正確となり，コスト目標を達成できない． ・伝達された設計情報の解釈に時間を要し，製造コストの試算を早期に設計にフィードバックできないため，設計変更に反映されず製造コスト低減ができない．
期間	・設計部門での設計遅延によって，必要な生産前準備が遅延するため，量産開始時期が遅れる． ・設計初期段階で性能・機能達成を最優先にし，製造品質の検討やコスト設計が不十分なため，量産直前で設計変更や後戻りが発生する． ・設計変更が発生しても，変更情報を正確に伝達しないため，金型や設備の変更が遅れ，開発期間が長期化する．	・製品の情報や知識が不足しているため，製造法や製造プロセスの開発が遅延し，量産開始時期が遅延する． ・製造ノウハウが暗黙的で，形式知化されていないため，設計部門に製造情報を正確に伝達できず，量産前に後戻りが発生して量産開始時期が遅延する．

2.2 連携の実態

セスの下流で顕在化していると考えたからである．

インタビューでは，各社の設計部門と生産部門の連携の状況，連携不足がある場合には，その状況と推定される連携不足の原因を「性能・機能」，「品質」，「コスト」，「期間」の視点で，具体的な事例とともに詳細を述べてもらった．

表2.2に，調査から得られた実態を，設計部門が原因を作った（設計部門起因と呼ぶ）事例と，生産部門が原因を作った（生産部門起因と呼ぶ）事例ごとに整理した結果を示す．

(b) 連携不足の要因

実態調査の結果から，次の2点①，②が連携不足の主な基本的要因としてあげられる．

① 情報伝達の欠如

表2.2にまとめた連携不足のさまざまな実態を検討すると，

・設計部門が行う製品設計に必要とされる生産に関する情報が，生産部門から設計部門へ正確かつタイムリーに伝達されていない，
・生産部門が行う製造プロセス設計などに必要とされる設計情報が，設計部門から生産部門へ正確かつタイムリーに伝達されていない，

こと，すなわち，設計と生産部門の各々が必要としている情報が十分に伝達されていない「情報伝達の欠如」が連携の阻害要因の1つであると考えられる．

② 活動の柔軟性の欠如

また，表2.2のさまざまな実態に横たわる共通的な要因として，

・設計部門では性能・機能向上の優先度が高いため，生産部門から製造品質や製造コスト低減を考慮した設計要求があっても，十分に検討することが行われず，その結果，量産直前に品質やコストの問題が顕在化して再設計が必要となり開発期間が長期化する，

・生産部門では生産段階の品質安定化，製造コスト低減，量産立上げまでの期間短縮の優先度が高いため，実績ある製造法やプロセスを重視してしまい，新性能・機能実現のための新しい製造法や製造プロセスの採用に対して消極的である，

ことがあげられる．すなわち，各部門の部分最適化，セクショナリズム（湯田・相馬他，2003）による「活動の柔軟性の欠如」が連携の阻害要因であると考えられる．

(3) 連携不足の解決事例

(a) 事例

設計部門と生産部門間の連携を妨げている「情報伝達の欠如」と「活動の柔軟性の欠如」に対する解決事例を知るために，自由記述形式でのアンケート調査を実施した．この課題に対して先駆的な取り組みを行っていると考えられる40社に調査票を送付して，そのうち24社から回答が得られた（回収率：60％；住宅設備，映像情報機器，産業機械，材料，自動車機器，医薬品，交通機器，検査機器，制御機器など）．

「情報伝達の欠如」についての解決事例は24社中23社，「活動の柔軟性欠如」についての解決事例は24社中16社から回答が得られた．それらを整理し，表2.3には「情報伝達の欠如」，表2.4には「活動の柔軟性の欠如」の解決事例を示す．

(b) 解決方法

表2.3と表2.4に各々示した「情報伝達の欠如」と「活動の柔軟性の欠如」の解決事例から，設計部門と生産部門の連携不足の基本的な解決方法を考察すると，次の2点が考えられる．

① 「データ・情報の伝達と有効活用」
表2.3の「情報伝達の欠如」の解決事例を検討してみると，

表 2.3 「情報伝達の欠如」の解決事例

設計部門からの情報伝達欠如に対する解決事例
・製品情報や技術課題を伝達し，生産技術開発の優先順位決定に活用して開発を効率化
・定量的な製品評価データを伝達し，生産部門が生産設計に活用
・品質と生産条件の相関を生産部門に伝達し，生産部門が生産技術開発と生産条件の適正化を開発初期段階から実施
・設計データを生産部門に伝達し，生産部門が工程設計や金型設計に活用
・開発の優先順位を伝達し，生産準備計画設定に活用
・原理・仕様・材料・使用条件を伝達し，加工プロセスの適正化に活用
生産部門からの情報伝達欠如に対する解決事例
・製造品質トラブル情報を伝達し，設計変更に活用
・技術マップを用いて生産技術開発状況を伝達し，設計計画決定に活用
・製造の制限，制約，精度限界を伝達し，設計の制約基準設定に活用
・加工法とコストの相関を伝達し，製品コスト設計に活用
・設備の使用方法と使用制限情報を伝達し，ロバスト設計の実行に活用

表 2.4 「活動の柔軟性の欠如」の解決事例

設計部門の柔軟性欠如に対する解決事例
・生産部門が工程設計のノウハウをもとにしたツールを設計部門に提供して，設計部門が設計の初期段階で工程設計の評価を実施
・分析機器検査の自動化のソフトウェアツールを生産部門が製作して設計部門に提供し，設計段階での生産性評価を設計部門が実施
・生産部門が解析技術を用いて加工コストを試算するツールを設計部門に提供して，設計部門が設計の初期段階でコスト設計を実施
生産部門の柔軟性欠如に対する解決事例
・生産部門が製造性評価に用いている解析技術を活用して，これまで設計部門が試作前に評価できない課題を明確化
・生産部門が製造性の分析に用いている熱解析技術を活用して，これまで設計部門が実験で決定していた製品の構造を決定して試作回数を削減
・生産部門が品質工学や分析技術を活用して設計部門が行う品質評価を実施
・生産部門が従来設計部門が実施していた機能設計完了以降の図面作成を実施

・設計部門と生産部門間のデータや情報伝達の過程で，データや情報が伝達先で有効活用できる形態に変換された，

・伝達先で有効活用できる形態に変換されたデータや情報が，実際に伝達先で活用された．

ことが，連携不足の主な解決方法といえる．
　すなわち，設計部門と生産部門各々が保有するデータや情報を相互に相手が有効活用できる形態で伝達し，それらを両者が実際に有効活用する「データ・情報の伝達と有効活用」が共通的な解決方法であると考えられる．

　② 「機能・役割の置換」
　表2.4の「活動の柔軟性の欠如」の解決事例を検討してみると，

- 生産部門の責任範囲である活動（機能・役割）を設計部門が代わって実行できるように生産部門の知識やノウハウをツール化して設計部門に提供した，
- 設計部門の機能・役割を，生産部門が自部門の保有技術を活用することで設計部門に代わって実行した，

ことが連携不足の主な解決方法といえる．
　すなわち，設計部門と生産部門の機能や役割を互いに代わって実行する「機能・役割の置換」が共通的な解決方法であると考えられる．

　次節では，設計部門と生産部門の連携推進のマネジメント方法を提案するために，これら2つの基本的な解決方法を用いて，連携プロセスのモデル化を行う．

2.3　連携のモデル化

(1)　モデル化の方法

(a)　連携の基本モデル

　前節で考察した「データ・情報の伝達と有効活用」と「機能・役割の置換」を，設計部門と生産部門の連携を推進する最小単位の活動と仮定し，両部門の連携プロセスをモデル化するための「連携の基本モデル」と定義する．

図 2.2 連携の基本モデル 1「データ・情報の伝達と有効活用」
D：設計部門；M：生産部門；
$I_{D \to M}$：設計部門から生産部門へ伝達・活用されるデータ・情報；
$I_{M \to D}$：生産部門から設計部門へ伝達・活用されるデータ・情報

図 2.3 連携の基本モデル 2「機能・役割の置換」
D：設計部門；M：生産部門．
$F_{D \to M}$：設計部門から生産部門に置換する機能・役割；
$F_{M \to D}$：生産部門から設計部門に置換する機能・役割
破線：設計部門と生産部門の当初の機能・役割
実線：設計部門と生産部門の連携後の機能・役割

・連携の基本モデル 1「データ・情報の伝達と有効活用」
・連携の基本モデル 2「機能・役割の置換」

　連携の基本モデル 1「データ・情報の伝達と有効活用」は「設計部門，生産部門が保有または生成・蓄積したデータや情報を，設計部門から生産部門へ，または生産部門から設計部門へ伝達し，伝達先で有効に活用する連携の活動」である（図 2.2）．

　連携の基本モデル 2「機能・役割の置換」は「設計部門または生産部門が実施している，または過去に実施した機能および役割を，生産部門または設計部門が実施して課題を解決する連携の活動」である（図 2.3）．

（b） 連携の連鎖

　連携の基本モデルを結合して連携の連鎖として模式的に記述することで連携のプロセスをモデル化する方法の例を図 2.4 に示す．

　次に，上記の方法を用いて実際の製造業の製品開発において，設計部門と生産部門の連携不足を解消し，製品の「性能・機能向上」，「品質向上」，「コスト

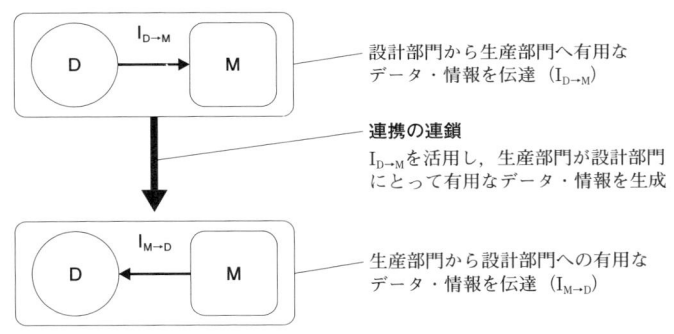

(a) 連携の基本モデル1間の結合による連携の連鎖

- $I_{D \to M}$: 設計部門から生産部門へ有用なデータ・情報を伝達 ($I_{D \to M}$)
- **連携の連鎖**: $I_{D \to M}$を活用し，生産部門が設計部門にとって有用なデータ・情報を生成
- $I_{M \to D}$: 生産部門から設計部門への有用なデータ・情報を伝達 ($I_{M \to D}$)

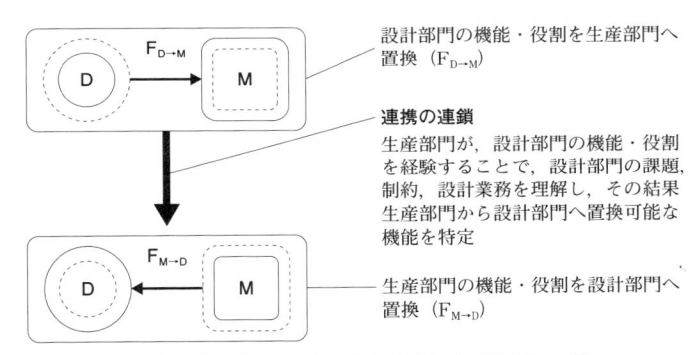

(b) 連携の基本モデル2間の結合による連携の連鎖

- $F_{D \to M}$: 設計部門の機能・役割を生産部門へ置換 ($F_{D \to M}$)
- **連携の連鎖**: 生産部門が，設計部門の機能・役割を経験することで，設計部門の課題，制約，設計業務を理解し，その結果生産部門から設計部門へ置換可能な機能を特定
- $F_{M \to D}$: 生産部門の機能・役割を設計部門へ置換 ($F_{M \to D}$)

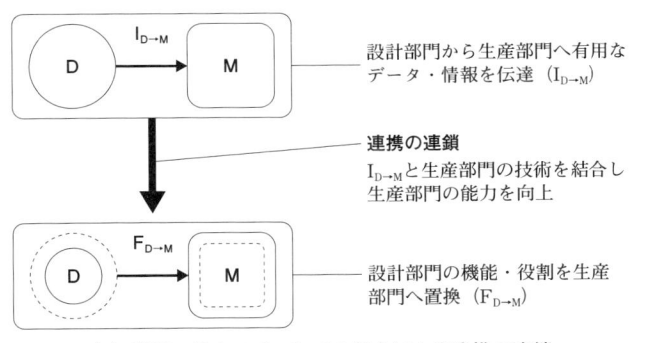

(c) 連携の基本モデル1, 2の結合による連携の連鎖

- $I_{D \to M}$: 設計部門から生産部門へ有用なデータ・情報を伝達 ($I_{D \to M}$)
- **連携の連鎖**: $I_{D \to M}$と生産部門の技術を結合し生産部門の能力を向上
- $F_{D \to M}$: 設計部門の機能・役割を生産部門へ置換 ($F_{D \to M}$)

図 2.4　連携の基本モデルの結合による連携の連鎖の記述例

2.3　連携のモデル化

低減」,「期間短縮」を実現した事例（冷凍・冷蔵機器用コンプレッサーの開発）に対して連携プロセスのモデル化を行おう．

(2) 連携の成功事例

(a) 事例

本研究でとりあげる事例は「冷凍・冷蔵機器用コンプレッサーの開発」である．この事例は資本金規模1,000億円以上，売上高規模5,000億円以上，従業員数規模1万人以上の総合電機メーカーにおいて，設計部門と生産部門がかかわる実際の製品開発の現場を参与観察したものである．

［製品開発の開始］

家庭用冷蔵庫に代表される冷凍・冷蔵機器では，低温化された冷媒によって機器内を冷却し，機器内の熱を吸収・開放（放熱）する冷凍サイクルの高効率化が商品の差異化要素の1つとなっている．

冷凍サイクルの構成要素のうち，冷媒を圧縮するコンプレッサーは冷凍・冷蔵機器の性能を左右するキーコンポーネントである．近年の冷凍・冷蔵機器に求められる内容量増加，静音化，省エネルギー化に対して，キーコンポーネントであるコンプレッサーには小型化，低騒音化，高効率化が求められている．

従来のコンプレッサーよりも小型化，低騒音化，高効率化を実現するために，新しい圧縮原理のコンプレッサーが考案され，これを実現するため必要となる要素技術の研究開発が進められてきた．この新しいコンプレッサーを製品化するために，設計部門と生産部門からなる開発体制が敷かれた．

設計部門では，研究開発された要素技術をもとに，構想設計や詳細設計，製品試作，冷凍能力（性能・機能）や信頼性・耐久性などの評価が進められた．一方，生産部門では，コンプレッサーの性能を左右する圧縮機構の部品を生産するための加工技術の開発，機械加工設備メーカーを活用した設備開発が進められた．

本開発では，設計部門と生産部門の連携強化を狙って，設計部門と生産部門のメンバーを1つの部屋に集める大部屋方式（日経BP社，2010）で活動をスタートさせた．しかし，連携強化は狙いどおりには進まず，1つの大部屋の中

で設計部門と生産部門が従来と変わらず別々に活動している状態が続いた．

［開発停滞の危機］

　研究開発段階で新コンプレッサーの圧縮原理は確認されていたが，冷凍・冷蔵機器に求められていた性能・機能のレベルは高く，その達成は容易ではなかった．

　設計部門は，製品の構造，部品の形状や精度を試行錯誤的に変更しては，試作評価を何度もくり返したが，思うような結果が得られなかった．その結果，開発が当初計画よりも遅れ，結果的に製品化の時期を延期せざるを得ない状況となった．

　製品に必要な性能・機能を達成できないため，設計部門はキー部品の加工形状や精度も決定することができなかった．生産部門は設計部門が検討途中のキー部品の加工形状や精度をもとに，加工条件，工具，加工設備の検討を進めてきた．しかし，最終的な部品形状や精度が確定しないために，加工条件，工具，加工設備を確定することができず，部品加工の開発を停滞せざるを得ない状況に追い込まれた．

(b)　成功した連携

［連携の開始］

　部品形状や精度が決まらなければ，これ以上，加工技術開発や設備開発を進めることができない．設計部門が性能・機能を達成できるのをただ待っているだけでよいのだろうか．この停滞状態を打破するには，何よりも性能・機能の実現を第一優先に考えなければならない．そう考えた生産部門のリーダーは，設計部門に性能・機能向上にむけて全面的に協力する意思を伝えた．

　生産部門が性能・機能の向上を支援するためには，これまでの延長線上での活動から脱却しなければならない．生産部門のメンバーは，これまで担当してきたキー部品に関する知識はもっていたが，コンプレッサー全体の構造や圧縮原理など，性能・機能に関する知識が不足していた．製品のことをもっと学習して理解しなければ性能・機能向上を支援することなどできない．そう考えた生産部門のリーダーは，具体的な支援を開始する前に，製品を理解することか

らはじめることにした．

　生産部門のリーダーは，新コンプレッサーの基本原理や，これまで設計部門が行ってきた性能・機能が低下する要因の分析結果など，設計部門が保有しているデータ・情報の提供を設計部門に依頼し入手した．そして，入手したデータや情報をもとに，製品の性能・機能に関する学習をはじめた．

　学習の結果，生産部門のリーダーは，これまでの設計部門における性能・機能向上の検討において，コンプレッサー運転中の冷媒の熱が部品形状に及ぼす影響について検討が十分に行われていないことに疑問をもった．運転中の熱が不均一になれば部品が変形し，冷媒の漏れが発生する可能性がある．

　また，設計部門が行った性能・機能の低下要因を分析した結果から，キー部品の形状精度や表面粗さが悪いと，冷媒を圧縮するために往復運動する部品間の摩擦の増加や冷媒の漏れが発生し，性能・機能を低下させる可能性があることを推察した．生産部門のリーダーがこれらの性能・機能の低下要因を推察できたのは，これまで他の製品を具現化する段階で，数多くの熱や部品精度に関する課題に直面し，それらを解決してきた経験があったからである．

　そこで，生産部門は，熱変形解析技術を活用した「性能・機能の低下要因分析」と，高精度部品加工技術を活用した「キー部品の精度と性能・機能の相関分析」を行うことを設計部門へ提案した．

［連携の実行］

　熱変形解析による「性能・機能の低下要因分析」に関しては，生産部門が設計部門に，部品の構造，形状，寸法，コンプレッサーの運転条件，運転中の冷媒温度などの設計データ・情報の提供を依頼し，それらは設計部門から生産部門に伝達された．

　生産部門は，伝達された設計データ・情報をもとに，運転条件ごとの部品の熱変形解析を実施した．解析の結果，運転中にキー部品が不均一に熱変形しており，圧縮部から冷媒が漏れている可能性があることを明らかにした．そして，熱変形解析の結果を参照し，熱変形が小さい部品の材料や，熱変形を補正する部品の形状など，設計変更に活用できるデータや情報を設計部門に提供した．

　「キー部品の精度の性能・機能への相関分析」に関しては，性能・機能の限

界値を見極めるために，これまで試作評価してきた部品よりも高精度な部品を加工する方法を考案し，キー部品を試作した．設計部門は，生産部門が試作したキー部品の形状にあわせて，他の部品の形状を再設計した．

さらに生産部門は，形状精度や表面粗さが異なるキー部品も試作した．設計部門は，生産部門が試作したキー部品を用いて性能・機能の評価を行った．設計部門は，コンプレッサーの性能・機能を評価した結果を生産部門に伝達し，生産部門は設計部門に代わって，部品の形状精度や表面粗さと性能・機能の相関分析を進めた．

[連携の効果]

これらの設計部門と生産部門が連携した活動によって，計画していたコンプレッサーの性能・機能を初めて実現することに成功した．

また，異なる部品の精度の性能・機能を評価した結果から，性能・機能を満足させるために必要となるキー部品の精度も明らかにすることができた．必要な精度が明らかになったことで，これまでの設計よりも部品精度を緩和することができることも明らかになった．部品精度が緩和できれば，加工ばらつきの許容範囲を広げることができ，生産段階での品質を向上できる．加えて，加工スピード向上や工具使用期間の長期化も可能となり，製造コスト低減にもつながる．

生産部門にとって連携による一番の効果は，一度は停滞した加工技術の開発，設備の開発を再開させることができた点である．もし，活動が停滞した段階で，生産部門が設計部門との連携を決断せず，手をこまねいていたとしたら，いつまでも開発は停滞した状態だったにちがいない．この連携の提案，実行は結果的に製品開発期間を短縮することにもつながったといえる．

(3) 成功事例のモデル化

(a) モデル化

上述した成功事例における連携のプロセスを「連携の基本モデル」の視点で分析すると以下のAからEのようになる．

A：製品開発の停滞状態を解消するために，生産部門が設計部門の保有する製品に関するデータ・情報の提供を要求して，生産部門が課題解決できる方法を立案した段階
　……設計部門から生産部門への「データ・情報の伝達と有効活用」
B：その後，設計部門から得られた設計や運転条件などのデータ・原理の情報をもとに，生産部門が熱解析技術を活用して，設計部門に代わって性能低下の要因を分析した段階
　……設計部門から生産部門への「機能・役割の置換」
C：ついで生産部門が，熱解析技術によって分析した性能低下要因を設計部門に伝達し，設計部門が材料，形状の設計変更に活用した段階
　……生産部門から設計部門への「データ・情報の伝達と有効活用」
D：性能低下要因の分析と並行して，生産部門が設計部門に代わって，性能機能を向上させるためのキー部品加工方法を立案した段階
　……設計部門から生産部門への「機能・役割の置換」
E：Cの段階で変更された材料・形状と，Dの段階で立案された部品試作方法とをあわせて試作評価が行われ，生産部門が設計部門に代わって，部品精度と性能・機能の相関分析を行い，性能・機能が得られる部品精度を決定した段階
　……設計部門から生産部門への「機能・役割の置換」

この一連の連携プロセスを「連携の基本モデルの結合」で表現すると，図2.5のようになる．

(b) 意義

本事例にみられるように，実際の製品開発の現場では，設計部門と生産部門の複数の連携が複雑に連鎖的に発生していることが推察される．

これまでも，設計部門と生産部門の連携が成功した製品開発事例があっても，それが他に応用展開されなかったのは，複雑な連携の連鎖が発生しているので連携の内容がよく理解できなかったためであると考えられる．

複雑な連携の連鎖が発生している連携プロセスを，連携を推進する最小単位

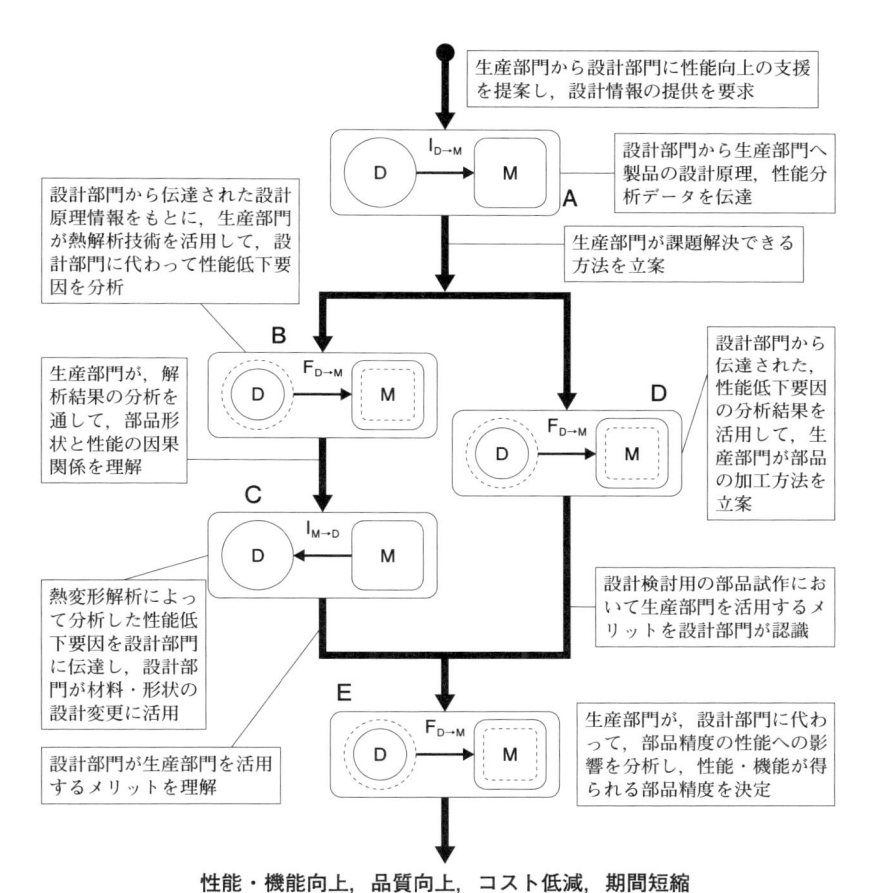

図2.5 冷凍・冷蔵機器用コンプレッサー開発における連携のモデル化

の活動として定義した「連携の基本モデル」の結合で記述することによって，これまで不明確であった連携のプロセスを可視化することが可能となる．

連携のプロセスを可視化することによって，連携のプロセスを分析することが可能となり，「連携の基本モデル」の推進や「連携の連鎖」までふみ込んだマネジメントを行うことが可能となると考えられる．

次節では，本節で考察したモデルに基づき連携を実現させるための具体的なマネジメント方法について検討しよう．

2.3 連携のモデル化

2.4　連携モデルに基づくマネジメントの提案

(1)　連携の基本モデル

(a)　「データ・情報の伝達と有効活用」

[伝達されたデータ・情報の最大限の活用]

　製品開発プロセスにおいて，製品や部品の構造，材料の調合方法など，多数の設計データや情報が設計部門から生産部門へ伝達されている．しかし，伝達されたデータや情報が生産部門において最大限に活用されているとはいいがたい．

　従来から一般的に行われているように，それらを生産前準備や量産立上げなどの定型化された業務だけに活用するだけでなく，さらに製造プロセスや生産方法の改善のためにも適用すべきであろう．同時に伝達されたデータや情報を生産部門で最大限に活用させるためのITツールの整備なども重要となる．

　一方，生産部門から設計部門へのデータ・情報の伝達は，製造段階で問題が発生し設計変更が必要な場合に実行されることが多い．しかしながら，生産部門から伝達された，生産立上げや生産段階における製造プロセスの安定性や信頼性に関するデータ・情報の中から，設計部門は設計変更に活用できるものを識別して，設計部門で活用することが必要であろう．

[相手部門で有効活用されるためのデータ・情報の形態変換]

　設計部門と生産部門の各々が作成，収集，保有しているデータ・情報をそのまま相手の部門に伝達しても，部門間で専門知識や専門用語などが異なるため正しく理解されず，その結果，有効に活用できない場合がある．

　設計部門は，設計データや情報を生産部門に伝達する際には，製品の構造，材料，方式などが決定された理由もあわせて伝達することが重要である．

　一方，生産部門が設計部門にデータ・情報を伝達する際には，それらが設計部門で設計変更や改良に活用できるように，製品の構造，材料，方式との因果関係が理解できる形に仕分けして伝達するなどの工夫が重要となる．

(b) 「機能・役割の置換」

[自部門が保有している技術や手法の応用活用]

　設計部門は生産部門が抱えている問題を，生産部門は設計部門が抱えている問題を把握し，それらの解決のために自部門の技術や手法が活用できないかを考えることが重要である．その際に，自部門の技術や手法をそのまま活用するだけでなく，それらを改良することまで検討を深めて活用の可能性を考えることが，「機能・役割の置換」の行動方法を立案する原動力となる．たとえば，生産部門が部品の接合強度を評価するために開発した数値解析手法を，解析モデルの改良によって設計部門が行う製品構造の強度評価へ応用できないかなど，適用範囲を広げて検討してみることが重要となる．

[置換機能・役割の負荷低減]

　設計部門から生産部門へ，または生産部門から設計部門へ置換しようとする機能・役割を，相手部門が容易に代わって実行できるようにすることが重要となる．「機能・役割の置換」によって相手の業務の負荷が増加することになるので，これを最小限に抑える工夫が必要となる．たとえば，自部門の機能・役割を実現するツールを開発して同時に提供することや，連携相手が活用しているツールへ自部門の機能・役割を組み込むなどの工夫が必要となる．

(2) 「データ・情報の伝達と有効活用」からの連鎖

(a) 設計部門が起点の場合

　2.2節(3)で示した連携不足を解決した事例の詳細調査，2.3節(2)で示した冷凍・冷蔵機器用コンプレッサー開発における連携の成功事例を詳細に分析したところ，生産部門から設計部門への「データ・情報の伝達と有効活用」や，設計部門から生産部門への「機能・役割の置換」の前段階で，設計部門から生産部門へのデータ・情報の伝達がまず行われているケースが多く確認された．

　これらを図示すると図2.6となる．図2.6の上部では，設計部門が設計変更するために必要な生産部門のデータ・情報を効率的に取得できるように，あらかじめ生産部門に伝達しておくべき設計情報を選定し，それを生産部門に伝達

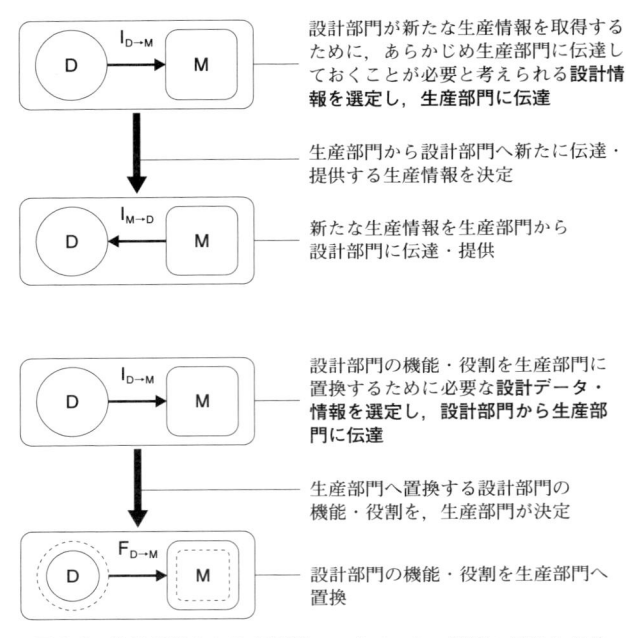

図 2.6 設計部門から生産部門への「データ・情報の伝達と有効活用」からの連鎖の発生

するという例を示している．図 2.6 下部は，設計部門の機能・役割を生産部門で代わって実行させるために，まず設計部門は保有データ・情報を選定して，設計部門から生産部門へ伝達することによって連携の連鎖を実現している例である．

ここで示した 2 つのパターンの他にも，設計部門から生産部門へ，まずデータ・情報を伝達することによって両部門の連携の連鎖を発生させることが可能となる場合が多いと考えられる．

(b) 生産部門が起点の場合

一方，生産部門から設計部門への「データ・情報の伝達と有効活用」が行われた事例を詳細に調査したところ，

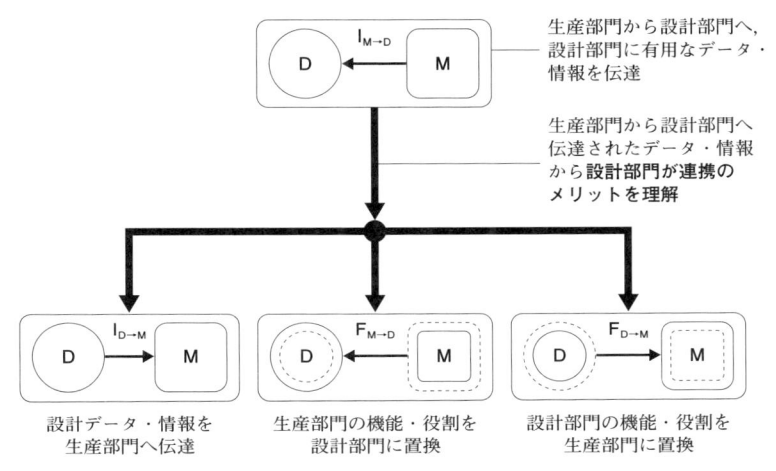

図 2.7 生産部門から設計部門への「データ・情報の伝達と有効活用」からの連鎖の発生

・設計部門から生産部門への「データ・情報の伝達と有効活用」,
・生産部門から設計部門への「機能・役割の置換」,
・設計部門から生産部門への「機能・役割の置換」,

が,引き続き行われているケースが多く確認された.

これらを図示すると図 2.7 のようになる.これらの連鎖は,生産部門から設計部門へ,設計部門にとって有用なデータ・情報が伝達されることによって,設計部門が生産部門との連携のメリットを理解したことから発生している.

このように,生産部門が保有しているデータ・情報の中で,設計部門にとって有用なものを選別して伝達することによって,連携の連鎖を発生させることが可能になると考えられる.

(3) 設計部門から生産部門への「機能・役割の置換」からの連鎖

(a) 設計部門へ連鎖した場合

このケースを図示すると図 2.8 のようになる.まず,生産部門が設計部門の機能・役割を代わって実行してくれることによって,設計部門が,生産部門と

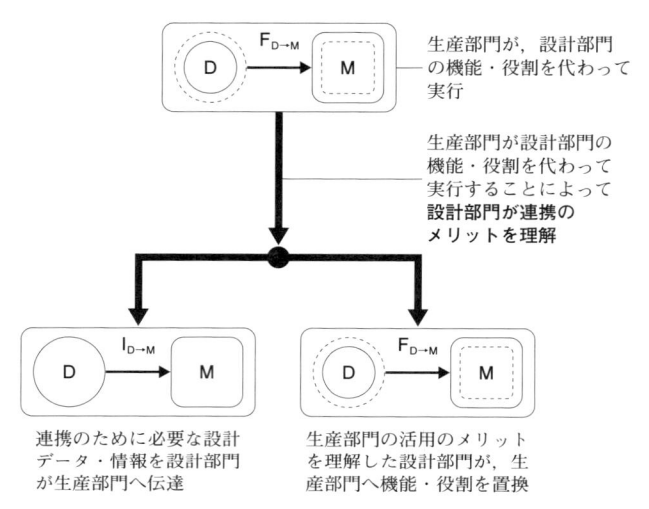

図 2.8 設計部門から生産部門への「機能・役割の置換」からの連鎖の発生：設計部門への連鎖

の連携にメリットがあることを理解する．

その結果，ますます設計部門が連携に必要な設計データ・情報を生産部門へ伝達する，または設計部門の機能・役割を生産部門へ置換するといった連携が発生している．

この連鎖を発生させるには，設計部門から生産部門への「機能・役割の置換」を行う際に，設計部門に連携のメリットをよく理解させることが重要になると考えられる．

（b）生産部門へ連鎖した場合

このケースを図示すると図 2.9 のようになる．ここでは，生産部門が設計部門の機能・役割を代わって実行することによって，生産部門が設計部門の業務や活動をよく理解したことから連鎖が発生している．

生産部門が設計部門の業務や活動を理解することで，設計部門にとって有用なデータ・情報を伝達する連携や，設計部門の業務負荷を増加させずに機能・役割を置換する連携を連鎖的に発生させることができている．

この連鎖を発生させるには，設計部門から生産部門への「機能・役割の置

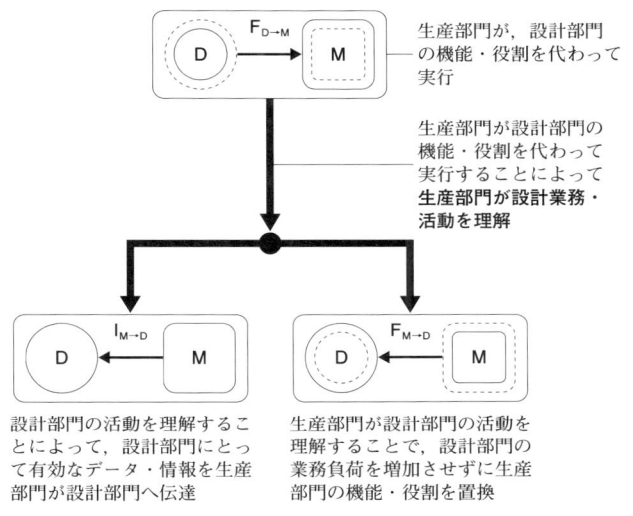

図 2.9 設計部門から生産部門への「機能・役割の置換」からの連鎖の発生：生産部門への連鎖

換」を行う際に，生産部門が単に設計部門の業務を代替して活動するだけでなく，活動を通して設計部門の業務の理解を深めることが重要になる．

2.5 連携を開始するための生産部門の主導的役割

(1) 生産部門による連携開始

(a) 働きかけ

連携の成功事例を詳細に調査してみると，実質的な「データ・情報の伝達と有効活用」や「機能・役割の置換」という活動が開始される前の段階で，生産部門から設計部門へ，連携開始の働きかけや提案が行われていることが多い．

たとえば，2.3 節 (2) で述べた「冷凍・冷蔵機器用コンプレッサーの開発における連携」の場合でも，このことが確認されている．図 2.5 において，図の最上部に「生産部門から設計部門に性能向上の支援を提案し，設計情報の提供を要求」と書かれていることがこれに対応している．

同じように，2.4 節（2），（3）で述べた連携の連鎖の場合でも，生産部門が設計部門へ連携の開始を働きかけることで，連携を開始することは有効であると考えられる．

その理由を考えるには，製品開発プロセスの上流工程で活動している設計部門のアウトプットが，生産部門が活動の主体となる下流工程へ影響を及ぼすことに思いをめぐらす必要がある．下流工程での問題点や不具合を設計段階で把握することは難しいことが多く，実際のところ，それらは下流工程の生産前準備段階，生産立上げ段階，生産段階で顕在化され，生産部門がその対策をしている場合が多い．

しかし，製品開発の下流工程になるほど制約条件が多くなるため対策が難しくなる．そのため生産部門は製品開発の上流段階で問題が解決されるべきであるという強い問題意識をもつ傾向にある．したがって，問題意識を強くもち，顕在化された問題を把握している生産部門から設計部門に連携を働きかけることが，課題解決に効果的な連携を発生させやすくなると考えられる．

(b) 生産部門の活性化効果

生産部門から連携開始を提案することは，製品開発における実務上の連携を効果的に推進する以外にもメリットがある．それは生産部門の受動的な意識の改革につながることにある．

日本の製造業は，欧米から導入した技術やコンセプトをもとに設計された製品を，生産技術によって具現化することで発展してきた．この歴史的背景から，生産部門には製品開発の際に与えられた設計図にしたがって生産するという受動的な意識で活動する風土がいまだに残っている．生産部門の受動的な意識は，設計部門と生産部門間の積極的な連携を阻害する要因となり得る．

今後の日本の製造業が，製品開発によって競争力を強化するために設計部門と生産部門の連携を促進させていくには，生産部門の受動的な風土や意識の改革が必要である．生産部門から連携の開始を働きかけることで，生産部門のマネジャーや技術者に製品開発への責任意識が生まれ，生産部門の製品開発への積極的な参画を促進できると考える．

2.3 節（2）で述べた連携の成功事例「冷凍・冷蔵機器用コンプレッサー開

発」においても，開発の初めの段階での生産部門の意識は，設計部門の結果を待っているというように受動的であった．しかし，生産部門から設計部門に連携を働きかけてから生産部門の意識が変わり，製品開発に積極的に参画するようになったことを読み取ることができる．

(2) 生産部門の能力向上の必要性

(a) 製品設計知識の獲得

　生産部門が連携開始を設計部門に提案する際に，製品開発の下流工程で発生している問題をただ訴えるだけでは不十分である．設計部門と生産部門の連携によって，製品の「性能・機能向上」，「品質向上」，「コスト低減」，「期間短縮」に対する効果やメリットを明確化させることが重要となる．

　生産部門が連携の効果やメリットを明確化するためには，従来のように生産部門がかかわる製品の生産技術だけを理解しているだけでは不十分であり，製品の性能・機能実現のための基本原理や設計意図まで理解の幅を広げておく必要がある．

　また実際に「データ・情報の伝達と有効活用」，「機能・役割の置換」の開始を提案するには，設計部門の業務をある程度は理解しておくことも必要である．そのためには，生産部門の技術者を設計部門へローテーションさせることや設計部門に実習のために技術者を派遣するなどの施策を計画的に進めておくことも重要となる．

(b) 生産ノウハウの形式化

　生産部門から設計部門へ「データ・情報の伝達と有効活用」や「機能・役割の置換」を提案するにあたって，障壁の1つとなるのが，生産部門が保有するノウハウの曖昧さである．生産部門のノウハウが曖昧な暗黙知のままでは，設計部門がそれらを理解することが難しく，具体的な連携を開始することが困難となる．したがって，生産部門から連携開始を提案するにあたっては，あらかじめ，生産部門の多くのノウハウをできるだけ形式化しておく必要がある．

　生産部門のノウハウには，プロセス現象，人間の五感，人間の判断などが含まれる．この中で，プロセス現象と人間の五感については工学的なアプローチ

図中ラベル:
- 1人の金型設計者が指針作成可能，1人が標準化困難と評価した判断項目数 5%
- 2人の金型設計者がともに標準化困難と評価した判断項目数 2%
- 2人の金型設計者がともに判断の指針作成が可能と評価した判断項目数 20%
- 2人の金型設計の評価に乖離があった判断項目数 2%
- 2人の金型設計者のうち，1人が標準化可能，1人が指針作成可能と評価した判断項目数 20%
- 2人の金型設計者が，ともに標準化可能と評価した判断項目数 51%

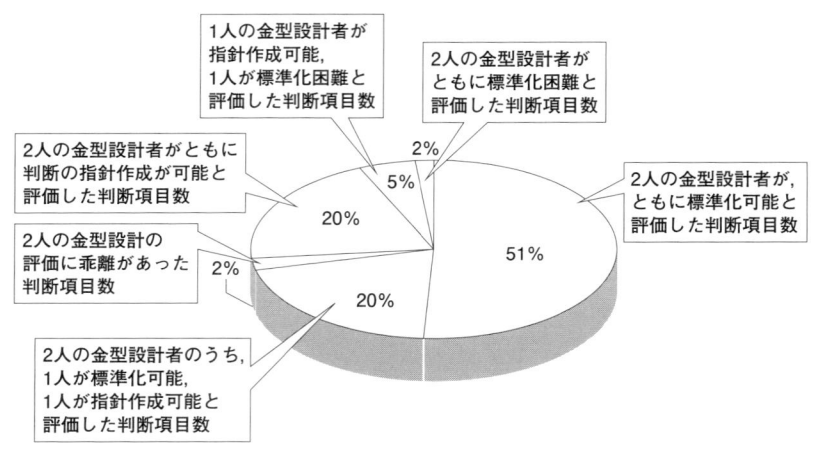

図 2.10　「人間の判断」の形式化の可能性評価（金型設計の事例）
グラフ内のパーセンテージは全判断項目数に対する各項目数の割合

によって形式化が進められている（村岡，2004）．

一方，「人間の判断」については形式化が困難であると漠然と認識されている．しかしながら，たとえば，次に述べるようにこれらの多くが形式化できる可能性がある．

図 2.10 は，一般的に形式化が困難であると思われている，生産部門の活動の1つである「金型設計」における「人間の判断」の形式化の可能性を，2人の熟練金型設計者に評価させた結果である．

金型設計の手順（工程）に沿ってリストアップした判断項目（300項目以上）のうち，約半数（51%）の判断項目は，2人の熟練金型設計者がともに「標準化可能」と評価している．さらに，1人が「標準化可能」でもう1人が標準化まではできないが「指針作成が可能」と評価した判断項目は20%，2人がともに「指針作成が可能」と評価した判断項目が20%となっており，これらをあわせると約9割の判断項目が形式化可能となっている．

(c)　技術レベル向上

生産部門が，設計部門からの「機能・役割の置換」を提案するには，生産部門の技術が，設計課題を解決できるレベルになければならない．

表2.5 技術レベルの定義

技術レベル	状　態	例：製品開発でのIT活用
5	現時点の想定範囲で理想的なレベルの技術を保有している．	ITを活用し，試作レスまたは最小限の試作で設計製造できる．
4	業界での平均レベルよりも高い技術を保有している．	試作評価の前にITを活用し，試作種類の絞込み，試作回数の削減，生産ラインでの工程の削減などに活用している．
3	業界での平均的な技術を保有している．	試作評価や生産ラインで発生した現象の原因解明にITを活用している．
2	技術は保有しているが，業界の平均レベルよりも低い．	試作評価や生産ラインで発生した現象の傾向を把握するためにITを活用している．
1	技術がなく競争力がない．	ITを活用せず，試行錯誤で試作評価をくり返している．

　生産技術は，製品開発の計画に従属して開発されることが多い．したがって，生産部門が製品の開発計画に先駆けて継続的に技術レベルを向上させるマネジメント上の施策が必要となる．ここでは，表2.5に示すように技術レベルを数段階に定義し，現状の技術レベルと，レベル向上のターゲットを明確にする方法を示す．

　表2.5の「製品開発でのIT活用」を例に，技術レベルを「3」から「4」に向上させることを考えてみよう．

　技術レベル「3」は，試作評価や生産ラインで発生した問題点の原因を解明するためにシミュレーション技術（IT）を活用するレベルである．ここではIT活用の範囲は問題が発生した対象に限られている．これに対して技術レベル「4」は，製品を試作評価する前の段階でシミュレーションを活用して，生産ラインで発生する問題や現象を予測できるレベルである．ここでは，顕在化されていない現象を予測する必要があるため，数多くの現象をシミュレーションし，それらの相互の影響まで分析することが必要となる．

　したがって，技術レベルを「3」から「4」に向上させるには，これまでよりも数多くの種類のシミュレーション技術と，シミュレーション結果を用いて，それらの相互の影響を分析するための統計分析ツールなどの開発や導入が必要

となる.

このように，技術レベルを定義することによって，技術レベルを向上させるために必要な技術開発や技術導入など，具体的な活動を計画立案することが可能になると考えられる．

まとめ

(1) 研究の成果と意義

(a) 成果

本章では，今日の日本の製造業が，成長の著しい新興国に対して今後も競争力を維持・強化してイノベーションの果実を確保するための技術経営上の方策の1つとして，実際の現場で活用できる設計部門と生産部門の連携を強化するマネジメント方法を提案した．

まず初めに，新製品開発における設計部門と生産部門の連携の実態を調査・分析した結果から，連携の阻害要因が両部門間の「情報伝達」と「活動の柔軟性」の欠如であることを明らかにした．

引き続き，設計部門と生産部門の「情報伝達の欠如」と「活動の柔軟性の欠如」を解決した事例から，両者間での「データ・情報の伝達と有効活用」と「機能・役割の置換」が連携不足を解消するための共通的な解決方法であることを示した．

ついで，「データ・情報の伝達と有効活用」と「機能・役割の置換」を「連携の基本モデル」として定義し，両部門が連携することで新製品開発の重要指標である「性能・機能向上」，「品質向上」，「コスト低減」，「期間短縮」を実現するまでの過程を「連携の基本モデル」の結合で模式的に表現する方法，すなわち，連携プロセスをモデル化する方法を提案した．

以上に基づき，連携の基本モデルを具体的に実践するためのマネジメント方法と，基本モデルを結合して連携の連鎖を実現させるマネジメント方法を提案した．

最後に，生産部門が連携の開始を働きかけることが効果的であることを明ら

かにし，その立場から，生産部門がなすべきマネジメントについて具体的な施策を提案した．

(b) 意義

第1としては，製造業において必要性が認識されていながらも，現場での実践が困難であった設計部門と生産部門の連携を推進するためのマネジメント方法を具体的に提案した点にある．

コンセプトレベルでの提案が中心であった従来研究の成果は，連携の必要性を認識させる点では有用であるが，製造業の現場では必要性を認識しただけで行動につなげることは難しい．本研究は，製造業の現場での先駆的な連携の成功事例を用いて連携をモデル化する方法を考案し，実際の複雑な連携の連鎖まで分析・考察する方法を提案することで，現場に適した具体的なマネジメントを支援可能とした点で意義があると考える．

第2としては，設計部門と生産部門が連携し成功に至るまでの過程の詳細を模式的に記述する方法を提案することで，成功事例を従来よりも容易に応用展開できるようにした点にある．

多くの企業では業務効率の向上を狙って成功事例を事例発表会や社内データベースなどによって社内に広く公開しているが，公開される情報の大半が，個別の特別な事例としての活動結果だけであるために，他の現場で広く有効活用されているとはいいがたい．しかし，ここで提案した方法を用いることによって，具体的な事例であっても共通的なモデルによって理解することができ，したがって多くの現場に展開することが可能となると考えられる．

(2) 今後の課題

(a) 研究課題

第1は，提案したマネジメント方法をさらに多くの企業に適用して，その有効性を検証しながら改善することである．本研究で提案した方法は，先駆的な企業での事例をもとに導いたものである．したがって，これを連携の実績が少ない一般の企業に適用して，実務上の効果を確認することは今後の研究課題として残されている．

第2には，設計部門と生産部門以外の連携の研究である．本研究では，製品開発の活動にかかわる設計部門と生産部門に着目してきた．しかし，実際の企業活動には，他に多くの部門がかかわっている．市場の動向を調査・分析し新製品のコンセプト立案などを行っている「製品企画部門」や「マーケティング部門」，顧客と直接コンタクトしている「営業部門」，新製品開発のための技術を生み出している「R＆D部門」などがあり，このような部門間での連携のあり方の研究は，今後，日本の製造業の競争力をいっそう強化することに貢献できるであろう．

(b) 実践課題

　実践上の課題の第1は，提案した連携のマネジメント方法を効率的に展開することを支援するITツールの構築があると考える．

　第2には，トップダウンマネジメントとの併用である．設計部門と生産部門の連携が進まない組織に対しては，トップダウンで連携推進を指示することにより，両部門のセクショナリズムの障壁が緩和され，本研究で提案した方法がより有効にイノベーション実現への突破口になると考えられる．

引用文献

Adachi, T., Enkawa, T., and Shin, L. C., "A Concurrent Engineering Methodology Using Analogies to Just-In-Time Concepts," *International Journal of Production Research*, Vol. 33, No. 3, pp. 587-609, 1995.

Carter, D. E. and Baker, B. S., *Concurrent Engineering: The Product Development Environment for the 1990s*, Addison-Wesley Publishing Co. Inc., 1992.

Galbraith, J. R. and Lawler III, E. E., *Organizing for the Future: The New Logic for Managing*, Jossey-Bass Publishers, 1993.

Wheelwright, S. C. and Clark, K. B., *Revolutionizing Product Development: Quantum Leaps in Speed, Efficiency, and Quality*, The Free Press, 1992.

今田治，「自動車企業における多車種混流生産と開発プロセスの新たな展開：日産車体・湘南工場調査を基礎にして」，『立命館経営学』，第42巻第1号，pp. 25-44, 2003.

海老根敦子・森田道也，「品質競争力とコミュニケーション・システム」，『経営情報学会誌』，Vol. 8, No. 2, Sep. 1999.

圓川隆夫・安達俊行，『製品開発論』，日科技連出版社，1997.

斉藤実，『実践コンカレントエンジニアリング』，工業調査会，1993.

中川威雄，「中国製造業の躍進と日本のものづくりへの懸念」，『技術と経済』，3月号，2008.

日経 BP 社，「構想設計を解析で支援，大部屋方式で開発期間短縮」，『日経ものづくり』，5 月号，pp. 56-60, 2010.

日本機械工業連合会，「アジア諸国発展に対応するわが国機械技術基盤のあり方に関する調査研究 (I)」，『機械技術基盤強化分科会報告書』，2004.

沼上幹，『組織デザイン』，日経新聞社，2004.

延岡健太郎，『製品開発の知識』，日本経済新聞社，2002.

福田収一，『コンカレントエンジニアリング』，培風館，1993.

藤本隆宏，『生産マネジメント入門 II』，日経新聞社，2001.

藤本隆宏・クラーク，K. B., 田村明比古訳，『製品開発力』，ダイヤモンド社，1993.

真子百合・木下祐輔，「日本のものづくりの行方」，『政策・経営研』，Vol. 1, pp. 89-103, 2011.

村岡哲也，『ものつくり革命：ひらめきと製品化』，技報堂出版，2004.

安田総合研究所，『製造物責任：国際化する企業の課題』，1989.

湯田聰夫・相馬亘他，「組織におけるセクショナリズムの指標化」，『京都大学基礎物理学研究所 2003 年度前期研究会経済物理学：社会・経済への物理学的アプローチ』，
http://bluestar.phys.h.kyoto-u.ac.jp/yitp2003/presentations/yuta_poster.pdf, 2003

第3章
技術人材のマネジメント
人材の活性化法

　技術開発の戦略的資源である技術人材を活性化させ，より効果的に活用することは技術系企業がイノベーションを実現させる際の重要な課題の1つである．本章では技術人材を活性化するための効果的なミドルマネジメント方法を提案する．技術人材の活性化はこれまで組織論および研究開発マネジメントの領域で取り組まれてきたものの，実践的なミドルマネジメント方法まで踏み込んだ検討は十分にはされてこなかった．本章では，具体的な活性化診断手法および4つの活性化アプローチからなる技術人材の活性化マネジメント方法を提案し，日本の大手自動車会社の開発部門にその方法を適用し，効果を分析する．この結果，提案したマネジメント方法によって技術人材個々人の活性の現状と課題を的確に把握することができ，さらにそれらを改善することを可能にすることがわかった．本章で提案する人材活性化アプローチは技術組織における人材マネジメントの中核的課題に対し実効的な指針を与えると考えられる．

3.1 対象課題と研究方法

(1) 対象課題と問題意識

(a) 技術人材の活性化

　高度技術社会における企業の競争力の源泉は，卓越した技術的専門性の高い人材を確保し活性化して効果的にイノベーションを実践することにある．このうち，専門人材の確保については人材の採用や研修などを行うことで状況を改善することが可能である．一方，とくに技術開発に従事する技術人材の活性化については方法論を含めいまだ実効性のある具体的な指針に乏しい．

　ところで，技術人材が所属している技術組織が活性化しているとは何を意味するのか．高橋（1993）は一般に，組織および組織メンバーが活性化している状態を「組織のメンバーが，相互に意思を伝達し合いながら，組織と共有している目的・価値を，能動的に実現していこうとする状態」（高橋，1993, p. 41）と定義した．この定義は，ある共有した組織の目標に向けて，人材が一丸となってその実現に向けて取り組む側面を強調することが特徴である．

　しかしながら，技術開発業務には成員一丸となって業務に取り組む側面の他に，重要な側面がある．それは，他人の意思に必ずしも左右されることが望ましくない，個々人の自由な創意発揮の側面である．個人個人が創造性を発揮することで新しいアイデアの創造，モノの発明・発見が実現する．つまり，技術組織では「個人」で仕事をする側面も求められるのである．したがって技術組織の活性化においては，組織目標をただ意欲的に達成する人材ではなく，同時に自らの理想のもと，自由に創意を発揮し活動する人材が必要であるといえよう．

　本章ではこうした技術組織の特徴をふまえて，これまでの一般的な組織活性化の定義を見直すことからはじめたい．技術組織において技術人材が活性化している状況とは「個々の目的をもつ技術人材それぞれが，組織と共有した目的を創意をもって能動的に実現していこうとする状態」であると定義し，その状態を実現していくことを技術人材の活性化とする．

(b) ミドルマネジャーの重要性

　技術人材が活性化するために必要な要因を抽出すると実は多くの活性化要因があることに気づく．たとえば，まず仕事そのものが面白いか否かが重要であろう．面倒だと思える雑務的業務や工夫する意欲を掻き立てられない仕事が日常的に多くある中で，いかに仕事に面白さを見出すかは個人の活性化に影響するだろう．また，職場の同僚との良好な関係の有無も重要である．互いに刺激しあい，協力しあえるチームメンバーをもっていることは仕事にやる気と創意を引き出すであろう．このような要因抽出は動機づけ研究を先頭に，これまで非常に多く行われてきた．

　本章では，こうしたさまざまな要因の中でも，実務上注目を集めている組織の上層と下層をつなぐ課長・部長クラスのミドルマネジャーの役割をとりあげる．実際多くの技術系企業では，目標管理制度のもとでミドルマネジャーは部下である技術人材に対し，組織目標の理解や動機づけ，創造性の発揮促進，キャリア意識や好奇心の刺激など，幅広い関与が求められている．技術人材にとっても，自らの業務を一段上の視点から評価する上司との良好な関係性は自分自身の活性化に大きく影響すると考えられる．

　しかし激しい技術競争環境の中で，ミドルマネジャーへの業務負荷は増加し，部下のモチベーションへの配慮を含めた効果的な活性化の実施がますます難しくなっている．こうした技術人材をとりまく状況は，上司・部下の間のコミュニケーションをより充実させる必要性を投げかけている．

　また，そもそも技術人材の技術開発行動には失敗や試行錯誤が欠かせず，いつのまにか業務目標の意義を見失ってしまったり，自らの能力を過度に否定したりすることで，メンタル問題へと発展する場合も少なくない．とくに，多くの技術者をマネジメントする必要のある技術開発現場には重要な課題であり，ミドルマネジャーが効果的かつ効率的にコミュニケーションを実現し技術人材活性化を実現できるマネジメント方法の構築が必要である．

　では，技術人材活性化の主導的役割を担うミドルマネジャーはどのように現状の活性状況を把握し，その状況をどのように改善していけばよいのであろうか．これが本章全体を貫く問題意識である．

(2) 従来の研究の問題点

(a) 組織・個人の統合

一般的に，人材活性化にミドルマネジャー（以後本章ではマネジャーとする）の役割が重要であることは，これまでの研究でも当然のことながら指摘されている（たとえば，十川，2000）．しかしながら，技術人材を活性化させるという観点と，その具体的マネジメント方法の議論は必ずしも十分であるとはいえない．すでに言及したように技術組織では，マネジャーは技術人材に組織的目標を達成する意識（組織の視点）を醸成させるだけでは不十分である．組織の視点だけでなく，個々が自由に創造性を発揮する意識（技術者個人の視点）の醸成をも両立して目指さなければならない．

この観点に立てば，これまでのマネジメント研究では「組織の視点」と「技術者個人の視点」は別々に議論されてきたと考えられる．組織の視点では，リーダーシップ研究において，① 取引型（組織目標の達成努力に対して適切な非金銭的報酬や金銭報酬を部下に与えることで職務意欲を向上させる），② 変革型（リーダーが魅力ある組織のビジョンや目標を掲げ部下に共感を与えることで動機づける）の大きく分けて2つの枠組みでこれまで多くの研究が行われてきた．これらはリーダーシップ研究の基礎となり，現在までに膨大な関連研究が存在している（Yukl, 2005）．主たる研究の方向性としては，組織として取り組む目標をいかに達成させるかという視点での動機づけの議論が中心であるといえる．

他方，個人の視点ではコーチングという，部下個人の野心を尊重しその実現を支援する方法の研究が行われてきた（Goleman, 2000）．最近ではとくに，「傾聴」や「チャンキング」など，個人の考えを引き出す技術についての議論が活発に行われている．これは個々人がもつ欲求の実現をいかに支援できるか，という視点から，個々人を長期的に職務に対し動機づける議論であり，前述のリーダーシップの組織からの視点とは異なる．

このように，上司が部下を鼓舞し職務に対して能動的な姿勢をもたせる研究は主に2つの方向性から進められてきたものの，両者を統合する視点での技術人材の活性化マネジメント研究は十分になされていない（白肌・丹羽，2006）．したがってこの統合を目指して新たに技術人材活性化のためのマネジメントを

提案する必要がある．

(b) 実践的研究の必要性

活性化研究は組織論の分野で，とくに1980年代から日本において多様な方法論で精力的に進められてきた．先駆的なものとしては，量的研究手法による組織活性要因分析（二村，1983），活性評価枠組みの提案（高橋，1987; 1993; 河合武，1992）がある．同様に，組織活性化と戦略論の融合（河合忠，1992）や組織活性状態と組織創造性の関係分析（矢野，1992）など，活性化は組織論研究課題の1つとして注目されてきたといってよい．研究手法は量的手法だけでなく，電機メーカー（菊本，1986）や情報通信企業（関口，1991）を対象とした質的な活性化事例分析も行われた．こうした研究は組織の活性状態を可視化すること，およびその組織的成果に与える影響・メリットを理解することに主眼があったといえる．したがって，これらの研究は現場の活性化マネジメント実践への寄与という点では不十分といえる．

組織活性化の中でも，「技術組織」を対象とする活性化については，研究開発マネジメントの分野で，欧米を中心に組織風土の観点からの研究が伝統的になされてきた（Badawy, 2007）．その中では，組織風土そのものや，職員のエンパワーメントと関連する参加風土（Thamhain, 2003; McDonough, 2000），および組織風土に創造性概念を適用した創造的風土（Sundgren et al., 2005）の研究がなされてきた．これらの研究の多くは，質問紙調査による風土と組織パフォーマンス指標の関係性についての定量的分析である．そして，良好な組織風土形成にはマネジャーが大きな役割を担っていることを示している．

欧米の一連の組織風土研究は，組織風土の形成に関しマネジャーがさまざまな側面で大きな役割を担っていることを明らかにしている．この意味では，上記の日本の組織研究よりも実践的な態度をとっているといえる．しかしながら，マネジャーがどのような方法およびプロセスを経て風土を形成することができるのか，その具体的方法に及ぶ実践的研究が十分になされているとはいえない．

したがって，効果的に技術者を活性化させていくためには，技術系企業での現場適用を通じた実践的な研究が必要である．

(3) 研究の目的と方法

(a) 研究目的

本研究全体の目的は技術系企業における効果的な人材活性化マネジメント方法を提案することである．この目的のためには，技術人材に特徴的な要素を含んだ活動メカニズムの導出が鍵となる．

Locke (1991) は動機づけ研究の視点から人間の心理と行動のメカニズムに関して既存研究をまとめた統合モデルを提案している．これによると，人間は自身の欲求（needs）をもとに，モチベーションの核となる価値観（values）や動機（motive）を形成する．そして目的（goals）が価値あるものと期待できたときに，行為（performance）が生まれ，行為の対価としての報酬（rewards）を得ることで満足感（satisfaction）を得る．人間の行動にはこうした心理的な流れ（sequence）があり，根底には意志（volition）が関与していると論じている．

Lockeによる既存研究の整理は人間の活動メカニズムを考えるうえで有益であるが，技術人材活性化の視点では，さらに次の4点から技術人材の特徴に基づいた検討が必要である．

第1は，欲求の観点である．技術人材にとって職務意欲につながる主要な欲求および価値観を明確にする必要がある．第2は，欲求と目標設定の観点である．技術人材にとって当人の欲求や価値観に響く目的や目標となるためには何が必要かを明確にする必要がある．第3は，行動の観点である．技術人材が携わる業務は，試行錯誤を通じた偶発的な発見や異質なアイデア，そして科学的な洞察に基づく発明が期待される活動を必要とする（たとえば，Itaya and Niwa, 2007）．したがって，技術人材の創意生成を組み込む必要がある．第4は，報酬の観点である．本質的に，報酬は個人を満足させる手段であり，技術人材にとってもっとも重要なことは技術開発活動を通じて何らかの成功実感をもつことである．技術人材がさらなる積極的行動を志向するうえで，この実感をいかにもたせるようにすべきかを検討する必要がある．

上記4項目に関し，技術人材の特徴分析をもとに追加の考察を行うことで，技術人材活性化モデルを構築する．

(b) 研究方法

　効果的なマネジメント方法を提案するために，本研究では実際に技術系企業と共同研究契約を結び，現場実験に取り組んだ．取り組みの過程では，技術開発現場で実際に発生していた活性化に関する問題について，既存研究の知見と 3.2 節で説明する調査をもとに構築したモデルを用いて整理・改善した．

　本章では問題状況改善に向けて立案した方策を現場適用し効果分析をするまでの過程を記述する．これにより，方策の実効性が明確に把握できるだけでなく，方策実施過程でのマネジャーの行動や考えなども把握することができよう．

　こうした社会科学分野における産学共同での研究は，現場の最先端の問題を改善し，新しい理論の種を生み出す可能性があるために，積極的な推進が期待されている．この研究手法はアクションリサーチと呼ばれ，研究者が任意のフィールドで実際に行動し，それによって生じたフィールド上の変化を分析する研究方法の 1 つ（Brookes *et al.*, 2007）として考えられている．そして現在，その研究方法論の必要性は多くの研究者が指摘している（たとえば Amabile *et al.*, 2001; Birchall and Chanaron, 2006）．

　研究推進に際しては，大学と企業との間で，文化の違いによる関心領域のくい違いや，企業における実験可能性の制限によりコンフリクトが生じやすい．したがって，大学の作成した研究計画を企業で実施するためには協同のプロセスに工夫が必要となってくる．大学が提示した研究構想は，現場において往々にして何らかの修正を迫られる可能性がある．大学と企業との信頼関係を築くことはもちろん，自らの研究構想をより多くのメンバーに周知させ協力者を増やすなどの工夫が必要である．

　こうした実験的手法を用いるにあたり，本研究ではまず，技術人材の特徴を整理し活動モデルを提案する．そしてモデルをもとに活性化マネジメント方法を導出する．その後，予備的な調査や共同研究先の技術者との複数回の議論を通じて信頼関係を構築し，現場でのマネジメント方法を適用する．こうした実験的手法によって，本章で提案する活性化マネジメント方法の実効性を分析し，その方法としての妥当性を検証する．

3.2 技術人材の特徴

(1) 未来志向性

(a) 未来への時間感覚

　技術人材の大きな特徴の1つに，その未来志向性がある．近年，技術人材は生活者の現在のニーズにとどまらず，技術開発を通じて将来の生活の姿をも想像し提案していくことがいっそう求められるようになっている．「将来を目指して何かをなしとげたい」という技術者個人の未来志向性が，大きなイノベーションの源泉となっていることは，われわれを取り巻くすでに多くの技術開発成功事例が物語っていることでもある．

　かつて，厚生経済学者のSen (1999) は人間の能力を考える中で，経済学的な生産手段としての人的資本の概念を拡張する必要性を説いた．人間の能力の拡大は単に生産能力の拡大を意味するだけでなく，自らがより良く生きるという，本人にとっての直接的な効果をもち，また間接的には社会的変化の礎になり得るからである．この考え方は人間の労働を考えるうえできわめて示唆的である．それは，労働を通じて人間は自らを成長させ，社会に影響を与えることができるからである．この成長と影響の側面を技術人材の未来志向性とあわせて考えると，「将来にわたって自分を高めていきたい」という自己向上側面と，「自分の研究成果によって社会に影響を与えたい」という影響側面の，大きく2つのタイプの未来志向性が技術開発業務を推進するうえでの職務意欲の源泉となっているのではないかと考えられる．

　未来志向性があると，技術人材はある事柄に対して，その個人が目指す将来と，会社（マネジャーも含む）が目指していると感じられる将来像の2つを意識することになるだろう．たとえば会社の技術開発方針に対し，自分は長期的将来に向けた開発をやりたいが会社は短期的技術開発成果を要求していると感じる，という具合である．こうした2つの時間感覚が当人の技術開発への意欲とどのような関係をもっているのかを把握することは，技術人材の特徴を知るうえで重要である．

(b) 測定項目

技術人材の未来志向性がもたらす時間感覚と技術開発意欲の関係を把握するために，Floyd (2002) の方法に基づき調査項目を作成した．表 3.1 は未来志向性がもたらす時間感覚についての測定項目を示している．回答は 5 件法（例.当てはまる，やや当てはまる，どちらともいえない，やや当てはまらない，当てはまらない）を用いた．

前項 (a) で示した未来志向性の中でも，自己向上側面（表では成長と表記）に関しては，技術人材としての能力向上や（社内）地位向上に関する観点を設けた．能力向上については，能力向上を見据えたプロジェクト変更スパンに関する質問（No.1 が該当）および，将来的な能力向上に関する質問（No.2, 3, 4 が該当）を設定した．地位向上については，リーダーを含め社内で評価されることを見据えた研究変更スパンに関する質問（No.5, 6 が該当）および，キャリア形成に関する質問（No.7, 8 が該当）を設定した．

他方，影響側面に関しては，日々の研究進捗と研究テーマに関する観点を設けた．研究進捗（表では進捗と表記）については，研究の最終締め切りや研究推進における将来見通しに関する質問（No.9, 10 が該当）および，成果創出までの期間や作業視点の長期性に関する質問（No.11, 12 が該当）を設定した．研究テーマ（表ではテーマと表記）については，テーマのもつ将来性に関する質問（No.13, 14 が該当）および，夢や漠としたテーマに関する質問（No.15, 16 が該当）を設定した．

(2) 調査

(a) 対象

調査は，2005 年 1 月に職場環境と職務意欲に関する調査として，日本を代表する大手製造業（電機，化学，自動車業界から，いずれも従業員数 3,000 名以上，資本金 200 億円を超える企業計 6 社）の研究所や開発部門を対象にした．研究所については製品研究とプロセス研究，開発部門については先行開発と製品開発にそれぞれ従事する，部長職相当以下の技術人材に回答を依頼した．調査は郵便を媒体に実施した．

サンプリングの手法はスノーボール・サンプリングである．これは知人・友

表 3.1 時間感覚に関する測定項目

観点		No.	質問項目（個人の目指す将来）	質問項目（会社の目指す将来に関する認知）
成長	能力向上	1	能力向上のためには短期的な研究をいろいろ変えることが大切だと思う	能力向上のために短期的な研究をいろいろ変えることはできそうにないと感じる
		2	一見不毛にみえる研究でも、長く続ければ自分の成長につながりそうだと思う	研究者の将来の成長を考えて、ハードルの高い研究にチャレンジする（まかせてくれる）雰囲気があると感じる
		3	今、直接には関係ないが、後に必要となる勉強は時間をかけて行いたいと思う	研究者の将来的な能力向上に熱心であると感じる
		4	自分の興味と異なる研究であっても、自分の将来の成長のために努力して取り組みたいと思う	自分の将来を長い目でみてくれていると感じる
	地位向上	5	将来、広い視野をもったリーダーになるために、短期的にいろいろな研究に携わりたいと思う	リーダーには、いろいろな研究を経験して視野を広げることが求められていると感じる
		6	社で評価されるべきだと思う	社内で長い間携わりその分野に精通している人は評価されていると感じる
		7	自分は社内のキャリア形成について、わりと長期的に考えているほうだと思う	能力向上にかかわり短期的にキャリアアップできる職場だと感じる
		8	遠い未来、自分は社内でどのような立場の人間になっているかということについて興味がある	遠い将来の自分の社内における立場について、ある程度思い描いていると感じる
影響	進捗	9	最終締め切りの短い研究はあまり得意ではないと思う	研究成果を出す最終期限は短めに設定されていると感じる
		10	先のフェーズのことを考えながら慎重に研究をしていきたいと思う	研究報告書には、先のフェーズでの技術の展開もふまえた完璧な内容を要求されていると感じる
		11	短期で小さい成果を次々と出すよりも、長期に大きな成果を1回出せればよいと思う	すぐに目新しい研究成果が出なくても、研究予算が減ることはないだろうと感じている
		12	研究過程で起こる何らかの問題に対し、長い目でみてみて対処できる人になりたいと思う	研究に対して、長期的に技術を高めていくよりも短期的な課題解決のほうが求められていると感じる
	テーマ	13	"今" 社会が直面している問題の解決に貢献できるような研究がしたいと思う	研究に対する戦略が短期化していると感じる
		14	たとえば30年後の社会を変えるような、ずっと先の未来に影響を与える研究がしたいと思う	実は、長期的研究は望まれていないと感じる
		15	研究内容は夢のたくさんあるものがよいと思う	夢のある研究というよりは、すぐにお金に結びつく研究を求められていると感じる
		16	漠然とした研究は、いろいろと工夫の余地があるので挑戦したいと思う	漠然とした研究は望まれていないと感じる

表3.2 サンプル特性

	電機A		電機B	電機C	化学A	化学B	自動車	
	製品研究	プロセス研究	製品研究	製品研究	製品研究	製品研究	先行開発	製品開発
年齢								
20-29	8	1	0	1	1	1	9	3
30-39	9	13	4	6	9	1	6	3
40-49	5	8	6	11	5	7	7	0
50-59	0	1	0	0	2	0	0	1
総計	22	23	10	18	17	9	22	7
職制								
一般	10	3	3	9	4	6	14	4
係長	10	14	4	9	6	1	3	3
課長	2	6	3	0	5	2	5	0
部長	0	0	0	0	2	0	0	0
総計	22	23	10	18	17	9	22	7

人など，調査に協力してくれそうな人びとあるいはその者を介してさらに調査対象を拡大させていく手法である（たとえば，豊田，1998）．本調査では，東京大学大学院総合文化研究科・丹羽研究室が主宰する技術経営の研究会に参加していた約120名のメンバーのうち，とくに技術組織のマネジメントに関心のある7名のマネジャークラスの方（協力者と呼ぶ）を通じて総計240部のアンケート用紙を配布した．アンケート配布先は協力者が在籍する組織の技術人材のなるべく多様な年齢層・職制にするよう依頼した．

回収は各企業に回収ボックスの作成を依頼し，協力者が窓口となって，一定数の回答が得られたときにボックス内の調査票を返送するように依頼した．約1カ月の期間で計128名の回答が得られた．サンプルの特性を表3.2にまとめる．年齢では30代，40代が多く，役職では一般，係長相当が多い．

(b) **方法**

本調査の目的は，第1に技術人材の未来志向性にかかわる時間感覚と技術開発意欲の関係を把握することにある．そこでデータの分析を，個人のもつ未来志向性と，意欲的活動実態の関係性に注目して行う．ここで意欲的活動実態と

表 3.3 意欲的活動実態に関する質問項目

	観点	No.	質問項目
職務意欲	行動の方向性	1	研究において，自分の能力を超えるような個人的目標をもっている
	行動の継続性	2	今の目標を達成するために，些細なことを含め，過去一度も研究で手を抜いたことはない
	行動の強度	3	日々，研究を通じて何かを得ようとしている
職務関与	仕事に対する熱中度合い	4	現在の仕事で時間がたつのも忘れてしまうほど熱中することがある
		5	今の仕事にのめりこんでいる
	自己研鑽度合い	6	プライベートな時間にも仕事に役立たせるための勉強をしている
		7	私の人生における目標は仕事に関連することである

は，個人がどれだけ意欲をもって実際に研究開発活動を行っているかを示すものであり，職務意欲と職務関与の合成得点で定量化する．

表 3.3 は意欲的活動実態を測定するための質問項目を示したものである．職務意欲に関しては Nicholson (1998) の研究をもとに，行動の方向性（どの目標を選択するか），行動の継続性（目標達成行動が継続的か），行動の強度（目標達成に向けてどの程度の努力をするか）から測定する．また職務関与に関しては義村 (1996) を参考に，仕事に対する熱中度合いおよび自己研鑽度合いから測定する．意欲的活動実態はその度合いに応じて3クラスター（高度・平均的・低度）を定義する．

次に当人の未来志向性度合いを，表 3.1 に示した「能力向上」，「地位向上」，「進捗」，「テーマ」の4つについて，それぞれ定量化する．その際，表 3.1 の各観点を構成する質問の回答結果を合成した得点を作る．そして意欲的活動実態に応じて未来志向性の度合いがどのように異なるかを分散分析により考察する．

目的の第 2 は，技術人材のマネジメントの観点から，研究開発内容と組織が醸し出す時間感覚の関係を分析することである．研究開発内容によって組織のマネジメントが異なることは自然なことである．しかしそれは職場が醸し出す未来志向的な時間感覚についても当てはまるのだろうか．たとえば，短期的将

来の市場に向けた製品開発を行う組織でも，真に革新的要素をもつ製品を開発するためには技術者らはより遠い先の将来の市場や自分自身の能力成長を見据えている必要があろう．その中にあって，研究開発内容と研究開発の進め方，および能力の成長に関する職場の時間感覚の3つの関係性を分析することは技術人材を理解し，そのマネジメントをするうえで必要なことである．

このために，表3.1内の「質問項目（会社の目指す将来に関する認知）」で測定した項目のうち，「進捗」と「能力向上」に絞って合成得点を作り，サンプルの技術開発内容に応じてその度合いがどう異なるかを分散分析により考察する．なお，5件法（例．当てはまる，やや当てはまる，どちらともいえない，あまり当てはまらない，当てはまらない）により得られた本データは，本来は質的尺度たる順序尺度として解釈することが適切である．しかし，技術人材の特徴を探るべく，ここではあえて加法性のある量的尺度としての間隔尺度とみなし分析することにする．

(3) 分析結果

(a) 意欲と未来志向

表3.4は，意欲的活動実態に応じた未来志向性度合いを示している．表中の「観点」の詳細は表3.1に示したとおりである．表3.4をみると，たとえば，意欲的活動実態が低い層は「進捗」に関する未来志向性が平均で0.143．同様に，意欲的活動実態が平均的な層は平均で−0.091，高い層では平均で0.053であることがわかる．分散分析の結果，「進捗」に関する未来志向性はそれぞれの層の間で有意に差があるとはいえない（F値：0.586，有意確率＞0.01）．しかしながら，「テーマ」，「能力向上」，「地位向上」項目では，意欲的活動実態の各層に応じた未来志向性に差が有意であることがわかる．「テーマ」はF値：3.505，有意確率＜0.05，「能力向上」はF値：4.085，有意確率＜0.05，「地位向上」はF値：6.162，有意確率＜0.05である．

さらに，どの層とどの層に有意差があるかを調べるTukey法による追加の分析では，意欲的活動実態が高い層は，低い層と比べて有意に「テーマ」に関する未来志向度合いが異なることがわかっている（有意確率＜0.05）．表3.4をみれば，両者の平均値の差は（0.330−(−0.301)）と，正である．したがっ

表 3.4 意欲的活動実態と未来志向性に関する記述統計および分散分析表

観点	意欲的活動実態	平均値	標準偏差	度数	自由度	F 値	有意確率
進捗	低い層	0.143	1.106	27			
	平均的な層	-0.091	0.975	64	2	0.586	0.558
	高い層	0.053	0.974	37			
テーマ	低い層	-0.301	1.109	27			
	平均的な層	-0.064	0.876	64	2	3.505	0.033
	高い層	0.330	1.053	37			
能力向上	低い層	-0.213	1.200	27			
	平均的な層	-0.132	0.916	64	2	4.085	0.019
	高い層	0.384	0.895	37			
地位向上	低い層	-0.432	1.108	27			
	平均的な層	-0.054	0.944	64	2	6.162	0.033
	高い層	0.408	0.875	37			

て，意欲的活動実態が高い者は，技術開発テーマに関し低い者と比較して，より長期的な将来をみている傾向にあることが推測できる．同様に，「能力向上」に関する未来志向度合いでは，意欲的活動実態が「高い層と低い層」，「高い層と平均的な層」の間で平均値の有意な差がみられた（それぞれ有意確率＜0.05，有意確率＜0.05）．「能力向上」に関する未来志向度合いでは，意欲的活動実態が「高い層と低い層」，「高い層と平均的な層」の間で平均値の有意な差がみられた（それぞれ有意確率＜0.01，有意確率＜0.1）．

金井（2002）によれば，「能力向上」と「地位向上」はいわゆるキャリアという語に含まれる概念である．したがって意欲的に活動している人材は，将来にわたって自分を高めたいというキャリア向上の側面で，より先の将来を見据えていると推測できる．日本人技術者のキャリア観調査（尾川，2000）では，30代前後の技術人材の7割近くが，将来の専門家志向が強いことが示されている．翻ってわれわれの調査では，30代前後の参加者が全体に占める割合は60％であり，キャリア志向は高いと考えられる．本調査結果ではその中でも，意欲的活動実態の程度によってキャリア向上に関する未来志向性の度合いに違いが出たことにより，意欲的活動実態と未来志向性に関係があることが推定できる．

(b) 技術内容との関係

表 3.5 は，技術内容に応じて職場が醸し出す時間感覚に差があるのかを分散分析を用いて分析した結果を示している．

表からは，まず「進捗」に関する未来志向性の度合いについて，技術内容ごとに差が有意にあることがわかった（F 値：5.151, 有意確率＜0.001）．さらに Tukey 法による追加の分析では，電機 A・製品研究従事者は，電機 A・プロセス研究と比較して，有意に「進捗」に関する職場が醸し出す時間感覚が異なることがわかっている（有意確率＜0.001）．表 3.5 をみれば，両者の平均値の差は（0.234−(−0.774)）と，正である．つまり，電機 A 社では，製品研究の職場のほうがプロセス研究の職場に比べて研究開発の進め方に関し，より長期的未来を志向している傾向にあることを示している．

上記の結果は，一般的に電機会社においては製品研究は 2-3 年から 4-5 年先の将来を目標にしているが，プロセス研究はもっと短期間を目標に研究が進められていることが多いという実態を反映しているものと考えられる．

一方，「能力向上」について，技術内容で未来志向性に違いがあるかどうかをみると，そこには有意な差がみられなかった（有意確率＞0.01）．

表 3.5 職場が醸し出す時間感覚の認識の違い

観点	技術内容	平均値	標準偏差	度数	自由度	F 値	有意確率
進捗	電機 A・プロセス研究	−0.774	0.617	23	7	5.151	0.000
	電機 A・製品研究	0.234	0.986	22			
	電機 B・製品研究	−0.469	0.716	10			
	電機 C・製品研究	0.242	0.890	18			
	化学 A・製品研究	−0.147	0.961	17			
	化学 B・製品研究	1.139	0.845	9			
	自動車・先行開発	0.191	1.066	22			
	自動車・製品開発	0.148	0.866	7			
能力向上	電機 A・プロセス研究	−0.116	1.070	23	7	1.293	0.260
	電機 A・製品研究	0.181	1.167	22			
	電機 B・製品研究	−0.661	1.099	10			
	電機 C・製品研究	−0.164	0.710	18			
	化学 A・製品研究	0.141	0.801	17			
	化学 B・製品研究	0.448	1.122	9			
	自動車・先行開発	0.154	0.956	22			
	自動車・製品開発	−0.223	0.940	7			

この結果の特色は，当初技術内容は職場の醸し出す時間感覚と関係があると考えられたものの，技術人材を育てていくことにかかわる「能力向上」についての時間感覚は実際には技術内容ごとに有意な差がみられなかった点にある．前項では，キャリアに関する技術人材個人の未来志向性度合いを高めていくことは個人の意欲的活動にとって意義のあることが導き出された．これをふまえると，本結果は技術内容が何であれ，キャリアの中の「能力向上」に関する未来志向性を職場内風土として高めることができ，技術人材を活性化させる可能性があることを示唆している．

3.3　活性化マネジメントの提案

(1)　活性状況の分析方法

(a)　活動モデル

　3.1節 (3) (a) において本研究では Locke の目標達成行動に関する統合モデルに4つの観点から追加の考察を行うことを述べた．それらは簡潔に述べると以下のようになる．

【欲求の観点】
　前節で述べたように，日本の大手製造業7社の技術人材に未来志向性について調査した結果，研究開発に対する意欲的活動実態の違いによって未来志向性の度合いが異なったことがわかった．本章では紙幅の都合上詳細を述べることはできないが，とくに，どれだけ先の将来を見据えた技術研究開発テーマを志向するかに関する「テーマ」の未来志向性や，技術人材の能力向上や地位向上に関するいわゆる「キャリア向上」の未来志向性において，違いが有意にみられた．ここから，3.2節 (1) (a) において示した「自分の研究成果によって社会に影響を与えたい」という影響側面と自己向上側面を含む技術人材の未来志向性は，職務意欲につながる主要な欲求として重要な要素であることが推測できる．

【欲求と目標設定の観点】

白肌・丹羽（2006）は技術人材のマネジメント研究の中で，当人が達成することを企業から要求されている業務目標を，当人がもっている夢と関係づけて意味づけする方策を提示している．企業の技術開発組織でその方策を適用した結果，その方策を実践することで，技術人材の業務への意欲が高まったことを，実証データをもとに示している．ここから，業務目標設定には当人のもつ未来志向性と関係づけて目標を意味づけすることが重要であると推測できる．

【行動の観点】

技術開発には創造的アイデア生成と同時に，そのアイデアを実現しようとする行動にも創意・工夫が必要である．そのために，アイデアと行動に対して創意の発現を積極的に取り込んだモデルが必要であると推測できる．

【報酬の観点】

技術人材が自身の未来志向性と業務目標を意味づけしていれば，業務での成功の実感をもつことこそが大きな報酬となるだろう．そしてその実感は業務目標を達成することが自分の志向する未来につながるという意識を強化し，継続的な意欲的活動の源泉になると推測できる．

以上の追加考察をふまえて，以下のような技術人材の活動モデルを提案する．
技術人材は自らの未来志向性（Vision）が，組織の技術開発目標と意味づけされることで，業務に動機づけられる（Motivation）．意欲的な活動は創意あるアイデア創出（Ideas）や目標達成行動（Actions）につながり，何らかの成果を生む．当該成果が他者に評価され，当人が仕事への成功実感（Success）を得ると，当初見出したビジョンと組織目標達成の関係性が個人の中で強化，あるいは新規のビジョン形成につながり，この流れは循環する．

ここで，3.1節（3）（a）で説明したLockeの目標達成行動に関する統合モデルとの違いは下記である．

・未来志向性の導入：Lockeの統合モデルでは行動の背景となる欲求の内容

について明示していない．本モデルでは，より具体的に，将来に向けて何かを成し遂げたいという未来志向性の概念を用い，技術人材にとって重要な「影響側面」と「自己向上側面」の未来志向性が行動に影響を与えていると仮定している．
・行動内容の詳細化：Lockeの統合モデルでは，行動は広くパフォーマンスとして定義されていた．本モデルでは，技術開発には構想立案を含むアイデアの創造と，試行錯誤をはじめとする実際に手や足を動かす作業が必要であるとの立場から，行動内容を2つに分けて詳細化している．
・継続性の導入：Lockeの統合モデルでは，報酬獲得後の満足感が次の活動にどのように関係するのかを明示していない．本モデルでは，継続性の観点を導入し，成功実感という一種の満足感が，個人のさらなる業務意欲に結びつくことを仮定している．

(b) ポテンシャルチャート診断

技術人材を活性化させていくための方法論の1つとして，前項（a）で提案した活動モデルの5つのポイント（Vision, Motivation, Ideas, Actions, Success）で活性状況の現状を把握するチャート診断法（詳細は3.4節（2）で述べる）を開発する．

以下では各ポイントでの測定項目を述べる．なお，各項目は4件法の質問紙調査（例．当てはまる，やや当てはまる，やや当てはまらない，当てはまらない）を用いる．

【Vision（ビジョンの保有）】
・日々どれだけ将来をイメージしながら業務に取り組んでいるのかの度合い
・技術人材としてのキャリア成長への関心
・技術人材として将来取り組みたい技術開発テーマへの関心
・携わっている業務の発展イメージの保有

【Motivation（目標達成への意欲）】
・業務目標達成に向かう技術人材の意志の度合い

- どの難易度の目標を選択するか（行動の方向性）
- 目標達成行動をどのくらい継続的に行うか（行動の継続性）
- 目標達成に向けてどの程度の努力を費やすか（行動の強度）
- 職務意欲の自己評価

【Ideas（目標達成へのアイデア創造実態）】
- 目標達成に必要な効率的，創造的なアイデア創出の度合い
- 業務課題解決に関する知識や人脈の把握度合い

【Actions（目標達成への行動実態）】
- 目標達成に向けて創意をもって行動しているかの度合い
- アイデアの提案および実行
- 意見交換や他者を巻き込んだ問題解決行動
- 問題解決のための試行錯誤実態

【Success（成功および成長の実感）】
- 自らが行ってきた業務活動に対する成功実感や自己成長実感の度合い
- 業務成功の実感の保有実態
- 自己成長の実感保有実態
- 仕事の振り返り行動の実施実態

(2) 活性化のマネジメント

(a) 活性化アプローチ

　本章では3.1節（1）（a）において，技術人材活性化を「個々の目的をもつ技術人材それぞれが，組織と共有した目的を創意をもって能動的に実現していこうとする状態を実現していくこと」と定義した．これは先に提案した技術人材の活動モデルを効果的に循環させることと言い換えることができ，マネジャーは効果的な循環を実現するために，下記4つの活性化アプローチの実践を志向していく必要があるといえる．

【個人ビジョンの創造および引き出し】
　未来志向的欲求を高めるために，技術人材に（新しい）ビジョンを見出させたり，掘り起こさせたりする．

【個人ビジョンと組織目標のすりあわせ】
　技術人材が組織目標を自分のビジョンと関係づけて理解できるように，それぞれのもつビジョンと組織目標の関係性をともに考え，高い納得性のもとで組織目標への意義理解を深化させる．

【アイデア創造促進および行動スタイルの変更】
　技術人材の創意を促し，行動に結びつけるために技術課題の解決に向けた道筋をともに考えたり，個人の技術開発スタイルを見直させたりする．

【取り組みの評価】
　技術人材に成功実感をもたせ，さらなるビジョン創造の契機とするために，当人が行ってきたさまざまな技術開発活動を明らかにし，それがどのような組織的価値をもたらしたのかを評価する．

　上記4つのアプローチを，技術人材を活性化するうえでの基本指針とし，現場実践の際には，これら4つのアプローチを効果的に行うための現状分析や改善のための問いかけに関する具体的な方策を検討する必要がある．

　（b）　実践の場
　活性化アプローチの実践には，それに適した場の設定が重要である．とくに，マネジャーと部下との間のコミュニケーション機会が業務量増大にともない減少傾向にあり，4項目を日常の対話で実践することはやさしくない．また，技術人材の側としても，たとえば，組織目標と個人ビジョンの関係性に関してマネジャーから突然議論をもちかけられても，準備ができていないなどの理由により，効果的な議論ができない可能性が高い．
　したがって，マネジャーと部下との対話の場としては，マネジャーはまとま

った時間をとることができ，技術人材はあらかじめ準備して臨める場でなければならず，活性化マネジメント方法は，この場での議論に適したものを策定する必要がある．

本研究では活性化アプローチを実践する場として，企業における「目標設定」，「目標追求期間」，「成果評価」の1年間の目標管理サイクル（古川,2003）の中で展開されるフォーマルな人事面談を用いることとする．フォーマルな面談には次の3点のメリットがあると考えられる．

- 一定の時間枠があるために，日常業務で忙殺されているマネジャーであっても，技術人材との十分なコミュニケーション時間をとることができる．
- 議題をあらかじめ明確に設定することができるために，技術人材は事前に設定された話題について考えを整理できる．
- 会社の制度と連動しているため，そこでの議論は一般的に日常コミュニケーションよりも重要度が高く，技術人材への影響も比較的大きい．

一方，留意点として，第1は，日常対話のように頻繁に行われるものではないために，そこで議論された内容が，時が経つにつれて忘れられてしまうデメリットがあることである．これには面談内容の記録方法を工夫するなどして対応する必要がある．

第2は，面談を行う時期によって活性化アプローチがある程度規定されることもあることである．たとえば，年度初めの「年次目標設定面談」の場合，この時期が当期の目標を決める段階にあるため，「アイデア創造促進」を実践したり「取り組みの評価」を積極的に議論したりするには材料が足りないことが想定される．その場合，まずは「ビジョンの創造・引き出し」および「ビジョンと組織目標のすりあわせ」を重点的に行うことが求められる．このように，面談が行われる時期にあわせて対話の目標が変わることが考えられるため，時期に応じて4アプローチのうち何に重きを置くべきかを検討しなければならない．

（3） 活性効果の分析方法

（a） データ

　面談が技術人材の活性化に与えた影響に関するデータ収集はきわめて重要である．個々の影響を効率的に収集するうえでは，面談終了後1-2週間後に質問紙調査によるデータ収集が有益であるが，その内容は以下の点で注意する必要がある．

【直接効果の観点】
　活性化アプローチが技術人材の活動モデルにおける5つの重要ポイントを刺激し活性化を促進させたかを判断する．このために，たとえば，モチベーション，自信・成功実感，仕事の意義，および課題克服のための方策の理解に対応する項目の効果や，個人の未来志向性の成熟などの項目について，面談前と後を比較した個々人の感想を聞くことが有効である．

【間接効果の観点】
　活性化アプローチが組織風土やマネジメントに対する技術人材の認識をどう変化させたかを判断する．日々の職務意欲や技術開発活動は職場環境を含めた外部環境に影響を受けているため，これらに対し良好な意識をもつことは活性化の契機となり得る．このために，たとえば，職場の風土に関する質問について，面談前と後を比較した個々人の感想を聞くことは有効である．

【マネジメント学習の観点】
　マネジャーに活性化アプローチを具体的に推進していく中でどのようなコミュニケーション上の工夫をし，それは日頃のマネジメントと比較してどのような違いがあったかを振り返らせる．このために，たとえば活性化アプローチに該当する行動を普段からどれくらい実施しているか，面談時に意識的に掘り下げた内容は何か，の質問紙設計が有効である．

【課題探索の観点】
　これまでに認識していなかった技術人材に関する課題を顕在化させる．自由記述項目やどのような議論が有効であったかという項目を設計することで新たな課題を掘り起こしていくことが有効である．

　上記観点を満たしつつ回答者の回答負担を考慮に入れた質問紙調査を設計することが重要である．

(b)　分析

　一般にデータの分析手法の決定は，データの特性と何を知りたいのかという分析目的に大きく依存する．本技術人材活性化マネジメント研究では，データ特性に関しては，4件法を通じた定量的データや自由記述アンケートを通じた定性的データ双方の獲得を想定し，主な分析上の目的は以下の2つである．

1. 当初の組織に活性・不活性の技術人材がどれだけ存在したのか，またどのような活性度合いの分布をしていたのかを明らかにすること．
2. マネジメント施策は技術人材の活性化にどのような効果があったのかを把握すること．

　第1項目に関して，組織内の相対的活性傾向の同定および活性状況の分類を可能にする分析方法として，本研究ではクラスター分析を用いる．クラスター分析とは，複数の変数がとる値の類似性によって回答者を分類（クラスタリング）する手法であり，これは活性状況の分類にとって効果的である．そして，クラスタリングすることで，当該技術人材の活性タイプを定義し，そのタイプをもとに組織内にどのような技術人材が存在するかを把握することができる．
　第2項目の効果の検証に関しては統計分析の基本をふまえたうえで分析手段を検討していく必要がある．
　そもそも統計分析には，得られたデータを整理・要約することを目的とした記述統計と，標本から母集団を把握することを目的とした推測統計に分けられる．推測統計による効果の検証は確かに強力な納得性をわれわれに提示するが，

標本数や分析手法そのものの影響からときには数字のマジックになり得ることも事実である．本章では，複雑な分析や確率論的な結果から効果を考察するよりはむしろ，結果としてのデータをできるだけそのまま利用し，定性的データとの関係性を含めて効果を判断することが有効と考え，記述統計を積極的に用いる．

具体的には，面談後アンケートでの任意の質問項目に対する肯定回答率の高さや，被験者である技術人材による自由記述，活性化マネジメントの結果分析をもって現場マネジャー7名と行ったディスカッションの結果を総合することで施策の効果について検討する．とくに3.5節（2）以降では，この方法で，活性化アプローチが技術人材の活動モデルにおける5つの重要ポイントをいかに刺激し，技術人材の活性状態実現に貢献したかについて分析する．

3.4　活性化マネジメントの実践

(1)　実践対象

(a)　組織

前節で提案した活性化マネジメントを日本の大手自動車会社のエンジン開発にかかわる技術人材（いわゆる基礎研究に従事する研究者は除く）で実践した．当時，技術人材の活性化を担当していたマネジャー（A氏とする）と意見交換会を通じて活性化に関する共通の目標を構築し，その後予備的なアクションリサーチを実施した．その結果，大学側の研究成果向上に寄与し産業側のモラル改善にもつながることが想定されたため，以後正式に，約3年間に及ぶ秘密保持契約を対象企業と大学との間で締結した．秘密保持契約を結んだことによりオープンな情報開示が行われ研究は進展した．さらに研究の初期の成果が管理職層の口コミや会議においてとりあげられたことで，さまざまな技術開発の特徴をもつ現場において34名のマネジャーの協力のもと，技術人材246名に活性化マネジメントを実施してきた．本節ではその一部を報告する．

一般に自動車の開発は，クルマという中長期的に大きな変化が起こりにくい最終製品の完成に向けて細かく分業化が行われており，そこで働く多くの技術

人材はそれぞれ自分の担当する部分にベストを追求しながら，限られた時間の制約の中で共通の目的のために協力する業務を中心として行われている．対象組織はこうしたクルマ開発の業務特徴を反映しており，部長から担当職までのピラミッド構造で開発業務が行われている．また業務分担において，技術に応じて程度の差があるが，技術人材一人ひとりが異なった主要業務内容を割り当てられており，同じ階層にいる技術人材同士でも基本的には同じ業務は担当していない．

さらに当該組織では厳格な目標による管理が適用されており，個々の技術人材は組織の目標達成のために目標を設定し，その成果が報酬として賞与に反映されるようになっている．基本的にはある階層の目標達成がその上位階層の目標達成に貢献するように目標が組み立てられているが，外部環境の変化によって，目標の内容や目標達成のための方策を柔軟に変化・検討しなければならないため，マネジャーと部下は年次目標設定や年度中期のフォローなどの面談の場で議論することが奨励されている．

(b) **技術人材**

この自動車会社のエンジン開発部門の中で，本研究が実践の対象としたのは，前述のA氏が所属するディーゼルエンジン開発部門である．当該部門は年度末の全社的職務意識調査で，仕事満足に関する肯定回答率が63%と全部門平均の79%を大幅に下回った．技術人材の活動モデルに基づけば，第三者からの仕事評価が不十分ゆえ，業務目標達成が自分の将来ビジョンにどう影響しているか実感が希薄であると，まず考えられる．しかし同調査では，成果評価の満足度に関する項目の肯定回答率は86%で全部門平均の84%を超えていた．これはつまり，成果評価以前の「ビジョンの保有」や「組織目標の意義の理解」に課題があると考えられる．仮にそうならば多くの者は業務意欲が乏しいだろう．この仮説を支える現場意見として，A氏は若手層のモチベーションの低さや上司とのコミュニケーション機会の少なさによる問題が日常業務の中に現れていると評価している．

要因は他にもある．当該部門の労働環境についてA氏は今ディーゼルが再び脚光を浴び，増員が進みつつあるが本来必要な人員見積に対して人数が不足

していると語る．これは，会社の開発戦略都合や過去のディーゼル締め出しによる（技術人材を含め）資源分散があるためであるという．その中で，担当者は効率化を求められ，それに応えようとしているが思うようには行かない状況にある人が多いと語る．ここから，目の前の課題解決に忙殺されるあまり技術人材個々人が中長期的なビジョンや組織目標の意義を見出せないでいる可能性が読み取れる．

　このような状況でも，当該部門の活性化への取り組みは上述してきた種々の原因の可能性についてとくに考えてこられなかった．同部門のマネジャーらは，メンバーの仕事満足向上を目的として，エンジン接触機会増加，実験部品準備効率向上，会議効率化などを実行してきたのである．この多くは目的と対応案の整合性がみられないのは明らかである．なぜか．筆者の疑問に対しA氏は，ご指摘どおりと認めつつ，その理由として，全員参加の活動で若手技術者中心の担当者が集まって議論し彼らの目線で抽出した方策を強引に実施したためだと分析している．

　以上のことをA氏自身も職制会議で議論することで，結局これまでの活動は抜本的な改善活動になっていないという共通認識を他のマネジャーらと形成したという．

　このように，技術人材の活動モデルをもとに社内調査結果を考察すると，当該部門の技術人材はビジョンの保有，ビジョンと組織目標の一致による目標意義理解が不足している可能性があることが想定された．

(2)　活性状況の分析

(a)　ポテンシャルチャート

　3.3節 (1) (b) で述べたチャート診断法を運用するために，まずFloyd (2002) の方法に基づき，図3.1に示すよう調査質問項目を作成した．これらは，すでに同項で定義した Vision, Motivation, Ideas, Actions, Success それぞれのポイントに必要な測定項目である．

　たとえばVisionを測定するためには，日々どれだけ将来をイメージしながら業務に取り組んでいるのかについて測定する必要があることから，「長い目で物事を捉えられている」や「将来市場の動向に関心がある」などの項目を作

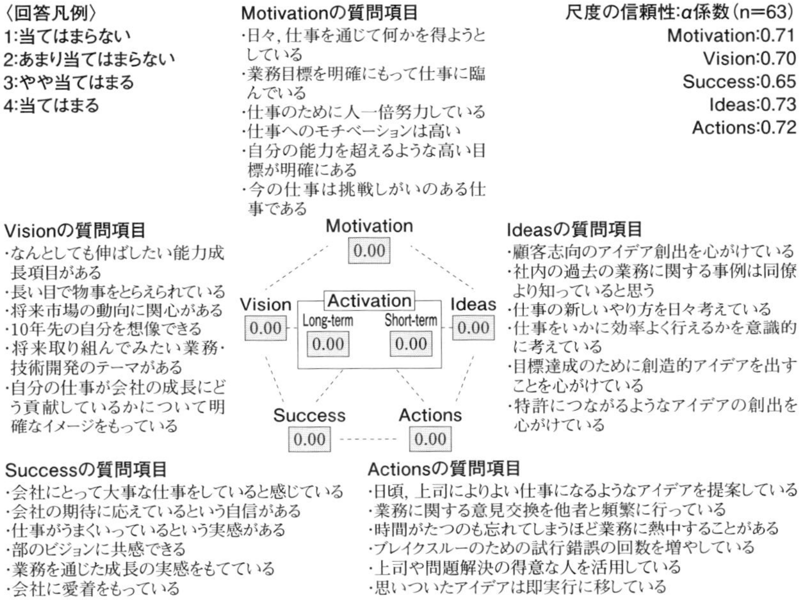

〈回答凡例〉
1:当てはまらない
2:あまり当てはまらない
3:やや当てはまる
4:当てはまる

Motivationの質問項目
・日々,仕事を通じて何かを得ようとしている
・業務目標を明確にもって仕事に臨んでいる
・仕事のために人一倍努力している
・仕事へのモチベーションは高い
・自分の能力を超えるような高い目標が明確にある
・今の仕事は挑戦しがいのある仕事である

尺度の信頼性:α係数(n=63)
Motivation:0.71
Vision:0.70
Success:0.65
Ideas:0.73
Actions:0.72

Visionの質問項目
・なんとしても伸ばしたい能力成長項目がある
・長い目で物事をとらえられている
・将来市場の動向に関心がある
・10年先の自分を想像できる
・将来取り組んでみたい業務・技術開発のテーマがある
・自分の仕事が会社の成長にどう貢献しているかについて明確なイメージをもっている

Motivation 0.00
Vision 0.00
Activation
Long-term 0.00 Short-term 0.00
Ideas 0.00
Success 0.00
Actions 0.00

Ideasの質問項目
・顧客志向のアイデア創出を心がけている
・社内の過去の業務に関する事例は同僚より知っていると思う
・仕事の新しいやり方を日々考えている
・仕事をいかに効率よく行えるかを意識的に考えている
・目標達成のために創造的アイデアを出すことを心がけている
・特許につながるようなアイデアの創出を心がけている

Successの質問項目
・会社にとって大事な仕事をしていると感じている
・会社の期待に応えているという自信がある
・仕事がうまくいっているという実感がある
・部のビジョンに共感できる
・業務を通じた成長の実感をもてている
・会社に愛着をもっている

Actionsの質問項目
・日頃,上司によりよい仕事になるようなアイデアを提案している
・業務に関する意見交換を他者と頻繁に行っている
・時間がたつのも忘れてしまうほど業務に熱中することがある
・ブレイクスルーのための試行錯誤の回数を増やしている
・上司や問題解決の得意な人を活用している
・思いついたアイデアは即実行に移している

図3.1 ポテンシャルチャートおよびアンケート質問例

成した.同様のことを,すべてのポイントに対して行い,各ポイントで6項目の質問,計30項目の質問を作成した.質問への回答は4件法で行い,図3.1の5角形の各頂点のマスには6項目の回答結果の平均値が出力されるようにしている.

なお,各ポイントにおいて作成した6項目の質問が的確にそのポイントの内容を反映できているかを測るため,個々の質問項目の内的整合性を判断するα信頼性を計算した.その結果,各指標に用いた質問項目の内的整合性を測定するα信頼性係数は,多くが0.70を超える妥当な水準にあり,もっとも低いものでも0.65であった.

次に,マネジャーが面談において技術人材の活性状況を効率的に判断するために活性度の短期的側面と長期的側面の2つを次のように定義した.

・活性度の短期的側面(Short-term Activation):目標達成のために直面する

3.4 活性化マネジメントの実践　119

課題を解決する意欲を示す．アイデア創造とその実行度合い，目標への意欲の状態を総合して診断する．Ideas, Actions, Motivation の平均値の積で数値化する．
・活性度の長期的側面（Long-term Activation）：目先の課題解決にとらわれない，将来にわたる中長期的意欲を示す．ビジョンの保有と成功，成長の実感，組織目標への意欲の状態を総合して診断する．Vision, Success, Motivation の平均値の積で数値化する．

いずれも積で得点表示した背景には，積表現により得点分布幅が広がるため，シートを使う者が直感的に数値の大小を把握しやすいと考えたからである．

以上を図の形で表現したのが，図 3.1 の中央部にある五角形の部分であり，これをポテンシャルチャートと名づけた．チャート診断では業務態度などについて回答者自らのアンケート回答値から算出するため，得られたデータにはバイアスがかかる可能性がある．とくに，他者との比較から自分自身をよくみせたいとする自己中心性バイアスが懸念される（たとえば，Hoorens, 1993）．そこで本研究ではバイアスの影響を最小限にするために，アンケート結果を他者との比較および本人の査定として利用するのではなく，面談での建設的な議論のための材料として使用する旨を記載して周知させた．なお，診断結果はあらかじめマスキングしており，面談前に回答者が診断結果を閲覧することはできないようにした．

(b) 活性状況

前項（a）で技術人材の活性状況を短期と長期の 2 側面に分けたが，これを用いて技術人材を下記の 4 層に分類する．面談では実際にこれらの層ごとにそれぞれ効果的と思われるマネジメント施策を実践した．

【活性層】
活性の短期的側面・長期的側面ともに高い．

【短期活性層】
　活性の短期的側面が長期的側面に比べて優っている状況．業務に関する効率化アイデア創出・行動を心がけ実行しているなど，目の前の仕事には比較的熱意をもって取り組んでいるものの，技術人材自らのキャリアビジョンの不明瞭さ，職業人生上の成功経験の蓄積が不十分なことによる組織への心理的一体感の希薄さ，組織ビジョンに共感できていないことが示唆される．

【長期活性層】
　活性の長期的側面が短期的側面に比べて優っている状況．技術人材の中で少なからず目標への意欲はもてているにもかかわらず，何かアイデア面や行動面で課題を抱えているために，もてる意欲をもとにさまざまな取り組みを実践できていないことが示唆される．

【不活性層】
　活性の短期的側面・長期的側面ともに低い．

(3) 活性化アプローチの実践

(a) 事前問いかけ
　マネジャーが，3.3節（2）（a）で述べた4つの活性化アプローチを面談時に的確に実践していくために，面談前に技術人材から情報をあらかじめ得ることとした．そのために面談シートと呼ぶ資料を技術人材に配布した．詳細は割愛するが，そこには次のような問いかけが記載されている．

【「個人ビジョンの創造および引き出し」に関する問いかけ】
　「今後切り開いていきたい能力成長目標は何ですか？」という問いかけをし，面談での議論を通じてマネジャーが部下に（新しい）ビジョンを見出させたり掘り起こさせたりすることができるようにする．

【「個人ビジョンと組織目標のすりあわせ」に関する問いかけ】
　意欲をもって取り組んでいる業務と意欲をもてないでいる業務を部下に想起

させ，それら目標への向き合い方の背景にある部下の価値観および業務目標認識をマネジャーが把握できるような問いかけをする．具体的には，「もっとも意欲のわく目標は何ですか？」・「それはなぜですか？ また，本目標においてあなたの力はどのように活かせると考えますか？」，「いまひとつ意欲がわかない目標は何ですか？」・「それはなぜですか？ また，その目標を意欲的に取り組めるようになるためには何が必要ですか？」である．

【「アイデア創造促進および行動スタイルの変更」に関する問いかけ】
　行動スタイルの変更を中心に「業務遂行上，あなた自身の改善すべき点は何ですか？」と問いかけることで，マネジャーとの議論を通じて今までとは異なる取り組みを意識づけるために，部下に自分自身の行動改善点についてあらかじめ考えさせるようにする．

【「取り組みの評価」に関する問いかけ】
　「これまで，あなたが業務上成し遂げてきた小さな成功談を教えてください」という問いかけをし，新たなビジョン創出のきっかけを作る．

　技術人材は面談の前にあらかじめこれらの問いに答えておくことが求められる．シートは記入例2枚と記入シート1枚である．記入内容は整理された形の出力シート（図3.2参照）として面談時に用いられる．

(b)　面談手順
以下の手順で技術人材計63名に対して面談を実施した．図3.2はその際に用いた出力シートおよびその解説である．

1. 面談時に出力シートを技術人材に披露する．このことによりマネジャーは，技術人材がポテンシャルチャートの質問および問いかけに対して回答した内容結果を当人と共有する．
2. Activation（3.4節（2）（a）参照）の意味および（計算された結果の）数値を説明し，マネジャーは活性化に関しては短期的側面だけでなく，長期

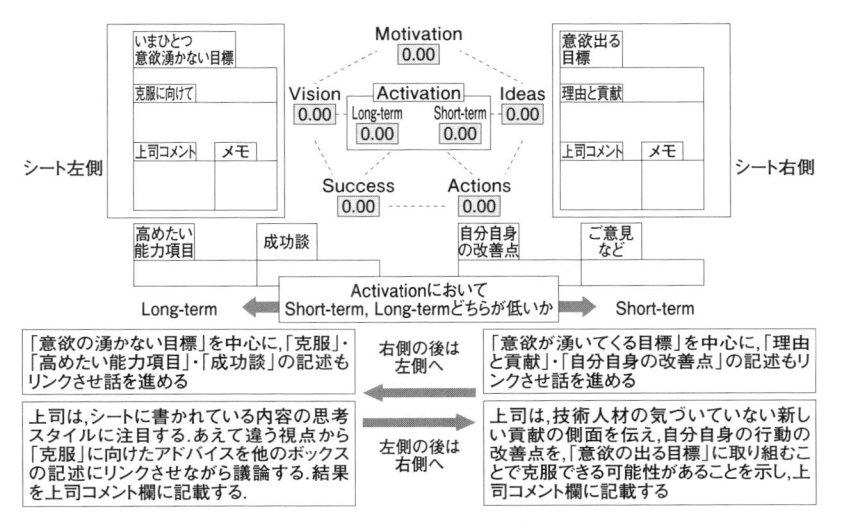

図3.2 出力シートおよび解説

的側面も重要だと考えていると説明する．
3. 長期的側面と短期的側面の数値結果を比較し，数値の低いほうから先に議論する．
(i) 短期的側面のほうが低い場合：シート右側の記述から話を進める．マネジャーは，「意欲が湧いてくる目標」に関して，その「理由と貢献」あるいは「自分自身の改善点」の問いかけの記述をもとに話を進め，技術人材に課題克服の契機をつかませる．そして議論の結果を上司コメントに記載する．
(ii) 長期的側面のほうが低い場合：シート左側の記述から話をはじめる．マネジャーは「意欲の湧かない目標」に関して原因を聞く．そしてその「克服」のために「高めたい能力項目」や「成功談」の問いかけの記述をもとに話を進め，目標の価値を変えていくようにする．そして議論の結果を上司コメントに記載する．
4. 一方の議論が終了した後は，もう一方の側に関して議論を進める．このことで活性化を構成するすべての項目について議論ができるようにする．

3.5 効果とマネジャーへの影響

(1) 技術人材の意識

(a) 活性度別クラスター

面談を行った技術人材らは，活性度の短期的側面および長期的側面について実際どのようなバランスをもっていたのか．ポテンシャルチャートの5指標を用いてWard法（クラスターをまとめていく手法の1つ）のクラスター分析を行った結果，当初3.4節（2）（b）で想定していた4層を含む以下の5クラスター構成が妥当と判断できた．

1. 短期的・長期的側面で平均よりやや高い数値でバランスしている．
2. 短期的側面が長期的側面に比べ高い．
3. 短期的側面・長期的側面ともに非常に高い．
4. 短期的側面・長期的側面ともに非常に低い．
5. 長期的側面が短期的側面に比べ高い．

先に想定していた4層は，活性化アプローチを効果的に実践していくために仮設的に設定したものであった．実際にクラスター分析をしても同様のクラスター構成で整理できたことは，ポテンシャルチャート診断が妥当であったことを示唆している．

クラスター分析の結果を用いると，たとえば，同一部門内の異なる開発チームの活性状況の特徴を把握することができる．実際に，さまざまな部品の性能実験を担当するA開発チームではクラスター3に属する非常に活性化した技術人材が多い一方で，自ら部品開発を担当しているB開発チームではクラスター3と，非常に不活性なクラスター4に属する技術人材がほぼ同率で存在していることがわかった．

B開発チームはA開発チームと比べて，一人ひとりの専門的知識を活かして個別に業務を推進していくことが求められる．したがって何か業務で難易度

の高い課題を抱えた場合，個人だけでその課題を抱えがちになり，目の前の問題解決に対する自信喪失や自己の今後の能力開発への限界を感じたりする技術者が出る可能性が推測できる．このことが，B開発チームの当時の活性状況に一部関係していたと考えられる．

すでに3.4節(3)(b)で述べたように，本活性化アプローチは，ポテンシャルチャート診断結果に基づき，活性度の長期的側面と短期的側面の数値結果を比較し，数値の低いほうから先に議論する手順をふんでいる．このことは，活性状況の芳しくない技術者に対し，その状況を脱するための最優先事項をまず議論する機会を技術者に提供したことになる．設計当初想定していた活性度に関する4層とクラスター分析結果が類似していたことは，活性状況に何らかの課題をもっていた技術者人材にとって必要な議論を面談で行うことができたと考えられる．

(b) 能動的意識

活性化マネジメントの効果を分析するためには，3.3節(3)(a)で述べたように，直接効果，間接効果，マネジメント学習面談および課題探索の観点からフィードバックすることが重要であるので，このためのアンケートを実施した．

本項以降では，面談前の技術人材の活性状況をポテンシャルチャート診断の結果から把握し，面談後の技術人材の活性状況の変化をフィードバックアンケートの結果から把握して考察をする．

表3.6は技術人材の能動的職務遂行意識に関する面談前と面談後の状況を示している．当該部門の技術人材は，業務に対する能動的態度はあるものの（Q1：3.16点／最高点5点．以降同様），高い目標の保有は不十分であり（Q2：2.67点），業務意欲もあまり高くない（Q3：2.75点）ことが読み取れる．

これに対し，活性化マネジメント実践後のフィードバックアンケート（n＝63，回収率100％）では，能動的な業務遂行意識に関して，Qf1では「そう思う」，「ややそう思う」に回答した者の割合を示す肯定回答率が89％，Qf2では肯定回答率が76％，Qf3では肯定回答率が51％という結果を得た．この結果は，当該年度に達成しなければならない短期的な目標達成に向けて大きな意

表 3.6 能動的職務遂行意識に関する効果

アンケート	No.	質問項目	スコア*
ポテンシャル チャート診断 (面談前)	Q1 Q2 Q3	日々仕事を通じて何かを得ようとしている 自分の能力を超えるような高い目標が明確にある 仕事へのモチベーションは高い	3.16 2.67 2.75
フィードバッ クアンケート (面談後)	Qf1 Qf2 Qf3	目標達成の締め切りまで継続的に努力しようと思った 業務に対するやる気が高まった 部のビジョンへ向けて意欲が高まった	89% 76% 51%

*ポテンシャル診断については部門内平均，フィードバックアンケートについては部門内肯定回答率を示す．

欲をかきたて，中長期に検討していかなければならない部門のビジョン実現を半数以上の技術人材が意欲をもって取り組もうとしていることを意味している．部門内のビジョンと業務目標とは内容の具体性が異なることが肯定回答率の差として出たと考えられるが，それでも 63 名のうち半数以上が能動的業務遂行意識を高めるに至ったことは大きな成果であると考えられる．

(2) 技術人材の活動メカニズム

(a) ビジョンと目標

表 3.7 は自分自身に関するビジョン保有および目標達成意欲に関する効果について面談前と面談後の状況を示している．当該部門の技術人材は，面談前は伸ばしたい能力成長や将来の技術テーマに対する関心は高い（Q4：3.48，Q5：3.02）ものの，長期的視点から自己と仕事をみつめることはあまりできていない（Q6：2.19，Q7：2.65）ことが読み取れる．

これに対し面談後では，ビジョンの保有への効果は，Qf4 の肯定回答率が 81% と高いが，Qf5 では 47% と低い．新しいビジョンを面談という限られた時間の場で技術人材が見出すことは本来難しい．それでも，面談では上司のアドバイスが的確だったと多くの技術人材が認識したため，ビジョン創造の契機はつかんだと考えられる．

この原因を考察するため，3.3 節 (3) (b) でふれたマネジャーディスカッションを行うと，「ディーゼルの将来がみえにくいからではないか」という議論になった．「ガソリンと違い，当社が技術的にトップになれるのかわからな

表 3.7 ビジョン保有および目標達成意欲に関する効果

アンケート	No.	質問項目	スコア
ポテンシャルチャート診断（面談前）	Q4	なんとしても伸ばしたい能力成長項目がある	3.48
	Q5	将来取り組んでみたい業務・技術開発のテーマがある	3.02
	Q6	10年先の自分を想像できる	2.19
	Q7	業務を通じた成長の実感をもてている	2.65
フィードバックアンケート（面談後）	Qf4	上司からのキャリアアドバイスは的確だった	81%
	Qf5	自分の将来成長に関して新しい夢・ビジョンができた	47%
	Qf6	目標を通じて自分の現在の不足スキルをどう補っていくのかがわかった	72%
	Qf7	設定した目標の達成が自分の成長にどれだけ意義のあることなのかが明確になった	60%
	Qf8	設定した目標をより多面的に解釈できるようになった	66%
	Qf9	意欲が湧きにくい目標への見方が良い意味で変わった	48%

*ポテンシャル診断については部門内平均，フィードバックアンケートについては部門内肯定回答率を示す．

い状態のため，今は世界一といった新しいことに関してチャレンジできていない」という．マネジャーディスカッションでは目標の見せ方に，より技術的な側面を見出す対話の必要性とそのやり方の議論がなされた．具体的には，ディーゼルエンジン開発には，ガソリンにはない工夫が必要との認識のもと，「技術軸で課題および目標値を出せるように，特許がとれるかもしれないであるとか，単にコストを下げろではなく（部品を指して）コレとコレを1個にする，というように，目標を技術に置き換えて話す」などのアイデア共有がなされた．

目標達成への意欲については，Qf6 の肯定回答率が72%，Qf7 では60% と約6割以上の技術人材が組織目標達成への意義を見出すことができた．これは，面談の手順（3.4節（3）（b））で述べた意欲のもてる目標と，そうでない目標に分けて面談で議論した効果が表れたといえる．意義理解と関連して，Qf8 の肯定回答率は66% と組織目標の解釈の幅を広げた反面，Qf9 では48% と，目標への見方の変化は不十分であった．

総じて今回の面談を機に6割以上の技術人材が，目標達成による不足スキルの充足や，目標の多面的解釈ができたことで，面談前の負の特徴を改善させることになったと考えることができる．

(b) アイデアと行動および成功実感

アイデア創造と目標達成行動は，表3.8よりQf10では肯定回答率が51％，Qf11では85％と，面談を受けた技術人材は目標に向けた行動の理解が進んだといえる．

面談前のポテンシャル診断結果では，業務に積極的に関与（Q8：3.10）しているが，アイデア進言（Q9：2.32），アイデア実践（Q10：2.33），試行錯誤（Q11：2.30）は不十分であった．マネジャーディスカッションでは，あるマネジャーは自分のグループにこの問題を当てはめ，「原因はアイデアを語る時間を作れていないこと」と述べた．しかし今回の面談で4つのマネジメント行動に基づき対話をしたことで，「面談前は不具合があると指示を待っていたが，現在は率先して車両部門と打ち合わせをするようになり，少しずつ自分で動くようになってきた」と評価している．

成功・成長実感は面談実施時期の都合上，取り組み評価の議論は不十分であった．しかし面談実施前診断結果からは，使命感はある（Q12：3.33）が，会社の期待に応えている感覚は低く（Q13：2.37），充実感が少ない（Q14：2.00）ことがわかった．

マネジャーディスカッションでは，「ディーゼルの市場が主に欧州のため，開発成果がガソリンと比べてみえにくい」ことが指摘された．また「試行錯誤

表3.8　アイデア創造，目標達成行動および成功実感に関する効果

アンケート	No.	質問項目	スコア*
ポテンシャルチャート診断（面談前）	Q8	時間がたつのも忘れてしまうほど業務に熱中することがある	3.10
	Q9	日頃，上司によりよい仕事になるようなアイデアを提案している	2.32
	Q10	思いついたアイデアは即実行に移している	2.33
	Q11	ブレイクスルーのための試行錯誤の回数を増やしている	2.30
	Q12	会社にとって大事な仕事をしていると感じている	3.33
	Q13	会社の期待に応えているという自信がある	2.37
	Q14	仕事がうまくいっているという実感がある	2.00
フィードバックアンケート（面談後）	Qf10	自分が考えていた目標達成のための行動について，自信がもてるようになった	51％
	Qf11	目標達成のためにやるべきことがわかった	85％

*ポテンシャル診断については部門内平均，フィードバックアンケートについては部門内肯定回答率を示す．

が不可欠な分野ながら失敗を責められるため，期待に応えている感覚が低い」との指摘も出た．たとえば，「あるエンジンを会社が認可したのでよいものを作れといわれるとモチベーションが高まるが，連動して設計追加の条項が多くなり，できなかったらバツという圧力が生じ結局会社から裏切られていると感じる技術者が多い」という．マネジャーらは部下との対話を通じて状況を打開する必要性を共有した．

(3) マネジャーへの影響

(a) マネジメント

面談後のアンケートでは表 3.9 より Qf12 では肯定回答率 68%，Qf13 では 60%，Qf14 では 71% であった．これはマネジャーの面談進行への評価が高いことを意味し，面談シートおよびガイドラインで効果的な議論ができたといえる．

また Qf15 では 73%，Qf16 では 82% を得た．面談でポテンシャルチャートを使い部下の潜在的な意識の現状を数値で定量的に示したことが新たな気づきを与え，思いを引き出す契機となったことを意味する．なお自由回答からは「面談内容に満足」，「計画を立案／実行しキャリア形成を実現したい」などのように，満足感や前向きな意識を示す記述があった．この反面「もう少しアドバイスが欲しかった」，「回答にとまどった」など，面談の効率性やアドバイス内容の充実に課題もあることがわかった．

マネジャーディスカッションでは，ポテンシャルチャート診断について「普段は意欲的に取り組んでいると思っていた技術人材のスコアが低い結果だった

表 3.9 マネジメントの有用性に関する効果

アンケート	No.	質問項目	肯定回答率
フィードバックアンケート	Qf12	上司からのアドバイス内容は自分にとって新鮮だった	68%
	Qf13	上司への信頼が高まった	60%
	Qf14	この面談は今まで受けてきたものよりも充実した面談だった	71%
	Qf15	面談シートは自分の現状に気づきを与えてくれた	73%
	Qf16	普段なかなか伝えられないでいる思いを語ることができた	82%

のは違和感がある」との声が上がった．しかしスコアが低いのは成果実感が希薄していることが原因だと認識すると，「実例や具体例をもって評価をしあう必要がある」との議論が起きた．「実例は？　と聞くのではなく，こういうことあったよね？　と切り出していくのはどうか」といった具体的なコーチング姿勢に関する議論もマネジャーらから活発になされた．

　このように，ポテンシャルチャートを利用することで，達成感の感じられる職場ではなかったこと，そしてそれは普段ハイパフォーマーとして認識していた技術人材も同様であったことが明らかになった．これを改善すべく，具体的な評価の仕方に関して議論がなされたことは，業績評価や進捗フォロー面談での議論の質向上につながる意義がある．

(b)　**自律的改善**

　活性化マネジメント方法適用から5カ月後，一部のマネジャーは3.3節 (2) (a) で述べた4つの活性化アプローチに意義を見出し，面談以外でも日常的に部下に対してこれらのアプローチを実践するようになった．

　実践したマネジャーからのEメールによると，「(筆者が行った) 解析結果のフィードバックを課員に実施したり，また組織活性化活動の質問に対しての真の原因の追究などの活動を実施してきました」とあり，全社的モラルサーベイで明らかになった組織不活性の諸側面に関し，その原因を課員全員で，懇談形式で実施した結果というファイルと，その結果を受けて，グループ内で実施する内容をまとめたというファイルの2つの電子ファイルが添付されていた．

　この活動は技術人材の活性化を真剣に考えたマネジャーがポテンシャルチャートの結果などをもとに自ら考え実行した自発的取り組みである．電子ファイルに記載されている取り組みには，4つのマネジメント行動に関連する内容があり，たとえば，技術開発について，懇談形式の部下との議論からは「時間とのギャップがあり，やりたいところまでできないので，(自分が手がけた製品に) 自信がもてない」，「志が高く，現実とのギャップが大きい」，「時間をかけて仕事ができない」，「時間に追われて，納得した仕様が世に出せていない」，「現実と理想のギャップが大きい．設計検討時間，車両をみる時間がない」，「評価が低いと自信がなくなるのではないか」といった消極的な意見が多く出

ていた.

　これに対しマネジャーは,「時間がないから自分の思いどおりの開発ができないということだが,時間があれば満足できるものではない.技術者はずっと高い技術へ挑戦し続けることが重要だ」と指摘し,今後積極的に会社に対し,何を貢献したか振り返りを行うことを実施することで,少しでも技術開発への自信をもっていくことを目指したことが記載されていた.

　これは「取り組みの評価」を日常的に率先して行うことを通じて,成功実感をもたせることを技術人材に意識づけているといえる.こうしたマネジャーの自律的学習は,技術人材活性化マネジメント適用の中長期的効果を示す意義ある事例である.

まとめ

(1) 研究の成果と意義

(a) 成果

　本研究の目的は,日本の技術系企業,とくに,製造業がイノベーションを効果的に実行できるように技術人材を活性化させるマネジメント方法を提案することであった.技術人材がかかわる技術開発業務では,個人のビジョンに基づく自由な創意工夫と,所属する組織の掲げる目的とを両立させることが重要である.そこで,技術人材の活性状態を「個々の目的をもつ技術人材それぞれが,組織と共有した目的を創意をもって能動的に実現していこうとする状態」と定義し,その実現のためのマネジメント方法として,ミドルマネジャーの4つの活性化アプローチ：(1)個人ビジョンの創造および引き出し,(2)個人ビジョンと組織目標のすりあわせ,(3)アイデア創造促進および行動スタイルの変更,(4)取り組みの評価,を提示した.

　この4つのアプローチをマネジャーが効果的に技術人材に対して実践していくために,技術人材の活動モデルに基づいたポテンシャルチャートと名づけた活性診断ツールを作成し,技術人材の活性化に向けた効果的なコミュニケーションを企業の目標管理サイクルにおけるフォーマル面談で実践するという活性

化方策を提案した．

　活性化マネジメント方法としての有効性および有用性を検証することを目的に，この活性化方策を日本の大手自動車会社のエンジン開発組織に適用し効果を分析した．その結果，この方策は技術人材を活性状態にしていくことに寄与したことが事後アンケート結果などのデータから得られ，さらにマネジメント方法の有用性に関しても高い評価を得た．

　本マネジメント方法の適用対象は自動車のエンジン開発であり，これにより主に２つの業務特徴をもった技術組織の人材に対して有効であることがわかったことになる．それは，(1) 技術開発業務が細かく個人に分業化されているがお互いの調整・連携が必要不可欠であること，(2) 中・長期的に製品が劇的に変化せずこれまでの知見をベースに改良していく業務であること，である．このような現場では，ひとつ上の立場から人間関係を俯瞰できるミドルマネジャーとの問題解決志向かつ未来志向の継続的対話が欠かせない．また，3.5 節(3) (b) で述べた，本施策を機にマネジャーが自律的にマネジメント方法を改善し目標達成に向けた議論を続けるようになった例は，この継続的対話を進めるうえでの成果といえる．

(b)　意義

　技術人材の活性化はこれまで動機づけ理論を中心に研究が多くなされてきたが，創意の発揮やビジョンの構築などの概念を包含する活性化の議論は十分ではなかった．本研究においては，技術人材の活性化を技術開発の特徴をもとに新たに定義し，技術人材の意識・行動プロセスと対応づけて活性化マネジメント方法を提案した．このことは人材マネジメント研究の発展にとって意義あるものといえる．

　また現場適用を通じて，技術人材の活性化マネジメント方法を企業の技術組織に実際に適用し，活性化に大きく貢献したことも重要な成果である．これまでマネジャーは人材活性化に関し，往々にして全員参加の活動を通じて現場の課題を集団的に見つけようという方策をとりがちであり，自らのマネジメント行動を改善する取り組みは見出されにくいことが多かった．そのような中で，現場適用の研究手法を用いることにより，技術人材の活性化を実際の現場で進

めていくマネジャーに具体的かつ効果的なマネジメント方法を提案できたという本研究の意義は大きい．

技術人材活性化という課題の中には，技術人材の動機づけ，技術成果の評価のあり方，キャリアコーチングおよび技術開発推進のコーチング，情報共有，などさまざまな重要テーマが内包されている．本研究は，技術人材の活性化のためのマネジメント行動指針，および具体的な部下への問いかけの提案など，これらの重要テーマに対して具体的にマネジャーはどう取り組んでいくのが有効なのか，その指針を示した．これは本研究の実務的意義である．

(2) 今後の展開

(a) 研究課題

本研究の今後の研究課題として，次の3点をあげる．第1は，提案したマネジメント方法のより広い技術組織への適用を通じた妥当性・有効性の検証である．本研究では自動車会社の開発組織を対象として提案方法の有効性を検証してきた．今後はこれ以外の対象でも実効性の検証をする必要がある．たとえば，企業の研究所の人材である．研究分野では，継続的なアイデア創出よりも突然のひらめきに基づく行動が好結果を生むことがある．このようないわば未知の領域を対象とする人材に対して，活性化マネジメント方法は実効性をもつのだろうか．また，個人の専門性に期待し，個々人に明確な責任を与えて，その達成結果から評価を厳しく査定している組織はどうか．セルフマネジメントが必要な場で本方法はどのような効果があるのだろうかなどなど，多様な現場にマネジメント方法論を適用することで，開発組織には表れなかった運用上の注意点や独特の現象が発生する可能性がある．これを理解することは技術人材活性化の研究を発展させるために必要なことといえる．

第2として，本研究は参加型のアクションリサーチであったという性格上，各現場の状況に応じて効果測定のアンケート質問に微修正を加える必要があった．その結果，各年の方策が統一的にどのようにマネジメント行動の実践に貢献したかを詳細分析するには限界があった．今後は，複数の組織の技術人材を無作為に抽出して統一的なマネジメント実験を行うなどの研究方法論における工夫をしていかなければならないだろう．

第3は，活性化した技術人材がいかにイノベーションに貢献しているかの視点である．イノベーション論では，組織外能力を駆使する能力（Chesbrough, 2003; 丹羽，2010），組織学習能力（Senge, 1990）など，組織が総体としてもつ能力がイノベーション可能性を高めると論じる研究は多い（他にも，O'connor and Ayers, 2005）．しかし，組織の能力は個々人の創造性や主体的行動に立脚しており，結局は個々人のミクロな技術開発行動をいかに，マネジャーというミドル層がマネジメントするかが重要である．本研究の現場適用によって活性化された人材が社内表彰などの高い業務成果を得たという成果も少しずつ出てきている．今後はより直接的に，画期的な経済的および社会的インパクトをもたらす製品革新と，技術人材の活性化の成果との関係性を明らかにすることで，技術を軸とした経営組織論のさらなる発展に貢献できるであろう．

(b)　実践課題

　活性化マネジメントとしての有効性が示された一方で，4つの活性化アプローチのより確実な実践に関しては課題がある．とくに，「ビジョン構築」に関しては，面談を通じて将来ビジョンを見出すというよりは，まずは上司から的確なキャリアアドバイスを与えられたことを評価する技術人材が多かった．今後は将来の具体的なイメージを技術人材自らが創造可能な支援方法を検討する必要がある．

　また組織構造との関係も検討する必要がある．本研究では自動車会社の開発組織という，比較的厳格な階層構造をもった組織での技術人材の活性化に効果があることを示した．しかし技術人材の自律性を最大限活かし，フラット型の組織や自律分散型組織（石黒，2005）などの組織形態で技術開発を行うケースも存在する．そのような組織においては，同僚間での結果評価のスキームや，技術人材が共有できる大きな目標の作り方を含め，活性化マネジメント方法をいかに修正し実践していくかが重要となろう．

　活性化マネジメント方法を効果的に実践していくうえでは，組織の状態も大きな制約となり得る．今回は比較的活性化状況が悪い組織に対して実践したことになる．活性度が中程度あるいはすでに高度に活性化している技術人材をさらに活性化させるためには，現状に満足しないような危機感をもたせる対話を

築くことも必要であろう．今後はこうしたさまざまな初期条件をふまえたうえで，それぞれの条件にあった活性化マネジメント方法の具体策を検討していくことが重要となろう．

　これらに加えて，活性化マネジメントが効果的に機能してイノベーション実現の真の突破口となるためのトップマネジメントのあり方も同様に考える必要があろう．本マネジメント方法の適用対象企業は，トップが技術人材を活性化させることの意義を理解していただけでなく，全社的にそれに取り組む必要性を制度設計も含め示していた．このような場合，ミドルマネジャーは会社からみられているという意識があるために，率先して活性化に取り組むインセンティブをもつ．ミドルマネジャーが継続的に活性化を進めていく動機づけのシステムをいかに形成していくかが，残された実践課題であろう．

引用文献

Amabile, T., Patterson, C., Mueller, J., Wojcik, T., Odomirok, P., Marsh, M., and Kramer, S., "Academic-practitioner Collaboration in Management Research: A Case of Cross-profession Collaboration," *Academy of Management Journal*, Vol. 44, No. 2, pp. 418-431, 2001.

Badawy, M. K., "Managing Human Resources," *Research-Technology Management*, Vol. 50, No. 4, pp. 56-74, 2007.

Birchall, D. and Chanaron, J., "Business School-industry Cooperation: Lessons from Case Studies," *Proceeding of PICMET'06*, PICMET, pp. 290-300, 2006.

Brookes, N. J., Morton, S. C., Grossman, S., Joesbury, P., and Varnes, D., "Analyzing Social Capital to Improve Product Development Team Performance: Action Research Investigations in the Aerospace Industry with TRW and GKN," *IEEE Transactions on Engineering Management*, Vol. 54, No. 4, pp. 814-830, 2007.

Chesbrough, H., *Open Innovation: The New Imperative for Creating and Profiting from Technology*, Harvard Business School Press, 2003.

Floyd J. Fowler, Jr., *Survey Research Methods*, 3rd ed., SAGE Publications, 2002.

Goleman, D., "Leadership that Gets Results," *Harvard Business Review*, Vol. 78, No. 2, pp. 78-90, 2000.

Hoorens, V., "Self-enhancement and Superiority Biases in Social Comparison," *European Review of Social Psychology*, Vol. 4, No. 1, pp. 113-139, 1993.

Itaya, K. and Niwa, K., "Highly Autonomous Small-team-type R & D Management Model and its Trial Management Experiment," *Proceeding of PICMET'07*, PICMET, pp. 2291-2295, 2007.

Locke, E. A., "The Motivation Sequence, the Motivation Hub, and the Motivation Core," *Organizational Behavior and Human Decision Processes*, Vol. 50, No. 2, pp. 288-299, 1991.

McDonough, E. F., "Investigation of Factors Contributing to the Success of Cross-functional Teams," *Journal of Product Innovation Management*, Vol. 17, No. 3, pp. 221-235, 2000.

Nicholson, N., *The Blackwell Encyclopedic Dictionary of Organizational Behavior*, Blackwell, 1998.

O'connor, G. C. and Ayers, A. D., "Building a Radical Innovation Company," *Research Technology Management,* Vol. 48, No. 1, pp. 23-31, 2005.
Sen, A., *Development as Freedom, Individual Freedom as a Social Commitment,* Anchor Books, 1999.
Senge, P. M., *The Fifth Discipline: The Art & Practice of The Learning Organization,* Currency and Doubledy, 1990.
Sundgren, M., Dimenas, E., Gustafsson, J., and Selart, M., "Drivers of Organizational Creativity: a Path Model of Creative Climate in Pharmaceutical R & D," *R & D Management,* Vol. 35, No. 4, pp. 359-374, 2005.
Thamhain, H., "Managing Innovative R & D Teams," *R & D Management,* Vol. 33, No. 3, pp. 297-311, 2003.
Yukl, G., *Leadership in Organization,* 6th ed., Pearson Prentice Hall, 2005.
石黒周,「長期的研究推進のためのNPO型分散研究システムの研究」,東京大学大学院総合文化研究科広域科学専攻博士論文,2005.
尾川信之,「キャリアに対する研究者の意識」,『組織行動研究』,Vol. 30, pp. 51-61, 2000.
金井壽宏,『働くひとのためのキャリア・デザイン』,PHP新書,2002.
河合武,「組織活性化度による企業業績モデルの開発」,『経営行動科学』,Vol. 7, No. 2, pp. 59-70, 1992.
河合忠彦,「戦略的組織活性化」,『組織科学』,Vol. 26, No. 3, pp. 7-20, 1992.
菊本辰道,「衆知を活かした組織活性化運動:トータルODの実践」,『組織科学』,Vol. 20, No. 2, pp. 13-25, 1986.
白肌邦生・丹羽清,「研究・開発人材の職務意欲向上のための未来志向的動機付けの効果分析」,『研究・技術・計画』,Vol. 21, No. 2, pp. 214-224, 2006.
関口和義,「官僚制における組織イノベーション:NTTの経営革新と組織活性化」,『三田商学研究』,Vol. 34, No. 1, pp. 94-104, 1991.
十川廣國,「ミドル・マネジメントと組織活性化」,『三田商学研究』,鈴木清之輔教授追悼号,pp. 15-22, 2000.
高橋伸夫,「組織活性化の比較研究法」,『組織科学』,Vol. 21, No. 2, pp. 54-63, 1987.
高橋伸夫,『ぬるま湯的経営の研究:人と組織の変化性向』,東洋経済新報社,1993.
豊田秀樹,『調査法講義』,朝倉書店,1998.
二村英幸,「組織活性化,その実証的研究」,『組織科学』,Vol. 17, No. 3, pp. 35-46, 1983.
丹羽清,『イノベーション実践論』,東京大学出版会,2010.
古川久敬,「目標による管理の新たな展開:モチベーション,学習,チームワークの観点から」,『組織科学』,Vol. 37, No. 1, pp. 10-22, 2003.
矢野正晴,「組織の創造性と組織活性化」,『組織科学』,Vol. 26, No. 3, pp. 56-69, 1992.
義村敦子,「研究者の職務関与の決定要因」,『組織行動研究』,No. 26, pp. 109-117, 1996.

第4章

研究開発型ベンチャー

企業間の知識連携

　高度技術社会がイノベーションを効果的に実現させる方策の1つとして，研究開発型ベンチャー企業が果たす役割は大きい．しかし，研究開発型ベンチャー企業が成長するためには，ノウハウやスキルなどの知識習得が不可欠である．そこで本章では，日本の研究開発型ベンチャー企業が企業間提携を通じて構築している知識共有の構造（これを「組織間知能」と称する）を明らかにする．

　まず「組織間知能」の概念提示を行ったうえで，アンケート分析とインタビュー事例分析を通じて，組織間知能の構造を明らかにする．その結果を分析することによって，事業フローの最上流にあたる戦略構築や商品アイデア創出・コンセプト設定において顕著な能力の向上がみられることなどを明らかにする．また，提携パターン別に成功要因の分析まで実施し，研究上のみならず実務上も有益な指針を導く．

4.1 対象課題と研究方法

(1) 対象課題と問題意識

(a) 研究開発型ベンチャーの課題

　産業成熟化が指摘される日本において，イノベーション，とくに，新規事業創造の担い手としてベンチャー企業への期待がますます高まっている．

　その成功可能性を少しでも高める仕組み作りとして，さまざまなベンチャー企業支援の環境整備が行われてきた．日本でも1990年代以降，米国における法的・政治的・経済的システムを学び，それを移植してきた．しかし環境整備によって支援可能なのは，資金や人材といった「経営資源」だけであり，それだけでは成功可能性を高めるには限界がある．

　つまり，経営資源を調達することができれば企業を創業することはできるが，その後の継続的な成長は望めない．なぜならば，企業を成功させるためには，個々の経営資源よりも，それらを組み合わせ，調整し，統合する知識こそが重要だからである（野中，1990; Grant, 1991; Hamel and Prahalad, 1994 など）．野中（1990）によれば，知識とは，特定の組織の行動を決定する，その組織に固有の認知的・手法的な諸能力のことである．組織のもつパラダイム，戦略，あるいはマネジメントノウハウ，データベースなどの体系とされている．

　企業に必要となるこの知識は，野中（1990）のいうところの「暗黙知」的なものが多く，文書などの形式知で伝達可能なものは少ない．したがって，知識は事業活動の実務経験を通じてのみ習得し得ることとなり，実務経験の乏しいベンチャー企業が短期間に独力で習得することは難しい．ベンチャー企業の成功可能性をさらに高めるためには，この「知識」の習得こそが残された課題である．

　つまり，ベンチャー企業の創業期では「経営資源」の調達が課題であるが，成長期になると「知識」の習得が課題となるということである．

(b) 企業間提携への期待

では，ベンチャー企業はどのような手法で知識を習得すべきなのだろうか．ベンチャー企業の場合は，知識習得も外部との関係を頼ることとなる．たとえ数名の優秀な人材をスカウトできたとしても，その人びとのノウハウだけで事業が完結できるわけではない．大企業での経験しかない人材であれば，ベンチャー企業での事業運営に関するノウハウはない．一方，たとえベンチャー企業での成功体験がある人材であっても，成功時とまったく同一事業を実施するのでなければ，必要ノウハウは自ずと異なるはずである．したがって，そもそも社内習得は現実的ではないのである．

では社外より習得できる方法としてはどのような方法があるだろうか．

まず第1は，顧客との取引関係から創出する方法がある．これは有効な方法ではあるが，そもそも創業まもないベンチャー企業では，取引自体が少ない．

第2は，ベンチャー企業への投資活動を行うベンチャーキャピタルの指導によって創出する方法がある．ベンチャーキャピタルは早期の出口戦略実現のために，積極的にベンチャーの経営指導を行う場合がある．ただし管理体制整備や上場準備が中心であり，事業自体のノウハウを受けることは難しい．

第3は，M＆Aによって他社からのノウハウを取得する方法である．しかし，資金不足のベンチャー企業が他社を買収するのは現実的ではない．

そこで考えられるのが，企業間提携である．企業間提携とは他企業と共同で事業活動を行うことであり，環境変化や戦略変更にともなって必要となった経営資源や知識を外部から獲得する手段である．企業の独立性を保持したまま相互に優位性のあるスキルを提供しあうことができる点で，有効な知識習得手段といえる．グローバリゼーションや技術革新のスピードが速まるにつれて，1990年代以降さらに拍車がかかっている．

この方法は，大手企業にとってだけでなくとくにベンチャー企業にとって有効である．第1には，共同事業という形で実際の事業経験を深められるという点である．知識習得は事業経験を積むことによって可能になるだけに，効果的である．第2は，多大な初期投資がかからないという点である．経営資源の調達が以前より容易になったとはいえ，ベンチャー企業で獲得できるのは一定の創業資金であり，他に投資できるような余剰資金は存在しない．企業間提携の

場合は，合弁会社という形態をとらない限りは大きな初期投資はかからず，その点でもベンチャー企業にとって有効である．

手塚（2000）においても，企業間提携とベンチャー企業の業績について相関関係が指摘されており，企業間提携がベンチャー企業の成功に有効であることが推察される．

(2) 従来の研究の問題点

(a) 企業間提携

本研究は，研究開発型ベンチャー企業が企業間提携を通じて実現する知識習得について取り扱う．したがって，まずは「a：企業間提携」と「b：知識習得」との二面から先行研究をみていく．次に，「c：企業間提携における知識習得」の先行研究をみていく（図4.1）.

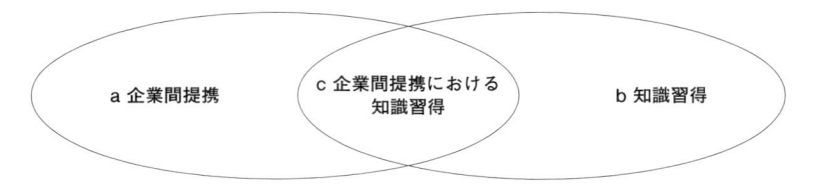

図4.1 先行研究レビューの領域

まず「企業間提携」を対象とする研究アプローチとしては，下記4つが代表的である．

① 取引コストアプローチ
② 戦略的選択理論アプローチ
③ 信頼ベースアプローチ
④ 資源ベースアプローチ

①は，取引コストを最小化する取引形態の1つとして企業間提携をとらえるもので，Williamson（1975）を起源とする取引コスト理論をWebster（1992）などが提携の理論的背景として援用したものである．

②は，企業間提携とは多角化戦略や垂直的組織統合の代替案であり，その状

況に応じたいくつかのパターンがあるとするものである (Kogut, 1988 など).

③は，企業間提携の形成要因として，「信頼関係」に注目する考え方である (Morgan and Hunt, 1994 など).

④は，企業間提携とは資源獲得の手段と考えるものである (Eisenhardt and Schoonhoven, 1994 など).

以上のように，各方面から企業間提携についてアプローチを行ってはいるが，あくまで企業間提携を「経営資源の補完」という観点からとらえたものが多く，本研究対象の「知識習得」という観点は乏しい.

(b) 知識習得

次に「知識習得」に関しては，次の3つの先行研究がある.

① 知識創造論アプローチ
② 組織学習論アプローチ
③ 組織知能論アプローチ

①は，野中 (1990), Hamel and Prahalad (1994) などが代表的である. 事例研究によるものが主体で定量的研究は乏しいが，企業経営における「知識」の重要性を指摘した点は評価されるべきである.

②は，Argyris and Schon (1978) に起源を発する. 組織学習は個人学習の単なる総和ではなく，組織には固有の学習があるとする考え方である.

③は，松田 (1990) による. 松田は，集合的な問題処理能力として組織における知能概念，すなわち「組織知能 (organizational intelligence)」を提示している.「組織知能」とは，「集合的な知的問題処理能力」のことである. 問題の発見・発掘からはじまる「問題認知」，問題を解ける形に整理する「問題設定」，問題の解を求める「問題解決」，そしてその解を実施する「解答実施」まで行い，さらに最初の問題認知過程にまでフィードバックするような，広域循環過程のことであり，組織における知識構造を包括的に整理した概念といえる.

したがって，各アプローチからは下記の点が継承され得る.

①からは，企業経営における「知識」の重要性が導ける. 単に経営資源だけ

でなく,「知識」こそが企業成長に寄与するという視点は重要である.

②からは,要素還元ではない統合の視点が活用できる.つまり,組織学習が個人学習の総和を超えるものであるならば,メタレベルでみた場合,企業間提携による複数組織間の学習は,各組織のそれぞれの学習の総和を超えるものである,といえるはずである.ここに,あえて企業間提携による知識習得をテーマとしてとりあげる意義を導くことができる.

③からは,組織の問題処理能力を包括的にとらえた概念として「組織知能」という視点が得られる.「組織知能」概念を援用することによって,企業間提携による知識を詳細に記述することができるようになる.

(c) 企業間提携における知識習得

最後に,本研究の中心テーマである企業間提携における知識習得に関する先行研究をみていこう.

経営戦略論では,Badaracco (1991) が企業間提携の本質は「知識」の交換であることを指摘している.ただし彼を含めて経営戦略論では,単一企業の戦略が議論の対象であり,提携先は外部環境の1つとみなされる.

次に組織学習論をみてみると,March (1991) では,1つの組織が経験から得られた教訓は知識の交換を通じて他の組織に波及していくとして,組織間関係によって組織が学習することを明示した.また松行 (1999) では,提携によって移転・交換された知識を,各組織体が独自にそれぞれ学習する「組織間学習」の概念を提示した.

しかしいずれも,議論の対象はあくまで個別の単一組織の知識習得に置いており,提携先は外部環境とみなされている.つまり経営戦略論,組織学習論のいずれの場合も,提携先企業から一方向的に知識を習得することを対象としている.

一方知識創造論では,組織間で共有されている知識として「組織間知」という概念が出されている (野中, 1990; 野中, 1991).また組織知能論でも,松田 (1990) が,複数の組織にまたがって発現する「組織際知能」を紹介している.これらの概念は,提携企業双方の間に共有されている知識を把握するうえで有用な概念と考える.

本研究でも，単に当該企業が提携先から一方向的に知識を習得するものとは考えない．当該企業と提携先とが双方向的に知識交換を行い，両社の集合体（これを本研究では「提携共同体」と称する）に知識が共有されているととらえる．つまり単一企業による「知識習得」ではなく，提携企業双方による「知識共有」を研究領域とする．それによって，既存知識が交換されるだけでなく，新たな知識が組織間にまたがる提携共同体で創出されることが明らかにできると考えるからである．

　しかし，「組織間知」概念も「組織際知能」概念も，いまだ詳細な議論は行われていない．「組織間知」は組織知のメタレベルの概念として提示されているだけである（野中，1991）．また「組織際知能」は組織知能の近縁諸概念の1つとして紹介されているのみであり，日本社会に特有な談合や系列関係をその対象とした限定的な概念である（松田，1990）．したがって，いずれも付加的概念として提示されており，それ自体を分析しているわけではない．そこで本研究は，この両者の概念を発展的に継承した「組織間知能（inter-organizational intelligence）」概念を中心概念にすえる．

(3) 研究の目的と方法

(a) 研究目的

　本章の研究目的は，大きく次の2点であり，分析の流れもこの2ステップとしている（図4.2．詳細の分析方法は4.2節(2)を参照願いたい）．

```
┌─────────────────┐      ┌─────────────────┐
│  研究目的①      │  ⇒  │  研究目的②      │
│  組織間知能構造の把握 │      │  提携成功要因の分析 │
└─────────────────┘      └─────────────────┘
```

図4.2　本章の研究目的

　第1の目的は，今回概念提示した「組織間知能」について，実際の提携共同体の中でその構造がどのようになっているか，具体的に把握することである．組織単体の組織知能と異なり，提携共同体の組織間知能にはどのような特徴があるのかを明らかにする．

　第2の目的は，提携成功の要因はどのようなものかを明らかにすることであ

る．第1の分析において組織間知能と提携成功が関連するということがいえるならば，提携成功をもたらす要因を把握することが重要となるからである．企業間提携に関する先行研究においても，成功要因としてさまざまな条件が指摘されているが，定量的にとらえたものはきわめて少なく，本分析はとくに実務上有用である．

(b) 研究方法

本研究では，研究開発型ベンチャー企業が関与した提携共同体の組織間知能を分析する．① 反証可能性の確保，② 現実世界との適合性，③ 時間的制約，の3点のバランスを重視した結果，本研究における検証方法は「アンケート」をメインに実施することにした．ただしアンケートだけでは，実際の提携内容の実態まではつかめない．そこでアンケートによって分析された内容を事例的に検証するために，「事例研究（インタビュー）」もサブ的に実施することにした．

4.2 「組織間知能」概念とその分析方法

(1) 「組織間知能」概念

(a) 定義

本節では，改めて「組織間知能」について詳細に概念提示を行う．

本研究では，松田（1990）の「組織知能」との対比により，「組織間知能」を提示する．

経営情報学における「組織知能」とは，「組織における集合的な知的問題処理能力」のことである（松田，1987; 松田，1990）．組織間知能は組織知能のメタ概念として図示できる（図4.3）．組織知能は，組織を主体とし，個人をその構成要素とする．一方組織間知能は，組織集合体を主体とし，組織をその構成要素とする．従来のアプローチで議論されてきた「知識」は，経営学におけるノウハウや能力を表す一般的概念であるのに対し，「組織知能」は，組織における問題認知，問題設定，問題解決，解答実施のサイクルに焦点を当てた経営情報学上の知的問題処理能力の概念である．本研究では，今後はこの「組織

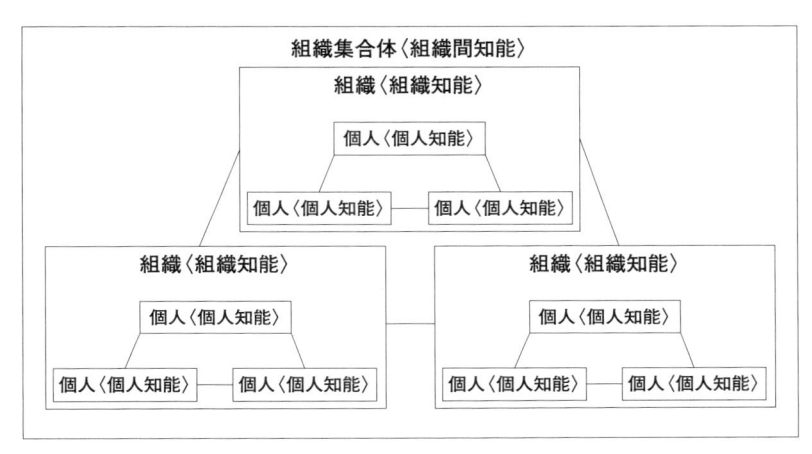

図 4.3 個人知能・組織知能・組織間知能の関係

知能」概念から展開した「組織間知能」概念を使って議論を進める．

以上より，組織間知能とは，「組織集合体における集合的な知的問題処理能力」と定義できる．さらに，とくに企業間提携における組織集合体を「提携共同体（alliance community）」と称して，組織集合体の具体的形態の1つととらえる．逆にいえば，企業間提携における提携共同体を一般化したものが組織集合体であり，その組織集合体における知識共有のあり方を「組織間知能」と位置づけることができる．

なお本研究では，企業間提携を「組織内取引と市場取引の中間に位置する企業間における長期的・継続的関係」と定義する．その類型は，契約をともなわない長期取引関係，提携契約に基づく関係，合弁会社設立に基づく関係，の3つである．

また今回の議論の対象は，二者間関係の提携共同体に限定する．確かに多数者間の提携形態は存在するが，ベンチャー企業の場合，まず二者間で提携関係を結ぶことが通常であり，多数者間関係も二者間関係の複合形態と考えられるからである．

(b) 近縁概念との比較

以下では，組織間知能と近縁概念との比較を行うことによって，組織間知能

表 4.1　各種の集合知能の比較

	組織知能	市場知能	組織間知能
構成要素	個人	個人・組織	組織
主体	組織	市場	組織集合体
要素間関係	協働	競争	協働・競争
関係構築意図	あり	なし	あり
情報公開	事前	事後	事前
代表的形態	単一企業	株式市場	企業間提携

概念の特徴をより明確にする．

　平野（1997）は組織知能に対する近縁概念として「市場知能」を提唱し，梅原（1998）は株式市場を通じてその妥当性を検証している．組織知能が，協働をベースにした統一的な目標をもった集合知能であるのに対し，市場知能は競争関係をベースにした集合知能である．つまり市場知能とは，個々に分散された知能（個人知能と組織知能）が，競争状態にある市場の中で創出される知能のことである．

　これに対して本研究で用いる組織間知能は，「協働」に基づく組織知能，および「競争」に基づく市場知能との対比から，「協働と競争」に基づく新たな知能形態と位置づける．組織集合体を主体とする以上，協働関係と競争関係との二面性が共存する可能性があるからである．すなわち，同一の目的のもとに協働関係を有している集合体であっても，一方では競争関係となり得る．つまり，協働と競争の二面性が存在し得るのである．経営戦略論の分野では「協働と競争」の考え方はすでに認知された概念であり，Brandenburger and Nalebuff（1996）の"co-opetition"概念（協調（cooperation）と競合（competition）をあわせた造語であり，協調と競争とが共存している状態を指す概念）などにも表れている．しかしそれを組織知能や市場知能との対比から位置づけた研究は見当たらず，これも本研究の独自性の1つと考えられる．

　したがって，「組織間知能」は，「組織知能」とも「市場知能」とも異なる概念として，それらの概念と並置される．以上をまとめると，表4.1のようになろう．すなわち組織間知能は，単なる組織知能や，もしくは不特定多数の参加が前提となる市場知能の，いずれとも異なる固有の集合知能だととらえられる．

(2) 分析方法

(a) 組織間知能の構造

　本研究の分析の前半部は，組織間知能の構造を具体的に把握することである．したがって，その機能を事業展開に具体的に必要となる形で区分することとし，分析に活用した．

　具体的には，事業フロー別に「基本構想立案能力」，「資金調達能力」，「研究開発能力」，「生産能力」，「販売能力」の5つに分類する．アンケート調査を用いるため，回答者が理解しやすいように「能力」という表現を使用したが，これは組織間知能の各機能のことである．

① 基本構想立案能力

　基本構想立案能力とは，事業フローの中でもっとも上流に位置する能力である．事業戦略を構築し，商品のアイデアを収集・創出し，そのアイデアをデザイン・性能・仕様などのコンセプトの形にとりまとめるまでを研究開発における「構想段階」という（丹羽・山田，1999）．ここでは，この段階をつかさどる企画的能力のことを基本構想立案能力と称する．

② 資金調達能力

　資金調達能力とは，事業に必要となる資金を調達する能力である．資金計画を策定したり実際に資金運用をしたりする財務的能力のことである．

③ 研究開発能力

　研究開発能力とは，研究開発を実際に遂行する能力である．製品設計を行い，実際にプロトタイプを試作するまでを，研究開発における「実施段階」という（丹羽・山田，1999）．ここでは，この段階にかかわる技術的能力のことを研究開発能力と称する．

④ 生産能力

　生産能力とは，開発された商品の量産化を実現する能力である．量産仕様を

設定し，生産ラインを構築し，実際に量産するまでの技術的能力のことである．

⑤ 販売能力

販売能力とは，生産された商品を顧客に販売する能力である．販売価格を決定し，販売チャネルを選定し，販売促進活動を実施し，最終的に顧客に販売するまでのマーケティング的能力のことである．

以上の組織間知能の機能に着目しながら，下記3つの分析枠組を用いて，組織間知能の構造を把握することとする(図4.4)．

第1分析：組織間知能の機能特性分析（組織単体の組織知能と比較することによって，提携共同体の組織間知能ではどのような機能が向上するかを分析する.） 第2分析：組織間知能と提携成功との関連分析（組織間知能の向上が提携成功と関連するか否かを分析する.） 第3分析：組織間知能と提携経過年数との相関分析（組織間知能がどのような向上プロセスを経るかを分析する.）

図 4.4　前半部（組織間知能構造の把握）の分析枠組

(b) 提携成功要因

本研究の分析の後半部は，提携の成功要因についてである．

提携の成功要因は，提携をどのように運営すれば成功するかというマネジメントの条件の形で表される．企業間提携に関する先行研究においても，成功要因としてさまざまな条件が指摘されている（Perlmutter and Heenan, 1986; Lewis, 1990; 野中，1991; 寺本・神田，1991; Yoshino and Rangan, 1995; 竹田，1997; 手塚，1999）．ただし，いずれも企業間提携の包括的な成功要因を指摘しているのみであり，企業間提携の形態をさらに細分化した形では成功要因をとらえていない．

企業間提携は，提携内容，提携先との競合状況，提携先の規模などによって，多様な形態があり，必ずしも成功要因が一義的に決定するとは考えられない．各提携パターン別に成功要因を分析するほうがより精緻な結果が得られるものと考え，実務上も有効と考えるからである．そこで以下では，提携内容別，競合状況別，業種別，提携先規模別の4つの分類方法でそれぞれパターン化し，

そのパターンごとに成功するためのマネジメント条件を明らかにする．提携パターン別の提携成功要因については研究事例がきわめて少なく，分析枠組を設定することが困難である．したがって，あらかじめ仮説を設定してそれを検証していく仮説検証型研究ではなく，仮説を設定せずに新しい発見をしていく探索型研究の手法を取り入れる．とくに本研究は，先行研究では対象とされていなかった内容にまでふみ込むため，探索型研究を行う意義は大きいと考える．

以上から，本研究の分析の流れをまとめると次のとおりとなる（図4.5）．

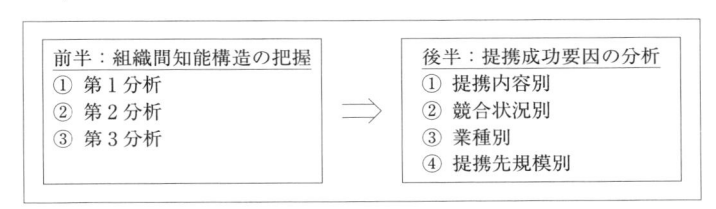

```
前半：組織間知能構造の把握        後半：提携成功要因の分析
① 第1分析                  ① 提携内容別
② 第2分析       ⇒          ② 競合状況別
③ 第3分析                  ③ 業種別
                          ④ 提携先規模別
```

図 4.5　本研究の分析の流れ（詳細）

(3)　調査方法

(a)　アンケート調査

調査対象は，『日経ベンチャービジネス年鑑99年版』（日本経済新聞社・日経産業消費研究所，1999）に掲載されているベンチャー企業とした．本研究では，さらに次の2点のスクリーニング基準を設けて，対象企業を選定した．

① 社歴10年未満
② 研究開発型ベンチャー企業

①については，創業まもないベンチャー企業に限定するためである．百瀬・森下（1997）では，設立後10年以内をベンチャー企業の1つの基準としてあげている．また②のように，本研究ではとくに研究開発型ベンチャーに対象を絞って議論を進める．今回の調査では，上記データベースの中から研究開発が重要と考えられる12業種を対象とした．

調査方法は，経営者（代表取締役）あてに調査票を郵送し，設問は主にリッカート尺度（7段階尺度）にて回答を依頼した．提携実施企業の他に比較対象

表4.2 分析に使用したアンケート調査内容（提携実施企業）

設問	調査内容
問1	提携開始時期 「この提携の開始時期はいつごろですか」
問2	提携先との競合状況 「この提携先は，現在貴社とどのような関係にありますか」（選択）
問3	提携先との接触頻度 「提携先との現在の接触頻度は，どの程度ですか」
問4	提携成功度 「現状において，この提携の成功度は貴社にとってどの程度とお考えですか」（7段階尺度）
問5	事業成功度 「現状において，貴社の事業の成功度はどの程度とお考えですか」（7段階尺度）
問6	提携におけるマネジメント条件 「この提携において，以下の項目はどの程度あてはまるとお考えですか」（運営方法や交流状況など17項目についてそれぞれ7段階尺度で評価）
問8	組織知能の状況 「この提携開始時には，貴社の以下の項目における能力レベルはどの程度でしたか．また現在はどのレベルに変わりましたか」（5つの能力についてそれぞれ7段階尺度で評価）
問10	提携企業双方の事業段階別役割分担 「提携の中で，貴社が果たしている役割，提携先が果たしている役割はそれぞれ何ですか」
問13	組織間知能の状況 「この提携開始時には，提携共同体（貴社と提携先との企業グループ）の以下の項目における能力レベルはどの程度でしたか．また現在はどのレベルに変わりましたか」（5つの能力についてそれぞれ7段階尺度で評価）

表4.3 分析に使用したアンケート調査内容（提携非実施企業）

設問	調査内容
問3	組織知能の状況 「貴社の以下の項目における能力レベルは現在どの程度とお考えですか」（5つの能力についてそれぞれ7段階尺度で評価）

として非実施企業にも送付した．提携の有無は上記データベースにて容易に把握できる．有効回答数は，提携実施企業50（有効回答率30.3%），非実施企業43（有効回答率36.8%）である．なお調査期間は，平成12年1月25日から平成12年2月29日である．

本研究の分析に使用した調査内容は表4.2, 4.3のとおりである．対象企業

および対象提携共同体の知能構造の状況を中心に調査した．

(b) インタビュー事例分析

本研究では，アンケート調査の分析結果を確認・補完すべく，インタビュー調査による事例研究を行った．アンケート調査の回答企業を中心に成功事例を抽出し，5つの提携共同体（提携両社）へのインタビューを行った（表 4.4）．期間は平成 12 年 6 から 10 月である．

調査方法は，提携企業双方に対するインタビューである．提携共同体の各企業の経営者あるいは提携責任者に対して実施した．

調査内容は，提携内容，組織間知能構造，提携成功要因についての 3 点である．

表 4.4 インタビュー事例研究の対象

	対象提携共同体
事例 1	ソフトウェア関連ベンチャーと自動車メーカーとの提携共同体
事例 2	電子材料関連ベンチャーと機械メーカーとの提携共同体
事例 3	放送機材関連ベンチャーと放送制作ベンチャーとの提携共同体
事例 4	ネット系ベンチャーとインターネットプロバイダーとの提携共同体
事例 5	情報処理システム開発ベンチャーと半導体ベンチャーとの提携共同体

4.3 組織間知能構造の分析

(1) 基本構想立案能力の向上

(a) 概要

本節では，前述図 4.4 の 3 つの分析枠組（第 1 分析：組織間知能の機能特性分析，第 2 分析：組織間知能と提携成功との関連分析，第 3 分析：組織間知能と提携経過年数との相関分析）を通じて，組織間知能の構造を把握する．

まず第 1 分析として，組織単体を主体とする組織知能との比較から，提携共同体を主体とする組織間知能の機能特性を明らかにする．

5 つの各機能（基本構想立案能力，資金調達能力，研究開発能力，生産能力，販売能力）について，組織単体の向上度（現在の値と提携開始時の値との差）と

表 4.5　各能力向上度の比較

		能力向上度
① 基本構想立案能力	組織単体	0.61**
	提携共同体	1.00**
② 資金調達能力	組織単体	1.22
	提携共同体	0.98
③ 研究開発能力	組織単体	0.92
	提携共同体	0.98
④ 生産能力	組織単体	1.10
	提携共同体	0.92
⑤ 販売能力	組織単体	1.10
	提携共同体	0.89

**：有意水準 1% で有意.
「能力向上度」とは，各能力の程度を 7 段階尺度にて質問し，「現在（アンケート回答時）」と「提携開始時」との差をとったもの.

　提携共同体の向上度（現在の値と提携開始時の値との差）で平均値に有意差がある項目を探索し，t 検定を行った．

　その結果，基本構想立案能力についてのみ，向上度に有意差があることが認められた（表 4.5）．

　以上の結果は，次のように解釈できる．基本構想立案能力以外の各能力については，提携によって交換された能力が各組織にそれぞれ単独で活用されたため，組織単体の組織知能も提携共同体の組織間知能も同レベルの向上度であったということが考えられる．しかし，基本構想立案能力については，各組織単独では有効活用されない知識が生まれ，それが組織間知能における基本構想立案能力のレベルをとくに向上させたのだといえよう．換言すれば，提携共同体として集合しているときのみに生じる知能が存在するということである．

　つまり基本構想立案能力が提携共同体でとくに向上するということが，組織知能と異なる組織間知能の機能特性である．組織知能と比べて，組織間知能は事業立案能力のレベル向上という点に相違があるということである．

(b) **詳細分析**

さらに，基本構想立案能力を要素に分解して詳細分析をした．ここではまず，丹羽・山田（1999）や難波他（1999）を参考にして，基本構想立案をさらに以下の3ステップに細分する．これはアンケート調査票にも項目として明示している．

① 事業戦略構築
② 商品アイデア収集・創出
③ 商品コンセプト設定

ここでとくに，商品アイデア収集・創出（②段階）と商品コンセプト設定（③段階）との機能分担に着目した．なぜなら，商品アイデア収集・創出と商品コンセプト設定がどのような関係にあるか，ということが，従来から商品開発研究の分野で議論になっていたからである（Roberts, 1998など）．そこで，ベンチャー企業の企業間提携ではどのような機能分担が望ましいかについて明らかにする．

「商品アイデア収集・創出」と「商品コンセプト設定」との役割分担は下記の9通りの組み合わせが考えられる（図4.6）．

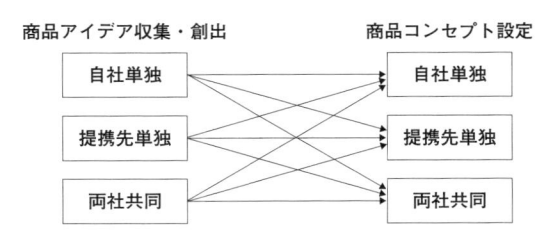

図4.6 アイデア創出とコンセプト設定の機能分担の組み合わせ

今後の分析のために，この9通りをさらに次の3通りに集約する．

a 一社完結型（自社単独→自社単独，提携先単独→提携先単独）
b 分担型（自社単独→提携先単独，提携先単独→自社単独）
c 両社共同型（自社単独→両社共同，提携先単独→両社共同，両社共同→自

表 4.6 アイデア創出とコンセプト設定との機能分担別基本構想立案能力

	a 一社完結型	b 分担型	c 両社共同型
平均値	4.79	5.71	5.69

「a 一社完結型」＜「b 分担型」*，「a 一社完結型」＜「c 両社共同型」*．
各数値は，基本構想立案能力の程度を 7 段階尺度にて質問した値の平均値．
* : 有意水準 5% で有意．

社単独，両社共同→提携先単独，両社共同→両社共同）

　つまり，②段階と③段階をいずれも一方の会社だけで担当し交流をもたない場合 (a)，②段階と③段階をそれぞれ別個の会社が担当した場合 (b)，②段階と③段階のいずれか，あるいは両方において両社の共同がみられた場合 (c) の 3 通りに分類する．

　そのうえで，3 通りの組み合わせ別に基本構想立案能力にどのような相違があるかを分析した．一元配置分散分析を実施した結果，5% 水準で変数間に有意差があることが認められた．さらに多重比較法により，どの変数間に有意差があるかを分析した．

　その結果，表 4.6 のようになった．一社完結型に比べて両社共同型が高水準だというのは，両社の接触度の相違を考えれば，想定どおりの結果である．

　それよりも興味深いのは，分担型が両社共同型と同程度の高水準であるということである．こちらは，商品アイデア収集・創出と商品コンセプト設定とを別個の企業が分担するということで，両社共同型よりは共同作業が少ないはずであり，時間・コストともにより効率化できる．それにもかかわらず，両社共同型と同レベルの能力を創出している．この現象は，前述の Roberts (1998) の考察と合致するものであると考えられる．Roberts (1998) では，商品アイデア収集・創出と商品コンセプト設定とは性格を異にするステップであり，同一企業内において役割分担をしたほうが有効であることが示唆されていた．つまり，大企業では社内で異なる個人・チームが役割を分担することによって基本構想立案能力が向上するのに対し，ベンチャー企業の場合は企業間提携によって異なる企業が役割を分担するという方法によって実現されるということである．

以上から，基本構想立案能力の効率的向上は，必ずしも両社共同でなくても，商品アイデア収集・創出と商品コンセプト設定を分担することによって可能である，という，より具体的な構造が明らかになった．

(2) 提携成功との優位な関連性

(a) 概要

第2分析として，組織間知能と提携成功との関係を明らかにする．

「提携成功度」を従属変数，組織間知能の各能力を独立変数としてそれぞれ重回帰分析を行った（重回帰分析はステップワイズ法を使い，とくに関係の強い独立変数以外は除去されている）．

この分析から，提携成功度は基本構想立案能力と関連があることがわかった（表 4.7）．

表 4.7 提携共同体の各能力と提携成功度との重回帰分析結果

	提携成功度
基本構想立案能力	0.406**
資金調達能力	
研究開発能力	
生産能力	
販売能力	
自由度調整済決定係数	0.146
F 検定量	8.880**

各数値は，重回帰分析の標準偏回帰係数．**：有意水準1%で有意．
注：変数として有意でなかった要因は，表の記載を省略している．

第1分析の結果から，提携共同体を主体とする組織間知能の機能特性は，基本構想立案能力向上にあることが判明している．第2分析からも，基本構想立案能力向上が提携成功と有意の関連をもつことがわかった．

すなわち提携当事者にとっても，提携成功の決め手は，基本構想立案能力という組織間知能の向上であると認識されているということが推定される．

(b) 提携成功と事業成功の相違

次に,組織間知能と事業成功との関係を分析し,提携成功との相違を明らかにする.

今度は「事業成功度」を従属変数,組織間知能の各能力を独立変数として,それぞれ同様の重回帰分析を行った.

この分析から,事業成功度は販売能力と関連があることがわかった(表4.8).事業成功には,直接的に売上拡大につながる能力が関連するということであり,業績向上が事業成功とみなされているということが確認された.

また,提携成功度と事業成功度との平均の差を比較すると,有意差が認められた(表4.9).

以上から,提携当事者にとって,「事業成功」とは別に「提携成功」が認識されているということがわかった.直接的な業績向上にはならなくても,基本構想立案能力という組織間知能が向上すれば,提携成功とみなされるということであり,提携共同体における組織間知能の重要性が認められた.

表4.8 提携共同体の各能力と事業成功度との関係

	事業成功度
基本構想立案能力	
資金調達能力	
研究開発能力	
生産能力	
販売能力	0.548**
自由度調整済決定係数	0.285
F検定量	19.310**

各数値は,重回帰分析の標準偏回帰係数,**:有意水準1%で有意.
注:変数として有意でなかった要因は,表の記載を省略している.

表4.9 「提携成功度」と「事業成功度」との比較

	平均値	標準偏差
提携成功度	5.44**	1.15
事業成功度	4.78**	1.18

**:有意水準1%で有意(t検定).

(3) 実行能力と基本構想立案能力との2ステップ向上プロセス

(a) 概要

第3分析として，組織間知能の向上プロセスを明らかにする．

まず，提携共同体における各能力の変化を調査すると，下記のとおりとなった（表4.10）．各能力いずれも，提携開始時に比べて現在（アンケート調査時）のほうが，有意に能力が高まっていることがわかる．これは提携によって組織間知能が高まったということで，想定の範囲内の結果といえる．

しかしここで，提携の経過年数と各能力との相関関係を分析すると，基本構想立案能力とそれ以外の能力との間に相違がみられる（表4.11）．

つまり，各能力はいずれも提携によって向上するが，その向上プロセスが異なる．基本構想立案能力だけは，時間軸の進行に比例して向上する．したがって提携の進行が進むほどに能力が増すことがわかる．しかしその他の能力は時間軸とは無関係である．その他の能力はより個別具体的に実務の遂行にかかわるものであるため，これらをまとめて「実行能力」と呼ぶことにすると，基本

表4.10 提携共同体における各能力の変化

	① 提携開始時	② 現在	差分（t検定）
基本構想立案能力	4.26	5.26	1.00**
資金調達能力	3.68	4.66	0.98**
研究開発能力	4.45	5.43	0.98**
生産能力	4.13	5.05	0.92**
販売能力	3.90	4.79	0.88**

**：有意水準1％で有意．

表4.11 提携経過年数と各能力との相関係数

	「提携経過年数」との相関係数
基本構想立案能力	0.317*
資金調達能力	0.196
研究開発能力	0.140
生産能力	0.112
販売能力	0.113

*：有意水準5％で有意．

構想立案能力と実行能力は，それぞれ別の向上プロセスをたどると考えられる．

(b) 解釈

これは次のように解釈できる．日々の業務遂行のたびに提携企業間で既存知識の交換が行われるため，実行能力はそのつど習得できる．つまり実行能力の習得とは，既存知識の交換に基づく短期的向上プロセスをたどる．

一方基本構想立案能力は，より普遍的・抽象的な能力である．提携企業間で事業を遂行する中で開発，製造，販売などの各機能の既存知識が日々交換され，提携共同体内に蓄積される．各機能の知識が蓄積されることから事業全体を一貫して意思決定するための判断材料が増える．そこから，提携以前にはなかった新たな戦略やアイデア，商品コンセプトが生まれる．このように基本構想立案能力とは，個別の既存知識が蓄積された後に高度化し，事業構想全体についての新規知識として創出されたものととらえられる．そのため，その向上プロセスはより長期的となる．

以上のように，第3分析の組織間知能の向上プロセス分析からは，基本構想立案能力とそれ以外の能力とは別の向上ステップであることが推定された．

4.4 提携成功要因の分析

(1) 提携内容別の分析

(a) 提携内容の分類

本節の分析では，先行研究であげられてきた成功要因を集約して下記17項目の条件を設定した．なお（　）は実際の設問での質問項目である（表4.12）．

そして，提携成功度を従属変数，上記17項目の要因を独立変数とする重回帰分析を実施する．

提携成功要因分析の第1は，提携内容パターン別の分析である．本研究では，提携両社の役割分担に着目して提携パターンを設定する．まず「研究開発段階」と「販売段階」とをどのように役割分担しているかによって，下記の9通

表 4.12 成功要因と考えられるマネジメント条件

① 事前調査（提携に至るまでの事前調査は綿密に行った）
② 契約詳細度（契約は事前に詳細事項まで盛り込んだ）
③ 中長期計画（提携に関する中長期計画がある）
④ コスト負担ルール（コスト負担ルールは明確である）
⑤ 成果配分ルール（成果の配分ルールは明確である）
⑥ 提携調整部署（提携を調整する部署がある）
⑦ 情報伝達手段（提携両社間の情報伝達手段は完備されている）
⑧ 人事交流（提携両社間の人事交流は活発である）
⑨ 私的交流（提携両社間にプライベートでの付き合いがある）
⑩ 自社技術優位性（自社の中核技術は競合他社に比べて優位性がある）
⑪ 提携先技術優位性（提携先の中核技術は競合他社に比べて優位性がある）
⑫ 補完性（提携両社間には技術・ノウハウの補完性がある）
⑬ 個人間信頼（提携先の担当者は信頼できる：担当者個人に対する信用）
⑭ 会社間信頼（提携先企業は信頼できる：企業全体に対する信用）
⑮ 提携目標（提携両社とも互いの提携目標を熟知している）
⑯ 対等性（提携両社は対等な立場で意見交換できる）
⑰ 企業風土（提携両社の企業風土は似ている）

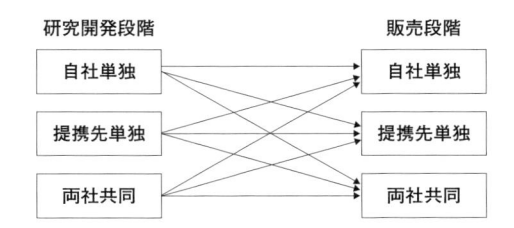

図 4.7 研究開発段階と販売段階との組み合わせ

表 4.13 提携内容のパターン別分類

	販売単独	販売共同
開発単独	a	分担提携型	c	販売提携型
開発共同	b	開発提携型	d	包括提携型

りの組み合わせを考える（図 4.7）．

上記の 9 通りを以下の 4 通りに集約し，その結果をさらに集計したものが下表である（表 4.13）．

a 分担提携型（自社単独→提携先単独，提携先単独→自社単独）

4.4 提携成功要因の分析

b 開発提携型（両社共同→自社単独，両社共同→提携先単独）
c 販売提携型（自社単独→両社共同，提携先単独→両社共同）
d 包括提携型（両社共同→両社共同）

（なお，「自社単独→自社単独」と「提携先単独→提携先単独」は，研究開発段階と販売段階では提携をしているわけではないとみなし，「その他」として集約結果からは除外している）

(b) 分析結果

ここで，提携成功を従属変数，表4.12の各要因を独立変数とする重回帰分析を提携パターンごとに実施した（表4.14，重回帰分析はステップワイズ法を使い，とくに関係の強い独立変数以外は除去している）．

これによると，まず分担提携型では，情報伝達手段の強化が提携成功に大きく影響していることがわかった．研究開発と販売とがそれぞれ別個の企業で分担される分担型の場合は，他パターンよりもいっそう密に情報交換をすることが必要だということが示唆される．換言すれば，情報交換が成功すれば，提携共同体として成功する可能性があるということである．

次に開発提携型では，対等性の保持が提携成功に大きく影響していることがわかった．研究開発を成功させるためには，両社の発言権が対等であることが重要であることが推定される．ベンチャー企業が大企業と提携した場合などに，

表4.14 提携内容別の成功要因

変数名	提 携 成 功			
	分担提携型	開発提携型	販売提携型	包括提携型
⑦ 情報伝達手段 ⑬ 個人間信頼 ⑯ 対等性	0.762*	0.773**		0.640*
自由度調整済決定係数 F検定量	0.528 11.07*	0.557 14.82**		0.365 9.04*

各数値は，重回帰分析の標準偏回帰係数．**：有意水準1%で有意．*：有意水準5%で有意．
注1：販売提携型は有意な係数がみられなかった．
注2：変数として有意でなかった要因は，表の記載を省略している．

対等性に不全をきたす場合がある．しかし，両社の技術スキルを補完すべく共同開発をしているのであって，企業規模や企業業績によって不平等な関係が生まれるようでは，有意義な研究開発が難しいということが示唆される．

販売提携型に関しては，有意な独立変数は抽出できなかった．

最後に包括提携型では，個人間の信頼が重要であることがわかった．研究開発も販売も一貫して共同作業を実施するということは，それ相応のリスクをともなうことであるため，両者間に相当な信頼関係がなければ作業を進めることが困難であることが予想される．では，企業間の信頼関係（会社間信頼）ではなく，なぜ個人間の信頼関係（個人間信頼）のほうが重要なのだろうか．これに関しては，事例分析を通じてより深く考察を行う．

(2) 競合状況別の分析

(a) 競合状況の分類

提携成功要因分析の第2は，競合状況パターン別の分析である．企業間提携は協働関係と競争関係との二面性に基づいた複雑な関係である．したがって，提携先との競合関係の有無によって，その成功要因も異なることが予想される．

表4.2の問2に対する回答から，

a　顕在的競合（すでに競合関係にある場合）
b　潜在的競合（将来競合する可能性がある場合）
c　無競合（将来ともに競合する可能性がない場合）

の3種類に区分する．

(b) 分析結果

上記のように区分した競合状況別の提携成功を従属変数，表4.12で分類した各要因を独立変数として重回帰分析を行った（重回帰分析はステップワイズ法を使い，とくに関係の強い独立変数以外は除去している）．

その結果は表4.15のとおりである．

まずaの顕在的競合の場合は，コスト負担ルールがきわめて強く影響してお

表 4.15　競合状況別の成功要因

変数名	提携成功		
	a 顕在的競合	b 潜在的競合	c 無競合
① 事前調査		0.363**	
④ コスト負担ルール	0.932**	0.638**	
⑤ 成果配分ルール		-0.825**	
⑬ 個人間信頼			0.632**
自由度調整済決定係数	0.835	0.931	0.373
F 検定量	26.27**	41.76**	14.66**

各数値は，重回帰分析の標準偏回帰係数．**：有意水準1%で有意．
注：変数として有意でなかった要因は，表の記載を省略している．

り，提携成功との間に非常に高い関連性がみられる．競合関係がすでにある以上，提携先とのコスト負担の取り決めを明確に行うことが，トラブル回避につながり，円滑な提携関係を築く前提になるものと推測される．

　b の潜在的競合の場合でもコスト負担ルールの重要性は変わらない．それとともに事前調査の重要性がみてとれる．a の場合よりも不確実性が高い関係だけに，提携開始前に綿密な調査を行うことも重要であると考えられる．興味深いのは，成果配分ルールである．契約関係として考えればコスト負担と同時に成果配分も決めるはずなので，この2つは同じ方向にあるように予想される．しかしここでは正負が逆になっており，成果配分ルールを決めることは，提携成功には負のはたらきをすることがわかる．この成果配分ルールの設定は興味深いテーマであり，後述の事例分析でも詳述する．

　c の無競合の場合は，提携先との信頼関係が重要である．競合関係にはない以上，どれだけ信頼感が醸成できたかによって，提携の成功が決まるということであろう．ただし，先ほどと同様に「会社間」信頼ではなく「個人間」信頼である．これについても事例研究を通じて分析する．

(3) 業種別の分析

(a) 業種の分類

　提携成功要因分析の第3は，業種別の分析である．本研究では，「研究開発型ベンチャー企業」を対象としてはいるが，必ずしもその事業活動は同一では

表 4.16 本研究における業種分類

業種分類	業種
装置型製造業	化学・医薬品,ガラス・セラミックス,鉄鋼・非鉄・金属加工
組立型製造業	機械,電子・電機,輸送用機器,精密機械,出版・印刷,その他製造業
サービス業	情報サービス業,ソフトウェア,その他サービス業

ない.事業活動スタイルごとにカテゴリー分けをすることによって,より精緻に分析できるはずである.

まず,製造の有無によって製造業(第二次産業)とサービス業(第三次産業)に大別することができる.さらに,製造業は装置型製造業と組立型製造業に区分できる.装置型と組立型では研究開発方法に大きな相違がある.一般的に,前者は,イノベーションの方向性が明確で開発目標も明確であり,後者は,イノベーションの方向性が不明確でその結果開発目標の設定も難しいとされている(日本ベンチャー学会,2000).本研究での業種分類は,表 4.16 のとおりとした.ただし,装置型製造業に関してはサンプル数が少なすぎるためこの後の分析対象からは除外し,組立型製造業とサービス業との比較で分析した.

(b) 分析結果

業種別にそれぞれ提携成功を従属変数,表 4.12 による各要因を独立変数として重回帰分析を行った(なお重回帰分析はステップワイズ法を使い,とくに関係の強い独立変数以外は除去している).その結果は表 4.17 のとおりである.

まず組立型製造業について述べる.この場合,提携成功と関係が深いのは,コスト負担ルールの設定と対等性の保持であることがわかる.製造業はサービス業に比べて,設備投資・機械投資など一般的に投資額が大きい.それゆえに,事前に明確にコスト負担ルールを設定することが重要であることが推測される.

次にサービス業の場合は,個人間の信頼関係が唯一有意な要因として抽出された.これは次のように解釈できると考える.サービス業のほうが事業フローに占めるアイデアやコンセプトの重要度が高い.製造業の場合は,製造面の優劣も重要となるが,サービス業にはそれがないからである.ビジネスモデル特許というものが注目されてはいるが,製品・技術に比べればサービスは特許では守りにくい.また先ほど述べたとおり,サービスのほうが一般的に投資リス

表 4.17 業種分類別の成功要因

変数名	提携成功	
	組立型製造業	サービス業
④ コスト負担ルール	0.479**	
⑬ 個人間信頼		0.693**
⑯ 対等性	0.770**	
自由度調整済決定係数	0.647	0.457
F検定量	12.63**	20.34**

各数値は，重回帰分析の標準偏回帰係数，**：有意水準1％で有意．
注：変数として有意でなかった要因は，表の記載を省略している．

クも少ない．したがって，サービス業のほうが比較的容易にビジネスモデルが盗用されやすいものと考えられる．提携前に契約的取り決めを行った場合でも，なお模倣の可能性があり得る．そこで重要となるのは，信頼関係である．ビジネスモデルの盗用のような機会主義的行動を制約するのは，最終的には当事者間の信頼関係しかないという状況が推測される．

(4) 提携先規模別の分析

(a) 提携先規模の分類

提携成功要因分析の第4は，提携先規模別の分析である．分類方法は，中小企業基本法で定められた「中小企業」の定義による．この基準によって「中小企業」と「大企業」に区分し，調査対象の提携を「対中小企業」の提携と「対大企業」の提携に分類した．調査方法としては，アンケートにて提携先企業名としてあげられた企業名について帝国データバンクなどによって検索し，その企業規模を確認した．しかし，提携先企業について明確に企業名が記入されたのが有効回答の6割程度であり，その意味では限定的分析である．

(b) 分析結果

提携先規模別にそれぞれ提携成功を従属変数，表4.12の各要因を独立変数として重回帰分析を行った（なお重回帰分析はステップワイズ法を使い，とくに

表 4.18 提携先規模別の成功要因

変数名	提携成功	
	対中小企業	対大企業
⑦ 情報伝達手段		0.517*
⑩ 自社技術優位性		0.505*
自由度調整済決定係数		0.837
F検定量		24.14**

各数値は，重回帰分析の標準偏回帰係数，**：有意水準1%で有意，
*：有意水準5%で有意．
注1:「対中小企業」は有意な係数はなかった．
注2:変数として有意でなかった要因は，表の記載を省略している．

関係の強い独立変数以外は除去している）．その結果は表4.18のとおりである．

「対中小企業」の提携では，有意な要因は判別できなかった．

「対大企業」の提携では，情報伝達手段の強化と自社技術優位性の確保がその要因としてあがった．

まず，情報伝達手段の強化について述べる．情報伝達手段については，対大企業の場合，公式的な情報伝達，文書（稟議書・マニュアルなど）・図面（設計図など）によるコミュニケーションが求められ，ベンチャー企業の自社内のみに通用するような情報伝達手段では不十分である．それだけに，情報伝達手段の整備が成功・不成功を分ける要因になると考えられる．

次に，自社技術優位性の確保について述べる．一般的にベンチャー企業側は，大企業に技術シーズを提供しているサプライヤーの役割を果たしている場合が多い．ということは，大企業に対しても優位性のある技術をベンチャー企業側が保有していることが，その前提となるということである．

(5) 提携パターン別成功要因のまとめ

(a) 結果

ここまで，提携内容別，競合状況別，業種別，提携先規模別の各分類方法によって提携パターンを規定し，そのパターンごとに提携成功に寄与する要因を明らかにしてきた．各分類の成功要因は，表4.19のとおりである．

表4.19 アンケート分析による提携パターン別成功要因のまとめ

	成功要因
提携内容別	分担提携型：情報伝達手段 開発提携型：対等性 販売提携型：(有意項目なし) 包括提携型：個人間信頼
競合状況別	顕在的競合：コスト負担ルール 潜在的競合：コスト負担ルール，事前調査 無競合　　：個人間信頼
業種別	組立型製造業：コスト負担ルール，対等性 サービス業　：個人間信頼
提携先規模別	対中小企業：(有意項目なし) 対大企業　：情報伝達手段，自社技術優位性

① 提携内容別（分担提携型，開発提携型，販売提携型，包括提携型）

　分担提携型の場合は情報伝達手段の整備，開発提携型の場合は対等性の保持，包括提携型の場合は個人間信頼が，とくに重要であることがわかった．

② 競合状況別（顕在的競合，潜在的競合，無競合）

　顕在的競合の場合はコスト負担ルールの設定，潜在的競合の場合は事前調査とコスト負担ルールの設定，競合関係にない場合は個人間信頼が，それぞれ重要であることがわかった．

③ 業種別（組立型製造業，サービス業）

　組立型製造業ではコスト負担ルールと対等性，サービス業では個人間信頼が重要であることがわかった．

④ 提携先規模別（対中小企業，対大企業）

　対大企業の場合は，情報伝達手段整備やベンチャー側の自社技術優位性の保持がとくに重要であることがわかった．

(b) 含意

　まず，提携パターン別に成功要因が大きく異なることが明らかになった．こ

こまで鮮明に相違が出てきたのは興味深い．

しかしその内容をみると，実は限られた要因に集中していることがわかった．当初想定していた成功要因は17項目あったが（表4.12），実際に抽出されたのは，そのうちの6項目だけである．このように成功要因が絞られたことは，実務上の対策も立てやすくなり，有益な分析結果だと考える．

4.5 提携事例

(1) 事例概要

(a) 提携の経緯

実際には表4.4で述べたように5事例について調査したが，紙幅の制約のためここでは1事例を紹介する．ソフトウェア関連ベンチャーと自動車メーカーとの提携事例である．

A社は，1990年代初頭に設立されたソフトウェア関連の研究開発型ベンチャーである（調査当時の従業員数は30名程度）．同社は，当時大学院生だったX氏が大学時代の友人であるY氏らとともに設立した会社である．同社の事業ドメインは企画提案型のシステムインテグレーションであった．

同社では，企業の「知識」は非常に大切なものと考えているが，それはフェース・トゥ・フェースのコミュニケーションから生まれるという．同社では，ネット上でのコミュニケーションを数年間試みてきた．たとえば，あるソフトウェアの開発において，他社とのコラボレーションをネット上で行っていたが，どうしても詳細なイメージなどは伝わりにくく，1つの部屋に集まって打合せを進めることとしたという．それというのも，アイデアは「会話」の中からしか生まれないということがわかったからである．フェース・トゥ・フェースのコミュニケーションに勝るものはない，というのが，同社の見解である．実際に同社の社屋自体も，従来は複数のフロアに分かれていたが，フェース・トゥ・フェースのコミュニケーションを促進するためワンフロアですむ場所に移転したほどである．最先端の情報系ベンチャーで，このような考え方に至ったというのは，非常に興味深いことである．

また同社では，いろいろな会社との企業間提携を積極的に実施している．事業経験の乏しいベンチャー企業にとっては，企業間提携によって案件を進捗していくことが重要という考えからである．その際に同社でもっとも重視していることは，「信頼」を失わないことである．彼らのつきあっている「コミュニティ」（業界）は意外に狭い世界であり，提携先から信頼を一度でも失うと，その世界では生きてはいけなくなるという．その信頼関係を構築するためには，同じ価値観・ビジョンを共有できることが大切，とのことである．
　一方提携先は，自動車メーカーB社である．1990年代半ばのB社は，情報投資には積極的であった．
　この提携の目的は，レース結果やモーターショー情報などのテキスト・図表・写真をリアルタイムで配信するシステムの共同開発であり，1990年代半ばの当時では画期的なシステムであった．

(b)　両社の役割分担

　本事例における役割分担は表 4.20 のとおりである．B 社が戦略・アイデアを提示し，コンセプト設定や開発自体は A 社主導で実施している．システム開発であるため生産はない．販売に関しては米国への外販は B 社が主導し，販売促進の点で A 社がサポートしている．

(2)　組織間知能構造の分析

(a)　基本構想立案能力向上

　本事例について，(a) 基本構想立案能力向上，(b) 提携成功との関連性，(c) 組織間知能向上プロセスの 3 点から知識共有構造を分析する．
　彼らによると，両社によって交換された基本構想立案能力は表 4.21 のとおりである．
　本事例は，基本構想立案段階での共同作業が大半であった．B 社より自動車業界における広報戦略が提示され，当システムのアイデアが提示された．一方 A 社側からは，システム開発経験からの商品コンセプト設定が行われ，当時はまだ画期的であったウェブデザインの仕様が創出された．

表4.20 事例1の役割分担

	A社	B社
① 基本構想立案		
事業戦略構築		○
商品アイデア収集・創出		○
商品コンセプト設定	○	
② 資金調達		
資金計画策定		○
相手先への出資	○	
③ 研究開発		
研究	○	
設計	○	○
試作	○	
④ 生産		
量産仕様設定	—	—
生産ライン構築	—	—
量産	—	—
⑤ 販売		
販売価格決定		○
販売チャネル展開		○
販売促進展開	○	○
販売		○

表4.21 事例1における基本構想立案能力

	A社	B社
事業戦略構築		自動車業界の広報戦略
商品アイデア収集・創出		「自動パブリシングシステム」というアイデア
商品コンセプト設定	システム開発経験からウェブデザイン仕様を設定	

(b) 提携成功との関連性

　提携によって生まれた当システムは，当初はB社内のみでの社内システムとしての利用が考えられていたが，提携を進めるうちに米国への外販まで行うビジネスモデルに発展した．B社責任者は，当システムをもって社内ベンチャ

ーを立ち上げ，そこにはＡ社役員も役員として参画した．なお，この社内ベンチャーはＢ社にとって社内ベンチャーの第１号であり，成功事例としてあげられている．以上のような事業構想を展開する能力を創出したことが，その成功の背景にあるという．

(c)　組織間知能向上プロセス

彼らによると，当初は社内システム開発というテーマであったため，システム開発などの実行能力はすぐに習得できたという．しかし提携を進めるにつれて，従来考えたこともなかったシステムの外販という事業化構想が生まれてきた．これを実行するには，対象市場・業界に対する認知力を相当高める必要があり，長期間かかることになったという．個別的な実行能力の創出から，より普遍的な基本構想立案能力の創出へ，２段階に進展したことがうかがえる．

以上のように，３つの分析枠組による分析を行い，アンケート分析を支持する結果を得た．簡単にまとめると，以下のようになる．

本事例は，ベンチャー企業と大企業との提携であり，提携先のアイデアに対してベンチャー企業側が商品コンセプトとしてとりまとめ，画期的商品が誕生した．当初予想していなかった米国への外販も展開し，事業構想にかかわる基本構想立案能力も向上し，提携も成功した．また実行能力は短期的に向上したのに対し，基本構想立案能力は長期的な向上であった．

(3)　提携成功要因の分析

(a)　インタビューから抽出された成功要因

第１にＡ社責任者Ｙ氏とＢ社責任者との信頼関係があげられた．両者の信頼関係が会社間の信頼関係につながり，アイデア創出の活性化につながったということであった．両者はオブジェクト指向の方法論について価値観が共鳴しており，プライベートでも非常に良好な関係を築いているという背景があった．成果配分という面でも信頼関係が生きている．たとえば，システム版権の使用許諾については厳密な取り決めをしていない状態であり，現状では両社ともに使える状況にある．これなどは個人間の信頼関係に基づく結果とのことであっ

170　第４章　研究開発型ベンチャー

た．また逆に，それを厳密に取り決めないことがよかったのではないか，というのが彼らの見解である．つまり，この提携共同体では，キーマン同士の信頼関係が構築されていたため，成果配分を明確に決めることはしなかった．そしてそのことが，利益志向ではなく理念志向の共同作業を生み，さらにそれが信頼関係を強化する，という好循環に入ったものとみられる．

第2はコスト負担ルールの設定があげられた．信頼関係の中で成果配分の取り決めはしていなかったものの，コスト負担ルールは明確に決められていたという．提携開始時からコスト負担ルールを決めることは重要だが，成果配分を決めてしまうことはかえって成功にとって負にはたらく，というアンケート分析結果を支持する内容である．

第3は情報伝達手段の整備があげられた．実際の提携の運営に関しては，フェース・トゥ・フェースの情報伝達が功を奏した．ネット上での情報伝達方法なども試みたが，結局もっともオーソドックスなフェース・トゥ・フェースの方法が最善との結論に達したという．そして1つの会議室の中で両社が打ち合わせを進めたことが，アイデア・イメージの共有につながったという．

以上をまとめると，事例であげられた成功要因は，「個人間信頼」，「コスト負担ルール」，「情報伝達手段」の3点である．

(b) アンケート分析から導き出される成功要因との比較

一方，事例の提携分類は，提携内容は「包括提携型」（研究開発でも販売でも共同），競合状況は「潜在的競合」（どんなに親密な関係であっても別会社であることに変わりはなく，提携先変更やシステム内製化などの関係変化もあり得る「潜在的競合」の関係という認識であった），ベンチャー側業種は「サービス業」，提携先規模は「対大企業」である．

したがってアンケート分析より想定される成功要因をまとめると，「個人間信頼」，「コスト負担ルール」，「事前調査」，「情報伝達手段」，「自社技術優位性」の5点となり，インタビュー調査の結果を包含しており，整合する結果となった．

まとめ

(1) 研究の成果と意義

(a) 成果

本研究の目的は，イノベーションの担い手としての日本の研究開発型ベンチャー企業が企業間提携を通じて構築している組織間知能の構造を明らかにすることであり，アンケート分析・インタビュー事例分析を通じてそれを実施した．

まず，先行研究のレビューを通じて，企業間提携による知識共有について，組織集合体を主体とし，組織をその構成要素とする「組織間知能」という概念を提示した．

続いて，組織間知能の構造を明らかにするために，3つの分析を実施した．その結果，

① 組織間知能は，事業フローの最上流にあたる戦略構築や商品アイデア創出・コンセプト設定というプロセスにおいて，顕著な能力向上を示す．
② 組織間知能の中でも，①のプロセスにおける能力（＝基本構想立案能力）が向上すれば，提携当事者から提携成功とみなされる．
③ 組織間知能の中でも基本構想立案能力は，時間の経過とともに能力が向上し，他の能力とは異なって向上には長期間かかる．

という3点が確認された．

さらに，組織間知能向上と提携成功が関係することから，その成功要因を分析した．提携内容別，競合状況別，業種別，提携先規模別の各分類方法によって提携パターンを規定し，そのパターンごとに提携成功に寄与する要因を明らかにした．各分類の成功要因は，主に下記のとおりであることがわかった．

① 提携内容別（分担提携型，開発提携型，販売提携型，包括提携型）
分担提携型の場合は情報伝達手段の整備，開発提携型の場合は対等性の保持，

包括提携型の場合は個人間信頼が，とくに重要であることがわかった．

② 競合状況別（顕在的競合，潜在的競合，無競合）
　顕在的競合の場合はコスト負担ルールの設定，潜在的競合の場合は事前調査とコスト負担ルールの設定，競合関係にない場合は個人間信頼が，それぞれ重要であることがわかった．

③ 業種別（組立型製造業，サービス業）
　組立型製造業ではコスト負担ルールと対等性，サービス業では個人間信頼が重要であることがわかった．

④ 提携先規模別（対中小企業，対大企業）
　対大企業の場合は，情報伝達手段整備やベンチャー側の自社技術優位性の保持がとくに重要であることがわかった．

(b) 意義
　本研究の意義は次の3点である．
　まず第1は，ベンチャー企業における企業間提携の相乗効果を定量的に分析したことである．従来から，2つの企業が提携することによって両者の総和以上の成果を生むという相乗効果を指摘する見解は多かった．しかし実務上の経験に基づく見解にとどまっており，学術研究としてそれを検証したものは少なかった．とくに本研究のように実際のベンチャー企業に対するアンケート調査から定量的に分析したものは稀有である．本研究では，組織間知能という形で組織単体の場合よりも基本構想立案能力が向上することを明らかにした．定量的に提携の重要性を明らかにしたという点で本研究の意義は大きいと考えられる．
　第2は，提携共同体による複数組織間の「組織間知能」という概念を構造化した点である．従来でも複数組織間の知識共有形態についての概念が，松田（1990）や野中（1990）にて提示されてはいたが，あくまで概念提示がされているのみであった．本研究では，複数組織間の「組織間知能」を中心概念にす

え，その構造を明らかにしたという点で独自性が高いものと考える．

第3は，日本における研究開発型ベンチャーの企業間提携を通した成功要因が明らかとなったことである．さまざまな分類別に成功要因を明らかにしたことは，実務上にも大きなインプリケーションを与えている．提携内容別，競合状況別，業種別，提携先規模別の各分類方法によって提携パターンを規定し，そのパターンごとに成功要因を明らかにした．提携パターン別の成功要因を明らかにした研究はきわめて少なく，独自性があるものと考える．

(2) 今後の展開

(a) 研究課題

研究上の今後の課題は次の3点である．

第1は，研究対象についてである．本研究では，日本の研究開発型ベンチャー企業をその対象とした．日本における定量的なベンチャー研究が少ない中で，日本のベンチャー企業の成功可能性を高めたいという動機から，対象を日本のベンチャー企業に設定した．今後は，本研究によって分析した方法を米国などのベンチャー企業にも適用し，比較研究を行うことが重要となる．日米の共通点・相違点を明らかにすることによって，より精緻な分析が可能となると考える．

第2は，研究方法についてである．本研究では，アンケート調査の他に事例研究を実施したが，事例研究の手法はインタビュー調査によっている．インタビュー調査は植田（1999）の指摘するように，成功事例を選択的に調査することが可能なので失敗のリスクが少なく，また長期間にわたる内容をインタビュー時間内で知ることができるためデータ収集上の物理的制約が少ない，という長所をもつ．しかしインタビュー対象者の記憶の影響を受けざるを得ないという短所がある．そこで，今後企業の提携活動の実態をより深く調査するためには，事例研究の中でも参加型観察手法を併用することが必要と考える．

第3は，調査時期についてである．本調査・分析の実施から本書執筆まで約10年という期間が経過しているということは否定できない．しかしその間，経済環境が厳しさを増しているがために，企業連携の必要性はますます高まっており，その点で本研究の価値はますます増大していると考えられる．本研究

の分析内容自体は普遍性があるものと考えてはいるが，再調査を実施することによって前回調査との比較ができれば興味深いと考える．

(b) **実践課題**

実践上の今後の課題は次の3点である．

第1は，基本構想立案能力の詳細についてである．本研究では，組織間知能の構造把握を実施したが，その結果，とくに基本構想立案能力の重要性が把握できた．今回の定義において，基本構想立案能力は，「事業戦略構築」，「商品アイデア収集・創出」，「商品コンセプト設定」にかかわる能力としている．本研究の中でも，「商品アイデア収集・創出」と「商品コンセプト設定」との2つの役割分担による能力向上の相違などを比較はしたが，実践的にはさらなる詳細な分析が必要と考えられる．具体的には，

・事業戦略構築の具体的方法およびそこにおける知能創出の実態
・商品アイデア収集・創出の具体的方法およびそこにおける知能創出の実態
・商品コンセプト設定の具体的方法およびそこにおける知能創出の実態

である．このような詳細分析を実行するには，前述のように参加型観察手法が必須となる．企業秘密に属する領域でもあり，実現に向けてのハードルは高いと考えられるが，実践に向けて把握したい内容といえる．

第2は，提携成功と事業成功との関連についてである．本研究では，提携責任者にとって両者が異なる概念ととらえられていることが推測された．そして提携成功は基本構想立案能力に関連しているのに対し，事業成功は販売能力に関連していることがわかった．しかし，実務的にはやはり事業成功のほうが直接的な目的であり，これに向けてさまざまな努力が払われる．したがって，提携成功がどのように事業成功をもたらすのかを解明することが重要である．基本構想立案能力が向上して提携が成功することによって事業成功が導かれたケースと，提携が成功しても事業成功に至らなかったケースを比較分析することによって，それが解明されることになろう．

第3は，研究領域についてである．本研究では，主に二者間の提携共同体を

その領域とした．提携共同体の基本はこの二者間関係であり，この性質を解明した意義は大きい．しかし実務的には，提携関係は必ずしも二者間関係だけではない．「ネットワーク組織」あるいは「コンソーシアム」と呼ばれる多数者間関係もある．ネットワーク化が進むと，イノベーション実現のためにますますこうした関係の構築が活発化することが予想される．今後は，こうした多数者間関係を領域とした研究も必要となろう．

引用文献

Argyris, C. and Schon, D. A., *Organizational Learning: A Theory of Action Perspective*, Addison-Wesley, 1978.
Badaracco, Jr, J. L., *The Knowledge Link*, Harvard Business School Press, 1991.
Brandenburger, A. M. and Nalebuff, B. J., *Co-opetition*, Doubleday Business, 1996 (嶋津祐一・東田啓作訳『コーペティション経営：ゲーム論がビジネスを変える』日本経済新聞社，1997).
Eisenhardt, K. M. and Schoonhoven, C. B., "Triggering Strategic Alliances in Entrepreneurial Firms: The Case of Technology-Sharing Alliances," *Frontiers of Entrepreneurship Research*, Babson Entrepreneurship Conference Proceedings, pp. 416-428, 1994.
Grant, R. M., "The Resource-Based Theory of Competitive Advantage," *California Management Review*, Spring, pp. 114-135, 1991.
Hamel, G. and Prahalad, C. K., *Competing for the Future*, Harvard Business School Press, 1994.
Kogut, B., "Joint Ventures: Theoretical and Empirical Perspectives," *Strategic Management Journal*, Vol. 9, pp. 319-332, 1988.
Lewis, J. D., *Partnership for Profit: Structuring and Managing Strategic Alliances*, The Free Press, 1990.
March, J. G., 「組織のエコロジーにおける経験からの学習」，『組織科学』, Vol. 20, No. 1, pp. 2-9, 1991.
Morgan, R. M. and Hunt. S. D., "The Commitment-Trust Theory of Relationships Marketing," *Journal of Marketing*, Vol. 58 (July), pp. 20-38, 1994.
Perlmutter, H. V. and Heenan, D. A., "Cooperate to Compete Globally," *Harvard Business Review*, March-April, pp. 136-152, 1986.
Roberts, E. B., "Managing Innovation and Invention," *Selected Papers from Reseach Technology, 1987-1999*, Industrial Reseach Institute, pp. 7-25, 1998.
Webster Jr., F. E., "The Changing Role of Marketing in the Corporation," *Journal of Marketing*, Vol. 56 (October), pp. 1-17, 1992.
Williamson, O. E., *Market and Hierarchy*, The Free Press, 1975 (浅沼萬里・岩崎晃訳『市場と企業組織』, 日本評論社，1980).
Yoshino, M. Y. and Rangan, U. S., *Strategic Alliance: An Entrepreneurial Approach to Globalization*, Harvard Business School Press, 1995.
植田一博，「現実の研究・開発における科学者の複雑な認知活動」，岡田猛・田村均・戸田山和久・三輪和久編著，『科学を考える：人工知能からカルチュラル・スタディーズまでの14の視点』，北大路書房，pp. 56-95, 1999.
梅原英一，「集合知能としての市場知能」，『経営情報学会誌』, Vol. 7, No. 1, pp. 85-96, 1998.

竹田志郎,「多国籍企業の基本的経営戦略としての戦略提携」,『経営情報学会誌』, Vol. 6, No. 1, pp. 19-30, 1997.
手塚貞治,「流通チャネルにおける戦略的提携の要因に関する一考察」,『日本経営システム学会誌』, Vol. 15, No. 2, pp. 87-92, 1999.
手塚貞治,「研究開発型ベンチャー企業の提携関係と業績との関連性についての一考察」,『日本経営システム学会誌』, Vol. 16, No. 2, pp. 65-70, 2000.
手塚貞治・丹羽清,「企業間提携における知識共有構造の分析:研究開発型ベンチャーの分析を中心として」,『経営情報学会誌』, Vol. 10, No. 1, pp. 81-100, 2001.
寺本義也・神田良,「日欧情報技術産業の戦略的リンケージ」,『ビジネスレビュー』, Vol. 38, No. 4, pp. 43-61, 1991.
難波正憲・丹羽清・中島剛志,「革新的商品開発におけるアイディアから商品コンセプトへの発展形態」,『経営情報学会1999年春季全国研究発表大会予稿集』, pp. 191-194, 1999.
日本経済新聞社・日経産業消費研究所編,『日経ベンチャービジネス年鑑99年版』, 日本経済新聞社, 1999.
日本ベンチャー学会イノベーション研究部会パネルディスカッション, 2000.1.22
丹羽清・山田肇,『技術経営戦略』, 生産性出版, 1999.
野中郁次郎,『知識創造の経営:日本企業のエピステモロジー』, 日本経済新聞社, 1990.
野中郁次郎,「戦略提携序説:組織間知識創造と対話」,『ビジネスレビュー』, Vol. 38, No. 4, pp. 1-14, 1991.
平野雅章,「組織知能再考」,『オペレーションズ・リサーチ』, Vol. 7, No. 42, pp. 477-482, 1997.
松田武彦,「組織知能の科学と技術:経営情報学の一構想」,『産業能率大学紀要』, Vol. 7, No. 2, pp. 1-18, 1987.
松田武彦,「情報技術同化のための組織知能パラダイム」,『組織科学』, Vol. 23, No. 4, pp. 16-23, 1990.
松行彬子,「戦略的提携による組織間学習と企業変革:半導体事業における共同研究開発戦略を事例として」,『経営情報学会誌』, Vol. 8, No. 2, pp. 61-78, 1999.
百瀬恵夫・森下正,『ベンチャー型企業の経営者像』, 中央経済社, 1997.

第 5 章

長期研究システム

NPO 型分散研究システム

　現在の高度技術社会において，科学技術をベースとするイノベーションの創出は，ますます期待されている．これに応えるためには，科学的な価値をもち，かつ社会的にも経済的にも重要な課題解決に貢献し得る研究テーマ群を，学問領域を超え長い時間をかけてその目標を達成していくことが必要となり，このような長期の研究推進に適した効果的な仕組みや方法論が求められる．

　本章では，日本の従来の一般的な長期研究システムに対して指摘されている種々の問題点を生じさせない新たな長期研究システム（NPO 型分散研究システム）を提案する．一般的な長期研究システムに比べてとくに成功しているといわれている RoboCup と呼ばれる超長期の研究システムに参画し，その実際の研究推進の中でマネジメント施策を考案し試行するという参加型の研究を実施し，効果的な組織特性やマネジメント施策を明らかにする．そのうえで，それらの特性やマネジメント施策をもつ別の新たな 2 つの長期研究システムを立ち上げ，それらが研究の推進に成功していることを示すことによって，ここで提案する NPO 型分散研究システムが一般適用可能な仕組みであることを示す．

5.1 対象課題と研究方法

(1) 対象課題と問題意識

(a) 科学技術長期研究

日本は,欧米が先導してきた産業のキャッチアップを果たしたが,今後さらなる成長を遂げていくためには,自ら新たな産業を創出していくフロントランナーとしての体制に切り替わらなければならない.そのために科学技術をベースとするイノベーションの創出が強く求められている.科学技術は,こうした経済社会を支える基盤であると同時に,とくに近年,日本が世界各国に先駆けて直面し,解決を迫られている世界的な社会課題である少子高齢化の進展,地球環境問題などの克服のために,ますますその重要性を増している.

科学は,科学者が自らの好奇心において研究することが1つの条件である.しかし,以上のような背景から,研究が単に真理の追求といった科学者の知的関心の充足のためだけではなく,経済的な豊かさや社会的課題に対して,その成果を大きく貢献させることが求められるようになっている.このような,科学的な価値をもち,経済的,社会的にも重要な課題解決に貢献する研究は,既存の学問領域を超え,さらに非専門家とも協働しながら長い時間をかけてその目標を達成していくことが多い.

そこで,本研究では,こうした長期を要する科学技術研究の推進に適した研究システムについて考える.

(b) 長期研究マネジメントの必要性

では,長期研究の推進に適した研究システムはどのような研究システムなのであろうか.

従来,長期研究は,主に企業の中央研究所やCOE(Center of Excellence:中核的な研究機関)といった大規模研究機関や産学官連携による国家研究プロジェクト(以下,国家研究プロジェクトと呼ぶ)によって推進されてきた.しかし,こうした従来の長期研究システムに対しては,後述するようにその組織そのも

のがもつ特性に根ざした問題点が指摘されている．問題解決の試みは行われてきているが，その試みが従来の組織の中で行われているため，これらの組織そのものに根ざした問題は残されたままになっている．

このような状況の中で，筆者は，1999年にこれらの従来の組織とは異なる長期研究を推進する仕組みに出会い，その運営に携わる機会を得た．RoboCupと呼ばれる超長期の研究プロジェクトを推進する仕組みである．RoboCupとは，5.2節で詳細に述べるが，国や企業の研究機関でも国家研究プロジェクトでもない，NPO法人が研究活動の運営，管理を行い，50年という超長期の研究プロジェクトを推進する研究システムである．プロジェクトに参加する研究者は自律的，自発的にプロジェクトに参加して研究を推進している．

このようにRoboCupは従来の研究システムとはその組織の特性が異なることから，従来の研究システムの組織の特性に根ざした問題点を生じない新たな長期研究システムになる可能性がある．ここで効果的なマネジメント手法を確立できれば，それを活用して別の新たな研究システムを運営できるかもしれない．さらに，従来の長期研究システムと新たな研究システムとを組み合わせることにより，双方の特徴を活かしたよりよい長期研究システムとすることも期待できる．このような問題意識をもって筆者は本研究に取り組んだ．

次項では，まず従来の長期研究システムに対して指摘されている，組織そのものがもつ特性によって生じている問題点を示す．

(2) 従来の長期研究システムの問題点

(a) 大規模研究機関

本項では，従来の長期研究システムの中で，企業の中央研究所やCOEといった大規模研究機関をとりあげ，その組織のもつ特性に根ざした長期研究推進に対する問題点について述べる．

まず，企業組織のもつ特性によって引き起こされる企業の中央研究所の長期研究推進に対する問題点について述べる．企業の組織成員は雇用契約によって限定されており，組織内で得られた知識や情報は厳格な守秘契約によって管理されている（ここではこうした組織を「固定的な組織」と呼ぶことにする）．また，企業は利益追求をミッションとする組織であり，研究自体をミッションとする

組織ではない．したがって，研究に対しても，投資に見合う利益があげられるような研究やその推進方法を選択することになる．

　これらの組織の特性によって生じる第1の問題点は，長期研究を企業が自前で継続的に推進していくことが困難になっているという点にある．基礎研究を企業の中央研究所で推進する根拠の1つがリニアモデルと呼ばれる製品化プロセスである．リニアモデルとは，基礎研究の後，応用研究から製品開発を経て市場につながるとする一方向な製品化プロセスモデルである．このモデルが，長期を要する基礎研究に投資をすることが大きな利益を生み出すことにつながるという考え方の根拠となった．このリニアモデルの妥当性が揺らいだことや大競争の時代の到来で企業の短期的投資効率の向上が求められるようになったことから，こうした企業内部での長期研究の推進が見直されるようになった (Kline and Nathan, 1986)．その結果，1990年以降，数多くの企業が企業内部での研究・開発を，長期研究から応用研究や製品開発にシフトするようになっている．

　第2の問題点は，固定的な組織によって研究を推進するため，潤沢な研究投資が行われなくなると，異質性の高い多様な研究人材を自社内部に確保できなくなるという点にある (Rosenbloom and Spencer, 1996)．したがって近年，企業は研究・開発成果が自社専有にならなくても投資効率を考えて産学連携により大学の研究成果の活用や産学官連携の国家プロジェクトへの参加によって研究成果を得ようとしている（西村, 2003, pp. 20-23）．しかしながら，このような動きが必ずしも成功しているとはいいがたい．

　次に，大学組織のもつ特性によって引き起こされるCOEの長期研究推進に対する問題点について述べる．

　大学組織も企業と同様に固定的な組織であり，したがってCOEに参加する研究者は大学と雇用契約あるいは研究委託契約を締結した研究者のみという状況となる．一方，企業とは異なり，大学は研究推進自体をミッションとして掲げることができるが，個別の研究テーマや研究のゴールの実現を大学自体のミッションにしているわけではない．

　これらの大学組織の特性によって生じる第1の問題点は，固定的な組織により異質性の高い人材の流動性や開放性が阻まれ，新たに発生する課題や状況変

化に対する適応性が低くなるという点にある（通商産業省工業技術院，1992, pp. 8-16；科学技術庁研究開発システム検討会，1998, pp. 38-41）．雇用研究者によって研究が進められるため，研究者を柔軟に変更することは困難である．加えて，従来活発に行われていた大学間のゆるやかな連携や協同による知識交流にも21世紀COEプログラムの登場によって変化が生じている．COEは大学別に選定されていることや国立大学の独立行政法人化によって，大学間の競争が激化し，大学を超えた連携に制約が加わるようになっている．

第2の問題点は，COEが長期研究を担いづらくなり，また長期研究を継続していくことが困難になっているという点にある．大学の独立行政法人化は，大学の研究成果の産業展開を加速させることになった（田口，2003, pp. 158-160；長平・西尾，2006, pp. 165-185）．しかし，産業展開を目指すと一般的には短期指向に偏りがちになり，長期を要する研究テーマの担い手の減少を招いている．さらに，長期研究に対する資金は国からの研究資金が中心とならざるを得ないが，国からの研究資金は時限つきであるために，研究資金が途絶えた後にその研究をどのように継続していくかが問題となる．

以上に加えて，日本では数少ないが大規模なNPO研究機関もある．これはNPOが自ら研究所を保有し，研究者を雇用して研究を推進する仕組みである．したがって，前述の大規模研究機関と同様に，第1に固定的な組織であるため，異質性の高い，多様な研究人材が内部に確保できず，第2に財政的な厳しさのため長期研究の継続が困難になっているという問題点が存在する．

(b) 連携組織による研究システム

本項では，連携組織による研究システムとして，産学官連携の国家研究プロジェクトをとりあげ，その組織特性に根ざした問題点について述べる．

産学官連携組織は連携の形態をとっているが，研究は国の研究資金により国の委託・管理のもとで推進される．産学官各セクターの組織が参加しているが，時限つきの国の組織とみることができる．

この産学官連携組織の特性によって生じる第1の問題点は，時限つきの組織であることから，長期研究テーマのゴール達成まで，連携を牽引し，研究を継続していくことが困難であるという点にある．国家研究プロジェクトは最近で

は，その多くが最長5年となっているが，長期研究テーマの場合，目標達成までにかかる期間は，これに比べはるかに長い場合が一般的だからである．したがって，目標達成の途上でプロジェクトは終了し，そこでいったん，産学官の連携は見直されることになるため，国家研究プロジェクトでは研究の最終ゴールに到達することが困難である．同時に研究成果の実用化の促進も行われにくくなる．

　第2の問題点は，国の委託・管理による研究組織であることから，設定される研究の目標や評価基準が曖昧になるという点にある．研究の目標は，国民の総意の反映と他国への優位性という政策的な意図を含む国家としての使命と，科学的見地から価値のある研究という2つの条件を満たさなくてはならない．ところが，これらをすべて満たす目標設定はきわめて困難であるため，研究目標と評価基準が曖昧に設定されてしまうからである．

　第3の問題点は，国が委託・管理する硬直した組織であるため，情勢変化への適合が行われにくいという点にある．プロジェクトの参加研究者は，いったん選定されるとプロジェクト期間中は柔軟には変更できず，また，外部からの新鮮な情報の入手が遅れ，将来の読み込みや環境の変化への適合が弱くなる．

　以上の問題点は外山，丹羽らによって，国家研究プロジェクトにネガティブな結果をもたらす10の要因として以下のように指摘されている（外山・丹羽，2000; Toyama and Niwa, 2001）．① 参加者間連携の不足，② 実用化，産業化の観点の欠如（以上が第1の問題点に対応）．③ 曖昧な戦略構造による不明瞭な基本計画，④ 目的の多義化，⑤ 全体目標と要素別目標の乖離，⑥ 曖昧な評価基準，⑦ プロジェクトリーダーの不在（以上が第2の問題点に対応）．⑧ 基本計画変更による混乱，⑨ 情勢変化への対応遅れ，⑩ 関連・競合技術動向把握の欠如（以上が第3の問題点に対応）である．

　なお連携組織による長期研究システムには，上記の国家研究プロジェクトの他に，自発的長期研究プロジェクトやチャンピオン型プロジェクトがある．前者は，複数の研究者による自発的な長期研究プロジェクトであり，また，後者は，強力なリーダーシップをもつひとりの研究者が構想をかかげ，その構想に共鳴した研究者らによって推進されるプロジェクトである．ともに中心となって活動する研究者の属人性が強いことから，参加研究者が限定されたり，資金

表 5.1　日本の従来の主要な長期研究システムの問題点

大規模研究機関	企業の中央研究所	① 自前で長期研究を継続的に推進していくことが困難である ② 異質性の高い，多様な研究人材が自社内部に確保できない
	COE／NPO研究機関	① 異質性の高い人材の流動性や開放性が阻まれ，新たに発生する課題や状況変化に対する適応性が低くなる ② 外部資金の調達が困難で，長期研究の継続が困難である
産学官連携の国家研究プロジェクト		① 時限の組織であることから，長期研究のゴール達成が困難である ② 設定される研究の目標や評価基準が曖昧になる ③ 国の委託・管理であることから，運営が硬直化し，将来動向や情勢変化への適合が行われにくい

的制約により長期研究推進が困難であるという大きな問題点があり，事例は非常に限定的であるのでここではとりあげない．

以上のように，従来の長期研究システムには，各研究組織がもつ特性に根ざしたそれぞれの問題点がある．それらをまとめると表5.1のようになる．

(3) 研究の目的と方法

(a) 研究目的

本研究の第1の目的は，従来の長期研究システムがもつ，その組織特性に根ざした長期研究推進に対する問題点を生じさせない新たな研究システムを提案することである．第2に，従来の長期研究システムに対する本研究システムの位置づけを示し，両者の強みを活かすことができる長期研究推進の方策を提示することである．第3に，本研究システムの適用可能な研究テーマの性質を明らかにするとともに，その立ち上げ，運営の具体的なプロセスを提示することである．こうすることで，研究者の所属組織や組織内の地位，役職にかかわらず，研究者が誰でも本研究システムを立ち上げ，長期研究の推進を行うことが可能になる．

(b) 研究方法

以上の目的を果たすために，本研究では，まず，新たな長期研究システムとして，筆者がその運営・管理に携わったRoboCupをとりあげる．RoboCupの組織の特徴を洗い出し，その組織的特徴から得られる組織の特性を抽出して，

RoboCup が前述の日本の従来の長期研究システムとは異なる組織特性をもつことを示す．また，長期研究推進の評価項目を洗い出し，それに基づいて RoboCup の活動実績を評価し，その各評価項目に対して RoboCup における研究が成功裏に推進されていることを確認する．具体例や活動実績は，公表データに加え，参加型観察とインタビュー調査を用いる．続いて，RoboCup のもつ組織特性に対してポジティブに働く，あるいは組織特性がネガティブに働かないように考案したマネジメント施策を実施した結果を評価することにより，施策が有効であることを示す．

次に，RoboCup と同じ組織特性，マネジメント施策をもつ研究システム（NPO 型分散研究システムと呼ぶ）を，アクションリサーチの一環として，筆者がその仕組みの管理者のひとりとして新たに 2 つ立ち上げ運営する．この 2 つの研究システムは，国際レスキューシステム研究機構（International Rescue System Institute: 以下 IRS と呼ぶ）とシステムバイオロジー研究機構（System Biology Institute: 以下 SBI と呼ぶ）である．これらの活動実績を評価し，両者がその研究推進に成功していることを示すことにより，NPO 型分散研究システムが他にも適用可能な仕組みであることを示す．同時に，本研究システムが，その組織特性から，従来の長期研究システムの組織特性に根ざした問題点を生じさせないことを示す．

最後に，従来の長期研究システムに対する本研究システムの位置づけと，双方の強みを活かす長期研究の推進方法を提案する．また，本研究で提案する NPO 型分散研究システムが適用可能な研究テーマと立ち上げ・推進プロセスを提示する．

5.2　RoboCup の組織

(1)　RoboCup の概要

(a)　組織形成の経緯

本節では，RoboCup が組織としてどのような特徴をもち，その特徴からどのような組織特性をもっているかを示す．まず，RoboCup の概要として，

RoboCup の組織形成の経緯と参加研究者の特徴について述べる．

　RoboCup は，人工知能やロボティクスの研究を推進するために，日本の民間企業の研究所，大学，国立研究所の研究者らが 1995 年に研究ゴールを提案し，1997 年に立ち上げた研究プロジェクトを推進する仕組みである．

　創設当初の数名のメンバー，中でも北野宏明が中心となって，その当時，人工知能領域の研究者たちが強く興味をひかれる研究ゴール達成に乗り出した．その研究ゴールは「不完全情報下で，動的環境における記号化困難な分散協調型意思決定問題を解く」であった．しかし，この研究ゴール達成には非常に長期を要するだけでなく，数多くのブレークスルーが必要であると考えられた．そのため，人工知能領域の限られた研究者だけではなく，もっと広範囲にわたる研究者を巻き込んだプロジェクトにしていこうと考えた．そこで，創設メンバーが議論を重ね，前記の研究ゴールと達成すべき研究・技術要素が同等でありながら，領域の異なる多くの研究者が興味を抱いてプロジェクトに参加してくるように，その研究ゴールの表現を見直した．それが，RoboCup の最終ゴール「西暦 2050 年までに，完全自律型（環境の変化を認識し，それにあわせて自ら意思決定することができる）人間型ロボットチームを開発し，サッカーの国際公式ルールのもとで人間のサッカー世界チャンピオンチームに打ち勝つこと」である（Kitano et al., 1997）．

　この研究ゴールを達成するための研究プロジェクト推進の仕組みは，以下のような要件を満たすように作られている．① まず，前述の研究ゴールを設定し，それを実現してみたいと考えた創設者たちが容易に立ち上げと運営ができる組織体であること．② ゴール実現のためだけの組織であり続けること．③ ゴール達成までには，開始当初ではその方法が計画できない，いくつものブレークスルーがおこってくることを織り込んだ仕組みであること，の 3 つである．

　以上の要件を満たし得る仕組みとして，NPO 法人という組織形態が選択された．NPO 法人組織は，設立にあたっての制約が非常に少なく，掲げた組織目的達成のために誰でも容易に立ち上げが可能であり，また誰でもその組織に自由に参加することができるためである．1998 年 5 月，スイスに The RoboCup Federation という名称の NPO 法人が登録された．当時日本では誰でも NPO 法人登記ができる法律が制定されていなかったため，「世界各国の参加研

究者からできるだけ中立的にみえるスイスに法人登記した」と創設メンバーは述べている．また，「創設時のメンバーによる属人的な集まりとなったり，ゴールが参加研究者によって変わったりしないように，さらに，幅広い領域の研究者が連携できるように RoboCup の組織構成を考えた」とも述べている．

(b) 参加研究者

RoboCup は誰でも自由に参加と退出が可能である．ただし，参加にあたっては，自らの研究費用は自力で調達してこなくてはならない．RoboCup 組織と参加者間には，たとえば雇用契約などの，両者の関係を法的に規定した契約は存在しない．また，毎年開催される RoboCup 世界大会で行われる競技会形式の評価会に参加するためには，世界大会開催期間中に行われる学術発表会などにおいて，原則として研究論文の提出と発表を行わなくてはならない．すべての研究成果は原則として公表され，RoboCup の研究活動の範囲内では相互に自由に他研究者の研究成果を利用することができる．

RoboCup のゴールを目指す参加研究者は年々増加し，その数は 2012 年で 3,000 人を超えている．参加する国家数，研究グループ数は，1997 年当初の 11 カ国，38 グループから 2012 年には 45 カ国，380 グループ以上になっている．研究分野としては，人工知能，ロボット工学の他，認知科学，脳科学，材料工学，音響工学といった領域の研究者が参加している．

(2) 組織的特徴

(a) 4つの特徴

RoboCup は，以下の4つの組織的特徴をもっている．

① ビジョンドリブン（vision driven）組織：研究ゴールや構想をかかげ，そのゴール達成や構想実現を目的とする参加者によって構成される組織を，ここではビジョンドリブン組織と呼ぶこととする．
② NPO 組織：NPO 組織にはいろいろな形態のものがあるが，ここでは日本で 1998 年 12 月に法制化された特定非営利活動法人を指している．組織目的となる研究ゴールがあれば，誰でも容易に設立可能な法人組織である．

③ ゆるやかな階層制組織：ゆるやかな階層制組織は，ある特定のテーマや課題に対しては，組織を代表して限定された組織の成員が意思決定を行うが，それ以外に対しては，組織の成員は誰でも意思決定のプロセスに参加することができる組織である（Malone, 2004）．

④ 科学者共同体：科学者共同体は，ある集団単位をもつ科学者あるいは研究者集団を指す（村上，1994, pp. 44-50）．本研究では，その集団単位を，ある研究テーマを共有する，あるいはある研究ゴールの実現を目指す集団とする．

(b) 具体的内容

以下，(a) で述べた RoboCup の 4 つの組織的特徴に関して具体的内容を示す．

① ビジョンドリブン組織：RoboCup は，前述の最終ゴールの達成を目指す研究者が参加し，研究を推進する組織である．参加研究者に対して，RoboCup から対価が支払われたり，雇用契約が締結されることもなく，参加研究者は最終ゴールを達成するためだけに，RoboCup に自発的に参加している．

② NPO 組織：1998 年末以降，日本における NPO の法制化や支援環境が整ってきたことをうけて，実質的な RoboCup の運営，管理を行う NPO 法人として The RoboCup Federation Japan を 2002 年に日本に設立，登記した．

③ ゆるやかな階層制組織：RoboCup は研究者が自由に参加できる組織で，研究者同士は最終ゴール達成を目指して，ゆるやかに連結されたネットワーク組織形態となっている．RoboCup では，最終ゴール達成にかかわる重要な意思決定は Trustee と呼ばれるグループのメンバーのみで行われる．一方，個々の研究課題の設定や評価ルールの変更などは Executive Committee と呼ばれるグループのメンバーが策定した案に対して，参加研究者の意見を反映し，投票などの合意形成プロセスを経て決定される．

④ 科学者共同体：RoboCup は前述の研究ゴールを実現するために約 3,000

人（2012 年時点）の研究者が参加する組織である．毎年開催される世界大会の参加者には研究成果の論文発表を義務づけ，論文集を編集し，研究的に優れている研究成果に対しては表彰を行っている．

（3） 組織特性

（a） 8 つの組織特性

RoboCup は，前述の 4 つの各組織的特徴がもつ以下の 8 つの組織特性を内包した仕組みとなる．①はビジョンドリブン組織から，②③④⑤は NPO 組織から（長坂，2002），⑥はゆるやかな階層制組織から，⑦⑧は科学者共同体から導かれる組織特性である．

① ビジョンドリブン性：組織として達成することを目指しているゴールがあり，それを達成するためだけに組織が設立され，活動が推進されるという特性をここでは「ビジョンドリブン性」と呼ぶこととする．
② 競争と淘汰性：参加者同士が相互に競い合うという競争に関する特性と，参加者や社会から組織の価値を見出されないと活動が継続できなくなる淘汰に関する特性をもつ組織特性を，ここでは「競争と淘汰性」と呼ぶこととする．
③ オープン性：情報の公開性が高く，また参入と退出の制約が少ない特性をここでは「オープン性」と呼ぶこととする．
④ 協働性：産学官民のセクターのいずれの組織とも協働が可能で各セクターの組織がもつ欠陥を補い，相補的関係となり得る特性をここでは「協働性」と呼ぶこととする．
⑤ 低制約性：資本金などの組織立ち上げの条件や，他組織との兼務の可否に対する制度的な制約が少ない特性をここでは「低制約性」と呼ぶこととする．
⑥ 自律分散性：参加する個人あるいは単位組織が自律性をもって課題に対応する特性をここでは「自律分散性」と呼ぶこととする．
⑦ サムシングニューイズム（something newism）：研究者のコミュニティの中で他者に先んじて成果をあげ，それをその研究者の業績とするルールの

もとで研究活動が行われる特性をここでは「サムシングニューイズム」と呼ぶこととする（村上，1994, pp. 61-80）．
⑧ 非専門家に対する閉鎖性：専門家集団とその固有の知識体を共有しない非専門家との間で研究に関する知識の共有がはかられない特性をここでは「非専門家に対する閉鎖性」と呼ぶこととする（藤垣，2003, pp. 13-30）．

(b) 具体的内容

以上で述べた RoboCup の 8 つの組織特性の具体的内容を以下に示す．

① ビジョンドリブン性：RoboCup は，最終ゴールを達成したいと考える研究者が自発的にプロジェクトに参加し，そのゴールを実現するためだけに組織が運営されている．
② 競争と淘汰性：RoboCup では，論文審査と競技会形式の評価方法に基づいて，研究者間で絶えず研究成果の競争が行われている．また，RoboCup の研究活動は研究者が自発的に参加して成立しているため，参加研究者がすべて RoboCup から退出したり，参加できなくなったときに研究活動は停止する．
③ オープン性：RoboCup は，参加研究者が研究資金を自ら負担しさえすれば誰でも参加可能であり，参加のとりやめも自由である．また，情報公開を積極的に行う方針をもっており，外部研究者と活発にネットワークを組んだ研究推進を行っていて，研究に関する情報の公開性が高い．
④ 協働性：たとえば，先端の科学技術振興という目的で，福岡市と RoboCup は協働して 2002 年に RoboCup 世界大会を共催した．また，RoboCup が中核となってロボカップトイズという新ロボット玩具開発のための企業コンソーシアムの運営を行ったという協働事例などがある．
⑤ 低制約性：RoboCup は NPO 法人であるため，資本金が不要で，容易に設立することができた．雇用人材は事務局員 1 人だけで，人件費などの固定費を捻出するための組織目的ではない活動を回避できている．
⑥ 自律分散性：RoboCup の最終ゴールを達成したいと考える自発的で自律的な研究活動への参加研究者が，自らの研究推進にかかる資金は自らで調

表 5.2 RoboCup の組織的特徴と組織特性

組織的特徴	組織特性	各組織特性の具体的内容
ビジョンドリブン組織	ビジョンドリブン性	最終ゴール達成のために研究者は参加，ゴール実現のためだけの組織運営
NPO 組織	競争と淘汰性	競技会形式による研究者間の競争，自発的参加研究者がいなくなれば組織は淘汰
	オープン性	研究者は参加も退出も自由
	協働性	自治体との世界大会の共催，企業コンソーシアム運営による製品の共同開発
	低制約性	資本金不要，低固定費で組織目的外の活動を回避可能
ゆるやかな階層制組織	自律分散性	各参加研究者は自発的，自律的に研究活動を推進
科学者共同体	サムシングニューイズム	評価委員による各参加研究者の研究成果評価
	非専門家に対する閉鎖性	創設メンバーの研究領域外からの研究者の参加に対する心理的障壁

達して参加している．各研究者は，ゴール達成への貢献を前提としながら，自らの研究テーマを設定し研究を推進している．

⑦ サムシングニューイズム：RoboCup 世界大会に参加するためには，論文の提出と研究成果発表を行わなくてはならない．研究成果に対しては，評価委員が先行的内容であるかどうかを評価している．

⑧ 非専門家に対する閉鎖性：RoboCup に参加していない研究者のインタビュー調査から，創設当初に関与した人工知能分野外の研究者には RoboCup は参加しづらいと感じられていることがわかった．また，世界大会への参加条件である研究論文発表の義務づけは，一般市民が RoboCup の研究活動や研究者との交流に参加することを困難にしている．

以上，(2)，(3) で述べた RoboCup の4つの組織的特徴とそこから導き出される8つの組織特性を表 5.2 にまとめて示す．

5.3　RoboCupの活動分析とマネジメント施策

(1)　活動分析

(a)　長期研究推進の評価項目

　RoboCupの活動実績を次項 (b) で評価するために，本項では長期研究推進の評価項目を設定しよう．ここでは5.1節 (2) で述べた従来の長期研究システムの問題点の議論と国家研究プロジェクトの中間・終了評価の先行研究に基づいて次のように長期研究推進の評価項目を決める．

　まず最初に，5.1節 (2) (a) で述べた従来の長期研究システムの問題点からは6項目（研究資源，異質性・開放性，指向性，適応性，社会貢献，産業化）の評価項目が次のように設定される．長期的な研究に対する投資額の減少から，必要な異質性の高い研究人材を内部に確保できなくなったという企業の中央研究所における問題点から，「研究資源」と「異質性・開放性」という評価項目を導いた．新たに発生する課題や状況の変化に対する適応性が低いというCOEの問題点は，「適応性」と「異質性・開放性」という評価項目に対応する．運営が硬直化していて効果的な連携が組みにくいためにゴール達成が困難であるという国家研究プロジェクトの問題点は，「研究資源」，「指向性」に対応する．

　また，5.1節 (2) (b) で述べた国家研究プロジェクトにネガティブな結果をもたらす10の要因（外山・丹羽, 2000; Toyama and Niwa, 2001）からは以下の評価項目が設定される．不明瞭な基本計画，目的の多義化，全体目標と要素別目標の乖離，曖昧な評価基準，プロジェクトリーダーの不在からは「指向性」．基本計画変更による混乱，情勢変化への対応遅れ，関連・競合技術動向把握の欠如からは「適応性」．研究プロジェクトの参加研究者間の連携不足からは「異質性・開放性」，実用化，産業化の観点の欠如からは「社会貢献」と「産業化」である．

　さらに，国家研究プロジェクトの中間・終了評価の主要項目である費用，体制，マネジメント，成果，コストパフォーマンスの5項目（平澤, 2002；科学

技術庁，1999；社団法人研究産業協会，2000）は以下の評価項目に対応する．費用と体制は「研究資源」，マネジメントは「指向性」，成果は「社会貢献」，「産業化」，「研究成果の創出」，コストパフォーマンスは「効率性」である．

以上をまとめると長期研究推進に対する評価項目は，以下の8項目となる．

① 研究資源：研究資金が潤沢か，資金源の構成が適切か，質の高い研究者が十分に集められているか．
② 異質性・開放性：産学官セクターを超えた研究者が参加しているか，幅広い研究領域から研究者が参加しているか，国際的な研究者間の交流や連携が行われているか．
③ 指向性：明確で魅力的な研究目標・ゴールが設定されているか，研究ゴールに向けた方向性や研究推進の施策が講じられているか．
④ 適応性：最先端の技術情報の入手を可能とする手段をもっているか，情勢変化に対応する研究アプローチの創出と選択が可能か．
⑤ 社会貢献：国・自治体や市民との協働事業を推進しているか．
⑥ 産業化：研究成果の産業界への公開，産業界との研究連携，新産業創出，国・自治体の産業政策との連動などが推進されているか．
⑦ 研究成果の創出：設定された目標・ゴールに向けて研究が進展しているか，研究論文が一定数発表され具体的な研究成果があがっているか．
⑧ 効率性：過去の研究成果の活用が行われているか，組織を超えた連携システムが工夫されているか．

(b) 活動実績の評価

本項では，(a)で設定した長期研究推進のための8つの評価項目ごとにRoboCupの活動実績を評価する．

① 研究資源：RoboCupにおいては，研究推進のための資金獲得に継続的に成功しており，RoboCup世界大会の開催は支障なく行うことができている．また，潤沢な研究者数だけではなく，評価の高い研究者が継続的に参加してきている．参加研究者数は1997年時点で約200人であったが，

2012 年には 3,000 人以上に増大している．
② 異質性・開放性：RoboCup は誰でも自由に参加可能で，45 カ国もの国々から研究者が参加してきている．また，数多くのユニークな研究テーマが設定され，多様な研究領域の研究者により研究が進められてきている．一定期間参加した後に退出する研究者も数多くいるが，多数の新たな研究者の参加により新陳代謝が活発に起きている．
③ 指向性：RoboCup の参加研究者の多くが研究のロードマップの策定に参加し，そこで合意された方向性に沿ったルール下の競技会を通して研究が推進されている．なお，方向性の異なる研究テーマを進めたいと考える研究者は通常 RoboCup から退出していく．研究グループとして拡大していった場合でも RoboCup から分離独立するルールになっており，多くの参加研究者の方向性がずれることなく研究が推進されてきている．
④ 適応性：RoboCup の各参加研究者は他の研究者とは異なるアプローチをとろうとするため，多くの多様な方法が試行され，その中から効果的な方法が選択されている．また，情報の入手に関しては，参加研究者が所属する種々の学会との交流を通して最新の研究情報を得ており，関連技術動向や情勢の変化に適切に対応しながら研究が推進されている．
⑤ 社会貢献：RoboCup では，その研究成果を災害救助に展開する RoboCup Rescue（RoboCup 研究の災害救助への適用検討事業）と青少年の科学教育事業である RoboCup Junior の 2 つの大きな社会貢献事業を実施している（石黒，2000）．
⑥ 産業化：RoboCup の研究成果は，技術移転，受託研究，共同開発など産業界や自治体との連携により数多くの製品・サービス事業につながってきている（北野・石黒，2000；石黒・丹羽，2003）．
⑦ 研究成果の創出：RoboCup の研究活動が実質的に開始された 1997 年以降数多くの研究成果が生み出され，着実に達成レベルが上がってきている．これらの研究成果はロボット工学や人工知能の学会において，論文として数多く発表され注目を集めている．たとえば，マルチロボットシステムに関する論文数は 1997 年に約 50 であったが，2000 年までに 300 以上となっており，その主なものが RoboCup に関係している．また，著名なジャ

ーナルの多くがRoboCupに関する特集を組んでいることなどもRoboCupが関連する専門研究領域から強い関心を呼んでいることを示している（Applied Artificial Intelligence, 1998；日本ロボット学会，2002）．
⑧ 効率性：研究のロードマップの策定による短期的な研究目標の設定，競技会形式による競争の仕組み，毎年の研究成果公開による拮抗した競争状態の創出などにより研究推進が加速されている．一方，参加研究者同士は，共通のゴールを目指していることから情報伝達，協働作業に協力的で，研究活動推進の効率化に寄与している．

以上，RoboCupは長期研究推進のための各評価項目に対し，成功裏に研究が推進されていることがわかる．

(2) マネジメント施策

(a) 4つのマネジメント施策

表5.2にまとめたRoboCupの8項目の組織特性に対してポジティブに働く，あるいは組織特性がネガティブに働かないような施策という観点から以下の4つのマネジメント施策を考案した（石黒，2004a）．本項では，各マネジメント施策をRoboCupの組織特性に対してどのように考案，設定したかを述べる．

① 「オープンテクノロジープラットフォームの設定」施策

研究者は専門領域に関係なく，RoboCupにいつでも参加することが可能である（オープン性）が，創設時の主要な研究領域以外の領域からの参加は活発ではなかった（非専門家に対する閉鎖性）．一方，参加研究者は自律的に研究を推進するため（自律分散性），ある特定の領域の研究者の割合が増加すると最終ゴールへの方向性（ビジョンドリブン性）に悪影響を及ぼす懸念もあった．以上から，どの研究領域の研究者でも効率的に，かつ方向性がずれることなく研究推進が可能な研究環境やツールを開発し公開するという施策を考案した．それをオープンテクノロジープラットフォーム（研究に参加する研究者が共通で利用可能な研究・開発環境や研究・開発ツールのこと）と呼ぶ．

② 「有力な研究者・研究機関・企業との戦略的連携構築」施策

RoboCup は，その最終ゴールを実現したいと考える自発的で自律的な参加研究者によって研究が推進される（自律分散性）．しかし，新たに発生した研究課題に対応可能な研究者がいないと，その対応アプローチが抜け落ちる可能性があるため，意図的に有力な研究者・研究機関・企業を取り入れる施策を設定した．

③ 「外部組織に対する協働事業提案機能と人材の設置」施策

RoboCup の参加研究者はすべて自らが興味をもつ研究推進のためだけに RoboCup に参加している．そのため，そのままでは創出された研究成果を，外部組織との協働（協働性）を活かして社会貢献や産業化につなげることができない．そこで外部からの支援をとりつける機能や人材を設定し，最終ゴール達成に必要な継続的な研究資源を調達する施策を設定した．

④ 「青少年の教育事業の実施」施策

RoboCup はゴール達成までに 50 年以上を要する長期プロジェクトで，その研究は自発的な参加研究者によって推進される（自律分散性）．将来にわたり研究者が参加し続けなければゴールが達成できない．そこで子供のうちから RoboCup に興味を抱いてもらう青少年向けの科学教育事業を施策として考案した．

(b) 具体例

上記のように設定した各マネジメント施策の具体例を以下にあげる．

① オープンテクノロジープラットフォームの設定：RoboCup におけるオープンテクノロジープラットフォームの具体例としては，ソニー社の犬型ロボット AIBO がある．AIBO をプラットフォームとした四足ロボットリーグの競技会を 1999 年より RoboCup 世界大会の中で開始した．
② 有力な研究者・研究機関・企業との戦略的連携構築：戦略的な連携をはかった企業の 1 つが SGI 社である．RoboCup はリアルタイムな意思決定

が研究課題の1つであり，最新の通信環境と計算機環境下での高速のシミュレーションが必要である．そこで，マルチエージェントによるリアルタイム性を高めたシミュレーションを行うために最新の計算機環境を提供できる企業をさがし，2001年にSGI社との研究連携を決定した．

③ 外部組織に対する協働事業提案機能と人材の設置：RoboCupでは，2000年より自治体に対するRoboCup世界大会開催やRoboCup Juniorによる科学教育事業などの協働事業の提案，企業に対する研究連携の働きかけやRoboCupに対する協賛などの支援の申し入れを行う機能と人材を設置した．2000年から2003年までは3名，2004年からは4名がその役割を担っている．

④ 青少年の教育事業の実施：RoboCup Juniorと名づけた青少年の教育事業を2000年のRoboCup世界大会からRoboCupの公式の事業として位置づけ，世界各地で展開している．子供たちの教育事業以外に，大学や大学院におけるRoboCupを取り入れたカリキュラム作成支援や特別ゼミの実施も行っている．

(3) マネジメント施策の評価

(a) 企業との協同事業事例

本項では，前述のマネジメント施策の具体例の中から企業との協同事業事例におけるマネジメント施策の有効性を，先に設定した長期研究推進の評価項目に照らして評価する．

まず，「オープンテクノロジープラットフォーム」施策として設定したソニー社のAIBOに関しては，RoboCupの参加研究者がAIBOをプラットフォームとして利用することがソニー社の製品開発に役立つとソニー社は判断した．そのため，ソニー社は当初公開していなかった制御プログラムを公開することにした．一方，このプラットフォーム上で研究を進めれば，RoboCupのゴールに向けた研究を推進することになる．これにより，参加研究者が増え，また研究成果の創出も非常に加速した．以上から，オープンテクノロジープラットフォームの設定施策は，評価項目「指向性」，「産業化」，「研究資源」，「異質性・開放性」，「効率性」，「研究成果の創出」に有効な施策であるということが

できる．

　また，「有力な研究者・研究機関・企業との戦略的連携構築」施策として連携がはかられた SGI 社からは，最新のクラスタマシンとネットワーク環境の提供や近い将来のシステム環境の変化に関する情報が入手可能になった．さらに，この連携を通して SGI 社とつながりのある多くのソフトウェアプログラマーが RoboCup のシミュレーション開発にかかわるようになった．以上から，戦略的連携構築施策は，評価項目「適応性」，「研究資源」，「異質性・開放性」に有効な施策であるということができる．

　以上の企業との取り組みは，「外部組織に対する協働事業提案機能と人材の設置」施策による企業への働きかけがきっかけとなって開始されており，その取り組みが RoboCup 支援のための協賛金獲得や参加研究者増につながった．これは，協働事業提案機能と人材の設置施策が評価項目「産業化」，「研究資源」に有効であることを示している．

(b) 自治体との協同事業事例

　本項では，前述のマネジメント施策の具体例の中から自治体との協同事業事例におけるマネジメント施策の有効性を評価する．

　まず，「外部組織に対する協働事業提案機能と人材の設置」施策によって，福岡市に対し 2002 年の RoboCup 世界大会の開催が提案された．福岡市は RoboCup 世界大会開催を子供たちの科学教育振興施策と位置づけ，RoboCup の「青少年教育事業」である RoboCup Junior を活用し，ロボットを通した科学教育を地元の中学校に働きかけて促進した．さらに，地元の教育教材開発企業を巻き込んで RoboCup Junior 用の教材の製品化が行われた．2002 年の RoboCup 世界大会終了後，福岡市は RoboCup の「協働事業提案機能と人材」を活用して，福岡市の新産業として次世代ロボット産業創出を開始した．また，以上のような RoboCup の協力に対して，福岡市は RoboCup に対して資金的支援を行った．

　以上から，「外部組織に対する協働事業提案機能と人材の設置」施策は，評価項目「社会貢献」，「産業化」，「研究資源」に有効な施策であるということができる．また，「青少年の教育事業の実施」施策は，子供たちの科学教育への

表5.3 RoboCupのマネジメント施策と有効性の評価

マネジメント施策	各マネジメント施策の具体例と有効性の評価			
	企業との協同事業事例	施策が有効に働く評価項目	自治体との協働事業事例	施策が有効に働く評価項目
オープンテクノロジープラットフォームの設定	ソニー社のAIBOとその制御プログラムの公開	「指向性」,「産業化」,「研究資源」,「異質性・開放性」,「効率性」,「研究成果の創出」		
有力な研究者・研究機関・企業との戦略的連携構築	SGI社との連携	「適応性」,「研究資源」,「異質性・開放性」		
外部組織に対する協働事業提案機能と人材の設置	ソニー社, SGI社への働きかけと協賛金の獲得	「産業化」,「研究資源」	福岡市へのRoboCup世界大会開催提案とそれにともなう産業創出, 協賛金獲得	「社会貢献」,「産業化」,「研究資源」
青少年の教育事業の実施			福岡市におけるRoboCup Junior活用による科学教育	「社会貢献」,「研究資源」

貢献と同時にRoboCupの資金調達にも寄与しており,評価項目「社会貢献」,「研究資源」に有効な施策であるということができる.

以上,(2),(3)で述べたRoboCupの4つのマネジメント施策の具体例と施策の有効性の評価結果をまとめて表5.3に示す.

5.4 NPO型分散研究システム

(1) NPO型分散研究システムの定義

(a) 定義

RoboCupと同じ組織的特徴,組織特性,マネジメント施策をもつ長期研究推進の仕組みをNPO型分散研究システムと名づける.すなわち,表5.4に示した4つの組織的特徴,8つの組織特性,4つのマネジメント施策をもつ,長

表5.4 NPO型分散研究システムの組織的特徴,組織特性,マネジメント施策

組織的特徴	① ビジョンドリブン組織,② NPO組織(特定非営利活動法人),③ ゆるやかな階層制組織,④ 科学者共同体
組織特性	① ビジョンドリブン性,② 競争と淘汰性,③ オープン性,④ 協働性,⑤ 低制約性,⑥ 自律分散性,⑦ サムシングニューイズム,⑧ 非専門家に対する閉鎖性
マネジメント施策	① オープンテクノロジープラットフォームの設定,② 有力な研究者・研究機関・企業との戦略的連携構築,③ 外部組織に対する協働事業提案機能と人材の設置,④ 青少年の教育事業の実施

期的な研究ゴールを達成するための研究システムをNPO型分散研究システムと定義する.

この仕組みが他にも適用可能であることを示すために,筆者は何名かの研究者とともにRoboCupとは別に,IRSとSBIという新たな2つのNPO型分散研究システムを立ち上げ,その運営を行った.

以下,まず,NPO型分散研究システムと類似していると考えられる研究・開発推進の仕組みとの比較を行い,本研究システムが長期研究推進に関して,従来にない研究システムであることを示す.

続いて,IRSとSBIの組織的特徴,組織特性とマネジメント施策の具体的内容と,長期研究推進の活動実績評価により,両者がその研究推進に成功していることを明らかにする.

(b) 類似の仕組みとの比較

これまでにみられる主な研究・開発を推進する仕組みの中で,NPO型分散研究システムと類似していると考えられる研究・開発の仕組みには以下の5つがある.しかし,それらは次に述べるように本節で定義したNPO型分散研究システムとは異なるものである.

① 自発的長期研究プロジェクト／チャンピオン型プロジェクト:NPO型分散研究システムとは,ゆるやかな階層制をもった科学者共同体の組織である点と長期研究推進を行うという点で類似している.一方,相違点は中核の組織がNPOではなく,さらに研究ゴールが設定されていない点である.

② NPO 研究機関：NPO 型分散研究システムとの類似点は，中核組織がNPO で長期研究を推進していることにある．一方，相違点は，中核のNPO が主に財団の場合が多く制約がきわめて高いこと，そして研究ゴールが設定されているわけではない点である．
③ Linux：Linus Torvalds が立ち上げたパソコン用 OS を開発する仕組みである．NPO 型分散研究システムと類似するのは，ゆるやかな階層制組織で参加者は自律的で自由に開発に参加できる点にある．一方，中核組織はNPO ではなく，また，対象が研究ではなく開発である点が異なる（國領, 1999, pp. 81-83）．
④ この指とまれ：中核となる個人や企業が最初に開発方針を公開し，潜在ユーザーや潜在出資者をまきこんで開発を進めていく仕組みである．NPO 型分散研究システムとの類似点は，分散化された組織であることと開発ゴールが設定されていることにある．一方，相違点は，中核組織がNPO でも科学者共同体でもないことと対象が研究ではなく製品開発である点である（西村，1996）．
⑤ サイエンスショップ：市民社会が抱く懸念に応えて，市民参加に基づく独立の研究サポートを提供する活動である．NPO 型分散研究システムとは NPO（大学の場合もある）が中心となり，研究者のネットワークを活用する点で似ている．しかし，対象が長期研究ではないことと研究ゴールが設定されていない点に違いがある（平川，2002）．

以上のとおり，NPO 型分散研究システムはいずれの仕組みとも異なった従来にない長期研究システムといえる．

(2) 実例 1：IRS

(a) 組織的特徴，組織特性とマネジメント施策

本項では，RoboCup とは別に立ち上げた NPO 型分散研究システムの最初の実例として IRS の組織的特徴，組織特性とマネジメント施策の具体的内容を示す．

IRS の構想は，1995 年の阪神淡路大震災の被災経験をもつロボット工学研

究者数名が中心となって，日本ロボット学会などの国内外学術会議において議論を重ね，1998年に立案された（Tadokoro *et al.*, 1997）．IRSの最終ゴールは，「大規模災害時に被災現場から被災者を救出することができる災害救助システムをつくる」である．構想を立案した研究者は，田所諭である．被災経験を共有した数名の研究者と構想に共鳴した研究者が中核となって活動を開始し，2002年4月に国際レスキューシステム研究機構というNPO法人を登記して正式に組織が発足した．ゴール達成時期は2050年で，すでに10年以上に及ぶ研究ゴールに向けた研究活動が活発に推進されている．筆者はIRS創設の検討当初から，仕組みの構築と運営，管理の責任者のひとりとして関与している．

IRSは前述の最終ゴール達成のための組織であるため，「ビジョンドリブン組織」である．また，中核となる「NPO組織」を2002年に法人登記しており，研究ゴールを共有した研究者集団からなる「科学者共同体」である．自律的な研究者の自発的参加による組織であるが，理事会の特定のメンバーが意思決定するメカニズムをもっていることから，IRSは「ゆるやかな階層制組織」である．以上のように，IRSは「ビジョンドリブン組織」，「NPO組織」，「ゆるやかな階層制組織」，「科学者共同体」の4つの組織的特徴をもつ．

また，IRSの8つの組織特性の具体的内容は以下のとおりである．

① ビジョンドリブン性：IRSは前述の最終ゴールを達成するために設立され，研究者はこのゴールを実現するためだけにIRSに参加している．また，組織維持自体が目的化しないように固定費用を低く抑えている．
② 競争と淘汰性：参加研究者同士は競い合ってゴールを目指している．また，創出する価値が評価され，外部からの資金的支援やゴール達成を目指す参加研究者がいなければIRSは淘汰される．
③ オープン性：創出された研究成果は学会発表後，すべて公開される．参加研究者は参加も退出も自由であるため，外部に開かれた組織となっている．
④ 協働性：IRSはNPOであるため，産学官のどのセクターに対しても中立で外部組織との協働が容易に行える．自治体との協働事業などの事例がある．

⑤ 低制約性：IRS は NPO であるため，組織の設立，運営に対する制約が低い．
⑥ 自律分散性：IRS には，自発的で自律的な研究者のみが参加している．
⑦ サムシングニューイズム：創出された研究成果は，学会などで公表・評価され，参加研究者は他の研究者に先がけた研究成果創出を競い合っている．
⑧ 非専門家に対する閉鎖性：2005 年のインタビュー調査で，IRS はロボット工学研究者の比率が高く，他研究領域の研究者には参加しにくく感じられていることがわかった．

次に，IRS の 4 つのマネジメント施策の具体例を以下に記す．
① オープンテクノロジープラットフォームの設定：IRS におけるオープンテクノロジープラットフォームは，地震災害時の被災状況の特徴を設定できるように工夫された災害救助ロボット評価用テストフィールドである．
② 有力な研究者・研究機関・企業との戦略的連携構築：有力な戦略的連携研究機関としては，独立行政法人防災科学技術研究所，Center for Robot Assisted Search and Rescue（米国）などがあげられる．
③ 外部組織に対する協働事業提案機能と人材の設置：IRS における協働事業提案機能として，国の競争的研究資金獲得や外部機関との戦略的研究連携構築を行うチームと研究成果の産業化を行うチームを設置している．
④ 青少年の教育事業の実施：子供を対象に災害救助とロボットについて学ぶ「創造工房」という名称の教育事業を 2003 年より実施している．

(b) 評価

本項では，先に 5.3 節 (1)(a) で設定した長期研究推進の各評価項目に対して IRS の活動実績を評価することにより，IRS がその研究推進に成功していることを述べよう．

① 研究資源
2002 年の創設から 2011 年末までに 40 以上の大学や公的研究機関から 300

名以上の研究者が参加している．また，資金調達については，2002 年から 2011 年末までに約 27 億円の競争的研究ファンドの獲得に成功しており，継続的に研究者の体制や潤沢な研究資金をとることに成功していると評価できる．

② 異質性・開放性
　IRS の研究活動には広範な研究領域の研究者やさまざまな対象災害の専門家に加え，神戸市消防などの消防や国際協力機構による国際救助隊なども参加している．また，IRS に未参加の研究者でも災害救助ロボット評価用テストフィールドを用いた公開評価会を利用でき，そこから新たな交流や連携がスタートすることも多くみられる．以上のように IRS は異質性の高い研究者による開放的な組織であると評価することができる．

③ 指向性
　IRS が策定しているロードマップとマイルストーンの使用，およびテストフィールドによる公開評価会により最終ゴールを目指した研究推進が行われている．また，最終ゴールが，参加研究者にとって強い使命感をもって達成を目指すものとして設定されていることも「指向性」の高い研究推進につながっている．

④ 適応性
　IRS は関連する研究領域の参加研究者に加え，異なる研究領域の有力な研究者の参加を意図的に促すことによりつねに広範な最新情報の入手を行っている．また，消防隊との連携を通して災害現場の情報や自治体との連携により法規制などの最新情報の入手を行っている．以上のように最新情報の入手が適切に行われることで「適応性」の高い研究推進を行っている．

⑤ 社会貢献
　IRS は生み出される研究成果による社会貢献を最終ゴールとしている．加えて，青少年の教育事業や災害救助ボランティアネットワークづくりといった市民との協働による社会貢献も進めている．IRS の参加研究者からは「今まで被

災現場での実証機会や救助隊の人たちとの接点がなかったが，ようやく自分の研究を被災者の救助に役立てる機会ができた」という声が聞かれた．

⑥　産業化

技術移転（日本 SGI 社の移動型ロボットなど），企業コンソーシアムの結成（神戸市の地元企業コンソーシアムなど），自治体の産業政策との連動（神奈川県，川崎市，神戸市など）をとおして IRS の研究成果が数多くの製品事業につながっている．これらより産業化に成功しているということができる（松野他，2004）．ただ，多くの企業からは，研究成果物である災害救助用のシステム自体は，国や自治体が配備を決めない限り製品化は困難であると指摘された．これは結果的に 2011 年 3 月 11 日に発生した東日本大震災による福島原発事故に際して，原発建屋内に日本製のロボットが使われなかったことにつながっている．せっかく開発された原発内の極限環境下で活躍できるロボットは，日本の原発は絶対に安全であるという「安全神話」に阻まれて配備が見送られていたからである．

⑦　研究成果の創出

IRS が獲得した文部科学省管轄の競争的研究資金のプロジェクト（大都市大震災軽減化特別プロジェクト）からは多くの研究成果が発表され高い評価を得た．いくつかの研究成果（瓦礫内探査ロボットなど）は実際の被災現場や消防の訓練現場に持ち込まれるところまで研究が進んでおり，順調に研究が推進されてきている．参加研究者からも「個別の研究室単位ではこのような規模での研究の推進は困難で，まさに共通のゴールをもつ研究者が連携したためだ」という声が数多く聞かれた．

⑧　効率性

IRS では，広範な数多くの研究を並行して採用しながら，研究開発課題マップとロードマップやマイルストーンを作成して抜け落ちや重複のない研究を推進している．また，実施が困難な実地テストに代わり，評価用テストフィールドを用いるなどの効率的な研究推進を行っている．

以上のように，IRS の活動を長期的研究推進の 8 つの評価項目で検討したところすべての項目において研究が成功裏に推進されているということができる．

(3) 実例2：SBI

(a) 組織的特徴，組織特性とマネジメント施策

本項では，2 つ目の実例として SBI の組織的特徴，組織特性とマネジメント施策の具体的内容を示す．

SBI は北野宏明を統括責任者とする国家研究プロジェクト・ERATO 北野共生システムプロジェクトのシステムバイオロジーという研究テーマを，プロジェクト終了後も継続的に発展させ研究の最終ゴールを実現することを目的として 2001 年に設立された（Kitano, 2001）．SBI では北野が初代会長となり，筆者他 1 名が創設時の運営と管理を担った．SBI が掲げるゴールは，「2020 年までに分子レベルから再現した詳細な細胞のシミュレーションモデルとそれに基づく臓器モデルを構築し，2030 年までにすべての突然変異と薬剤感受性に関する網羅的解析を終了する」である．SBI 設立期間中である 2000 年から SBI の研究に参加する研究者が研究成果を発表する場として，International Conference on Systems Biology（ICSB）という国際学会が立ち上げられ，その後，毎年 1 回開催されている．

SBI は前述の最終ゴールをもち，そのゴールを達成したいと考える研究者からなる組織であるため「ビジョンドリブン組織」である．中核となる組織として「NPO 組織」を 2002 年に法人登記しており，研究ゴールを共有した研究者集団からなる「科学者共同体」である．また，自律的な研究者の自発的な参加による分散化された組織であるが，戦略的に重要な意思決定にかかわる中核グループが決められていることから，SBI は「ゆるやかな階層制組織」である．

また，組織的特徴からくる SBI の組織特性の具体的内容は以下のとおりである．

① ビジョンドリブン性：SBI は前述の研究ゴールを達成するために設立され，この目標を実現するためだけに研究者は SBI に参加している．組織

の運営・管理体制をRoboCupと共用することで，固定費を低く抑え，組織の維持が目的化しないようにしている．
② 競争と淘汰性：SBIに参加する研究者同士は競い合ってゴールを目指している．また，SBIは資本金をもっていないため，創出する研究成果が評価されずに外部からの資金的支援や参加研究者がいなくなれば淘汰される．
③ オープン性：SBIでは創出された研究成果や知識は学会発表後すべて公開される．また，研究成果の計算機記述言語の共通化やオープンソース化を原則としており，参加研究者の参加と退出が自由で開かれた組織となっている．
④ 協働性：SBIはNPOであるため，産学官セクターのどの組織に対しても中立で外部組織との協働が容易に行える．セクターを超えた研究機関同士の連携の構築や企業との共同開発などの事例がある．
⑤ 低制約性：SBIはNPOであるため，組織の設立と運営の制約が低い．
⑥ 自律分散性：SBIの研究活動には，最終ゴール実現を目指す自発的で自律的な研究者のみが参加している．
⑦ サムシングニューイズム：SBIの研究成果はICSBという国際学会で発表・評価され，参加研究者は他に先がけた研究成果の創出を競っている．
⑧ 非専門家に対する閉鎖性：SBIでは計算機の高度利用が研究の前提であるが，計算機の高度利用が得意ではない研究者の参加を阻んでいる．

次に，SBIのマネジメント施策の具体例を以下に記す．

① オープンテクノロジープラットフォームの設定：SBIはバイオロジーのデータ記述言語SBML（Systems Biology Markup Language），バイオロジーデータを使ったシミュレーションソフトウェアを互換関係にする共通プラットフォームSBW（Systems Biology Workbench），遺伝子，タンパク質，細胞間ネットワーク関係の記述ルールSBGN（Systems Biology Graphical Notation）という3つのオープンテクノロジープラットフォームを公開・提供している．
② 有力な研究者・研究機関・企業との戦略的連携構築：有力な戦略的連携

研究機関としては，The California Institute of Technology（CALTECH）と European Bioinfomatics Institute（EBI）などがある．
③ 外部組織に対する協働事業提案機能と人材の設置：SBI 本部（日本）と連携機関である CALTECH と EBI に各々数名からなる協働事業提案機能のための人材を設置している．
④ 青少年の教育事業の実施：SBI は the University of Manchester（Doctoral Training Centre at the Manchester Centre for Integrative Systems Biology），The International Max Planck Research School for Computational Biology & Scientific Computing などの大学院でシステムバイオロジーの修士ならびに博士課程のコース設定を行っている．

(b) 評価

本項では，先に設定した長期研究推進の各評価項目に対して SBI の活動実績を評価することにより，SBI がその研究推進に成功していることを示そう．

① 研究資源

2011 年末までに CALTECH や EBI など数十にのぼる海外の大学や研究機関の研究室が SBI に参加している．また，SBI の主研究テーマであるシステムバイオロジーに対して，日本では文部科学省や経済産業省などの大型の競争的研究ファンドが連続的につけられている．また，海外ではこのテーマでのファンドも創成されている．

② 異質性・開放性

前述のオープンテクノロジープラットフォームの提供と戦略的連携研究機関の研究者の参加により，さまざまな領域の研究者の参入と参加研究者同士の知識交流が行われている．一方，主要な領域となる生物学の研究者の中には計算機科学を苦手とする研究者もおり，異なる専門領域間の知識交流の困難さも見受けられる．

③　指向性

　　SBI の研究ゴールは，バイオロジー研究に携わる多くの研究者にとって達成を希求する目標の1つとなり得るものである．その目標達成のために必要な個々の研究者のもつ実験データと広範な領域の知識の組み合わせが，参加研究者によるオープンテクノロジープラットフォーム（SBML，SBW，SBGN）の相互利用により進みはじめている．

④　適応性

　　新しく発見された現象や知見を矛盾なく取り扱えるようにオープンテクノロジープラットフォームを改良していく必要がある．そのために SBI は，最新の知識を一番早く入手し得る *Nature* 誌，*Science* 誌や臨床データを豊富にもつ慶應義塾大学病院と連携している．また，Linux 開発と同様の方式でプログラム改良を進めるなど，新たなバイオロジーの展開に対していち早く対応し得る体制になっており，適応性の高い研究推進を行っている．

⑤　社会貢献

　　SBI の最終ゴールには研究成果をテーラーメイド医療（個々人に最適の処方を施す医療）に展開していくことも記述されており，ゴールに向けて研究を推進すること自体が社会貢献につながる．

⑥　産業化

　　SBI の研究成果は主に医療・創薬や生物資源開発への適用が想定されている．新領域であることもあり企業数は限定的ではあるが，すでに，製薬会社との共同研究が開始されている．また，シミュレーションソフト開発ベンチャー企業も登場しはじめている．

⑦　研究成果の創出

　　システムバイオロジーは学術的にも評価が高いことが，発表された論文からも明らかになっている．また，SBML，SBW，SBGN の3種のプラットフォームの Ver.1.0 がすべて完成しており，これらに実データが入力され，個別

のシミュレーションソフトが互換性をとるように動きはじめたことによって研究成果の創出に寄与している．

⑧　効率性

従来は医学や分子生物学などの領域では，実験データや知見の表現形式などがばらばらであったために相互利用が困難であった．また細胞や遺伝子の挙動推定シミュレーションソフト間にも互換性がなかった．これに対しSBIは，記述言語を統一しソフト間の互換性をとれるようにして効率的な研究推進を可能にしている．

以上のように，SBIの活動を長期的研究推進の8つの評価項目で評価したところすべての項目において研究が成功裏に推進されているということができる．

5.5　有効性と適用の推進

(1)　従来の長期研究システムの問題の回避

(a)　大規模研究機関に対して

5.1節 (2) (a) で述べたとおり，企業の中央研究所や大学におけるCOEといった大規模研究機関がもつ組織特性によって引き起こされる長期研究推進に対する問題点は，第1に異質性の高い人材の流動性や開放性が損なわれ新たに発生する課題や状況の変化に対する適応性が低いこと，第2に自前の資金が途切れると長期研究を継続していくことが困難になるということであった．

第1の問題点に対しては，NPO型分散研究システムは「オープン性」と「協働性」により産学官や国家間をまたがり研究領域の異なる研究者の連携が活発で，異質性の高い研究人材の流動性や開放性が高い．また，これらの特性により，状況の変化が素早く把握され，その対応が効果的に行われやすい．加えて「自律分散性」により，研究者ごとに主体的に情勢の変化への対応が行われ，その中から効果のあったアプローチが採用されている．したがって，新たに発生する課題に対する適応性が高い．

第2の問題点に対しては，本研究システムは「自律分散性」により研究者は研究資源を自ら調達して分散組織の形態で研究ゴールを目指している．したがって，プロジェクト全体の研究資源を自前で賄ってきた大規模研究機関の場合に比べ，多くの研究者やその所属する研究機関によって分散的に資金負担が行われることになり，ある研究者や研究機関の資金が途切れたとしても研究は継続可能である．

　以上のとおり，本研究システムは，企業の中央研究所やCOEなどの大規模研究機関の組織特性によって引き起こされる長期研究推進の問題点を生じさせない．

(b)　国家研究プロジェクトに対して

　5.1節（2）(b)で述べた産学官連携組織の特性によって生じる国家研究プロジェクトの問題点は以下の3つであった．第1は，時限つきの一過性の組織であることから，長期研究テーマのゴール達成まで，連携を牽引して研究を継続していくことが困難であること．第2は，国の委託・管理による研究であることから，設定される研究の目標や評価基準が曖昧になること．第3は，国が委託・管理する硬直した組織であるため情勢変化への適合が行われにくいことである．

　第1の問題点に対しては，「ビジョンドリブン性」という特性をもつ本研究システムはそもそも長期の研究ゴールを達成するための組織である．また，「オープン性」，「協働性」，「自律分散性」により，産学官や国家間をまたがり研究領域の異なる自発的で自律的な研究者が時期を区切らず長期的に活発に連携しながら，長期研究ゴールを目指して研究が推進される．

　第2の問題点に対しては，本研究システムは「ビジョンドリブン性」によりただ1つの明瞭なゴールを掲げ，そのゴール実現を目指すように研究が推進されている．たとえば，ゴール達成のためにもっとも有効であると考えられる研究成果が抽出できるように評価ルールが決められ，それに基づいて研究者同士が競い合って研究を推進している（「競争と淘汰性」）．

　第3の問題点に対しては，本研究システムは「オープン性」と「協働性」により情勢の変化を素早く把握でき，「自律分散性」により各研究者が情勢変化

に対して自律的で柔軟なアプローチをとることができる（石黒，2004a; Ishiguro *et al.*, 2003）．

以上のとおり，本研究システムは，国家研究プロジェクトを推進する組織の特性によって引き起こされる長期研究推進の問題点を生じさせない．

(2) 従来の長期研究システムとの相互補完性

(a) 大規模研究機関に対して

NPO型分散研究システムの参加研究者は，企業の研究所，大学，公的研究機関など従来の研究組織に所属している研究者である．したがって，NPO型分散研究システムは従来の研究システムと二律背反的な位置づけとはなり得ない．加えて，前述のとおり大規模研究機関の問題点を生じないため，両者は相互補完的な関係となり得る．

たとえば，大企業の中央研究所が基礎研究などの領域で科学・技術の進歩に果たした役割は大きかったが，企業を取り巻く競争環境が厳しくなってきたことから，採算がとれないために中央研究所を保有しない選択も考えられるようになっている．その代わりとなる方策として，産学連携を積極的に行い大学側に研究を担ってもらうことも試みられているが，先に述べたように大学の研究推進にも課題は多い．

これに対し，NPO型分散研究システムでは，その研究ゴールに共鳴しゴール達成に寄与する研究を行う研究者が所属組織を超えて連携し研究が推進されていく．その研究ゴールが企業の求める目標やテーマに合致すれば幅広い研究者の研究成果が利用できるので，企業にとっての新たな手段となり得る．

以上のようにNPO型分散研究システムは大規模研究機関による長期研究の推進を補完する役割を果たすことができる．

(b) 国家研究プロジェクトに対して

国家研究プロジェクトでは，一部の例外を除き研究テーマは行政側によって提示される．研究テーマ設定にあたり多くの研究者の意見を聴取するとはいえ，研究者が自由にテーマを設定できないことには変わりがない．このことは政府の提示する研究テーマが無個性で画一的になりがちである（サラモン，1999）

という欠陥を招く．これに対し，NPO型分散研究システムは研究者が自由に研究テーマを設定しゴールを設定することができる．

また，国家研究プロジェクトの場合，参加研究者は雇用契約を締結し限られたメンバー構成で研究を推進する．研究者の入れ替えは可能であるが，雇用契約によってその頻度は制限され，またプロジェクト予算によって雇用研究者数にも制限がかかる．一方，NPO型分散研究システムでは，研究資金を自ら調達しなければならないが，研究プロジェクトへの参加は自由であり，したがって，参加者数も上限がない．

上記のようなNPO型分散研究システムの強みがあるので，たとえばNPO型分散研究システムが国から競争的研究ファンドを獲得できれば，国家研究プロジェクトを補完することができる．実際に前述のとおり，IRSは国から大型のファンドを獲得し，成果をあげている．

(3) 適用可能テーマと立ち上げ・推進プロセス

(a) 適用可能な研究テーマの性質

長期を要する研究テーマの中で，従来の研究システムではカバーしにくい対象が本研究システムを適用する候補となり得るだろう．たとえば，次にあげるような研究テーマが考えられる．

① まったく未知の領域で企業がとりあげるのにはリスクが高い研究テーマ．あるいは国家研究プロジェクトでは，研究資金を投じるべき対象であるかどうかの判断がただちにつかない研究テーマ．このような研究テーマは，まず本研究システムで研究を推進しその研究の推進状況をみて，企業や国がその研究推進を支援したり成果の利用を検討するという方法が考えられる．
② 研究ゴール達成までにきわめて長い期間を要し，国家研究プロジェクトや企業では全期間をカバーしきれない研究テーマ．本章の3つの研究システム事例はすべてこの範疇に入る．国あるいは企業は，全期間のうちの一部に関与し研究推進の支援とともに研究成果の利用をはかる．
③ 国際的に重要視され各国でその研究成果の活用が望まれる研究テーマ．

あるいは，広く国際的な研究者の知識を結集することがその研究推進に大きく貢献するような長期的研究テーマ．本章の事例の1つであるシステムバイオロジーはこの部類に入る研究テーマである．

④ 研究者ばかりではなく，市民など広範な人びとの関心をひく長期的研究テーマ．たとえばエンターテインメント性が高いテーマや社会的な意義が高いテーマなども本研究システムを適用しやすい対象である．

(b) 立ち上げ・推進プロセス

本研究システムの立ち上げ・推進プロセスを図5.1に示す．本研究システムは，まず中核的役割を果たす研究者と何名かの協力研究者からなる研究グループが研究構想を設定することによって，その立ち上げが開始される．この研究構想から，領域を超えて魅力的に感じられ，容易すぎず，達成不可能ではない内容をもち，その達成期限を明示した表現によるプロジェクトの最終ゴールが練り上げられることが重要である．研究グループは，最終ゴールを達成するための研究活動を開始するとともに，その研究構想と最終ゴールを国際会議などにおいて国際的に広く提唱する（図5.1 ステージA）．

次に，そのゴールに共鳴し，プロジェクトへの参加を希望する研究者が現れ，増えはじめる時点で，最終ゴール実現を組織目的とするNPO法人を設立登記

ステージA
・中核となる研究グループが研究構想を立案し，そこからプロジェクトの最終ゴールを設定する
・国際会議などにおいて最終ゴールを国際的に広く提唱する

ステージB
・NPO法人を設立する
・ゆるやかな階層制による意思決定ルールを設定する
・参加研究者間の知識交流，連携促進の場とルールを設定する

ステージC
・4つのマネジメント施策を設定し，その施策の執行により，幅広い研究領域の新たな研究者の参加を促進し，外部組織との協働事業を促進する

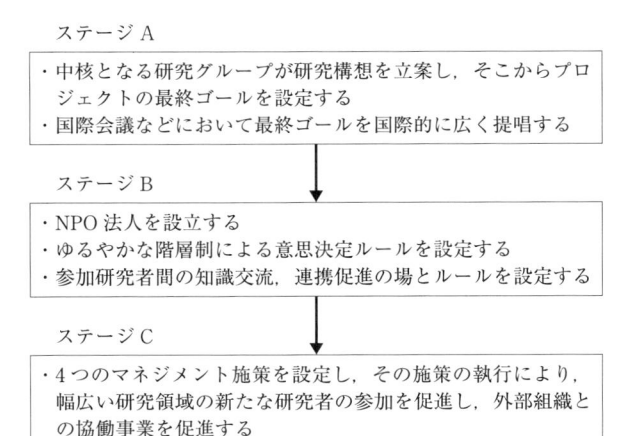

図5.1 NPO型分散研究システムの立ち上げ・推進プロセス

する．同時に，研究システム全体に大きく影響を及ぼす重要事項に関する意思決定メンバーとルールを決め，ゆるやかな階層制組織とする．参加研究者と意思決定メンバー間で，参加研究者間の知識交流や連携促進の場とルールを設定する．プロジェクトの推進に対して特定のメンバーの影響が強くなりすぎ属人的になってしまわないように，意思決定メンバーの入れ替えや参加研究者からの意見の収集と意思決定への反映は重要である．また，知識交流や連携促進の場で，研究成果の評価と研究者間の成果活用の積極的促進をはかることが重要である（図5.1 ステージB）．

続いて，以上の仕組みが発展的に継続するために，5.3節（2）（a）で述べた4つのマネジメント施策を設定する．各施策を執行することにより，幅広い研究領域から新たな研究者の参加を促し，外部との協働事業を促進する（図5.1 ステージC）．

まとめ

(1) 研究の成果と意義

(a) 成果

科学技術をベースとするイノベーション実現を目指して，本研究では，最初に第1の目的である従来の長期研究システムの問題点を生じさせない新たな長期研究システム「NPO型分散研究システム」の提案を行った．

まず，筆者が運営・管理に携わったRoboCupという長期研究推進の仕組みの組織的特徴から得られる組織特性を抽出し，RoboCupが従来の日本の長期研究システムとは異なる組織特性をもつことを示した．組織的特徴としては，ビジョンドリブン組織，NPO組織，ゆるやかな階層制組織，科学者共同体の4つである．その特徴からビジョンドリブン性，競争と淘汰性，オープン性，協働性，低制約性，自律分散性，サムシングニューイズム，非専門家に対する閉鎖性の8つの組織特性を抽出した．一方で，長期研究推進の評価項目を設定し，その評価項目に沿ってRoboCupが長期研究の推進に成功していることを確認した．また，その組織特性を活かす4つのマネジメント施策を考案・実施

し，同様に評価を行って，その施策が有効であることを示した．4つのマネジメント施策とは，オープンテクノロジープラットフォームの設定，有力な研究者・研究機関・企業との戦略的連携構築，外部組織に対する協働事業提案機能と人材の設置，青少年の教育事業の実施である．

次に，RoboCupの研究システムと同じ組織的特徴，組織特性，マネジメント施策をもつNPO型分散研究システムの新たな2つの研究システムの事例（IRSとSBI）を，筆者がその管理の責任者のひとりとして立ち上げ運営を行った．これらの2つの研究システムにおける活動実績を長期研究推進の評価項目に対して評価し，両者ともにその研究推進に成功していることを明らかにした．以上から，NPO型分散研究システムが一般適用可能な仕組みであることを示した．

続いて，第2の目的であるNPO型分散研究システムの従来の長期研究システムに対する位置づけを示した．まず，NPO型分散研究システムは，その組織特性から従来の長期研究システムの問題点を生じさせないことを示した．さらに両者は相互補完の関係にあり，両者を組み合わせることにより，双方の強みを活かした長期研究の推進を行うことができることを提示した．

最後に，本研究の第3の目的である，NPO型分散研究システムが適用可能と考えられる研究テーマと本研究システムの立ち上げ・推進のプロセスを提示した．

本研究システムの適用可能な研究テーマは，まったく未知の領域の研究テーマ，超長期を要する研究テーマ，国際的連携や広範な研究領域の連携が必要な研究テーマ，市民を含む幅広い参加者による貢献が必要な研究テーマと考えられる．

また，立ち上げ・推進プロセスは次の3つのステージ，すなわち，① 中核となる研究グループが研究構想とプロジェクトの最終ゴールを設定し，それを国際会議などにおいて国際的に広く提唱する，② NPO法人の設立とゆるやかな階層制による意思決定ルールの設定，ならびに，参加研究者間の知識交流，連携促進の場とルールの設定，③ 4つのマネジメント施策設定と執行による研究者の参加促進と外部組織との協働事業促進から構成される．

(b) 意義

本研究は (a) で述べたように, 新たな長期研究推進のための仕組み「NPO型分散研究システム」を提示し, その組織的特徴や組織特性, さらに, 有効なマネジメント施策を明らかにし, これが他にも適用可能な仕組みであることを実証した.

本研究の意義は, 提案した立ち上げと推進の方法をとれば, 研究構想をもつ研究者であれば誰でも長期研究推進の仕組みを作ることを可能にした点にある. 従来は, 所属組織や研究委託者が研究システムを立ち上げる人間を決定しており, その人選には組織内の地位や役職が大きな影響を及ぼしていた. 一方, 本研究システムの場合, 研究者の所属組織や組織内の地位や役職にかかわらず, 研究領域, 国・地域, 組織を超えて共鳴する研究構想やビジョンを提示できれば, 研究システムを立ち上げることが可能となる. これによって, 多くの研究者, とくに若手研究者でも長期研究推進の機会を均等にもち得ることになり, 多様な研究テーマの創出と推進につながることを意味する. とくに, 魅力的な研究テーマに対しては数多くの研究者が参加するが, 共鳴の得られない研究は先細りになるという, 研究の自律的な選択と淘汰のメカニズムが働くという特徴がある (石黒, 2004b).

(2) 今後の展開

(a) 研究課題

今後の研究課題として以下が考えられる.

① NPO型分散研究システムの組織特性を生かした研究推進を行うために研究資金源の構成はどうあるべきか.

本研究システムが自律的であるためには, 特定のセクターや組織に研究資金を依存せず, マルチファンディングな資金源の構成が望ましいと考えられるが, その構成比はどうあるべきであろうか. たとえば, 望ましい公的な資金の比重の設定やそれをいかに実現するかなどという課題がある.

② 研究成果の産業化の進展にともない, 研究成果の公開と知的財産権の取り

扱いをどのようなルールのもとで管理していくのか．

　研究成果を使用制限なしに公開して研究を推進する本研究システムと，知的財産権により研究成果の展開に制限を加えて産業化を促進する方法は相反する部分を含む．これは研究成果の産業化の進展にともない重要な研究課題になると考えられる．

（b）　実践課題

　多くの研究者はNPO法人設立の手続きや運営管理の方法などの実務上の知識や経験がなく，また，それらをもつ人材が身近にいない．そのため本研究システムの立ち上げや推進が困難であると感じる研究者が数多く存在する．これに対応するためNPO型分散研究システムの有用性を研究に携わる人たちに知らしめ，本研究システムの立ち上げと運営支援を行うために研究開発型NPO振興機構（http://iserd.org）という仕組みを筆者らは2004年に立ち上げた．しかし，さらにこの仕組みをとおした啓蒙・普及活動から，イノベーション実現への突破口としてのNPO型分散研究システムの展開をより確実なものとするために，以下のような本研究システムの実践的な課題が抽出された．

① NPO法人への寄付に対する税控除の法的制約などから，本研究システムの運営に必要なわずかな資金の調達も容易ではなく，資金繰りが厳しい．
② NPOという法人組織に対する社会的な信頼性が依然として低く，企業との連携や資金の借り入れが容易ではない．
③ 国立大学の民営化により，大学所属の研究者が外部組織に参加することに対するさまざまな制約が生じている．また，研究成果の知的財産の権利分配に対する大学からの要求が強く，自由な連携の足かせとなっている．

　これらは，国の研究システムの変革や寄付税制の見直しなどの法制度改正や研究人材に対する教育など，政策的なアプローチによらなければ解決できない課題ともいえる．研究開発型NPO振興機構の活動などをとおして，新たな研究システムを有効に働かせるための法制度や人材の育成などの環境が整えられるような働きかけも必要といえる．

引用文献

Applied Artificial Intelligence, *Special Issue: RoboCup*, Vol. 12, No. 2-3, 1998.
Ishiguro, S., Kitano, H., and Niwa, K., "NPO-Driven Decentralized Research System: Three Cases of RoboCup, Systems Biology Institute and International Rescue System Institute," *PICMET'03*, Vol. 16, No. 7, 2003.
Kitano, H. (ed.), *Foundations of Systems Biology*, The MIT Press, 2001.
Kitano, H. *et al.*, "RoboCup: A Challenge AI Problem," *AI Magazine*, Spring, 1997.
Kline, S. J. and Nathan, R., "An Overview of Innovation," in Landou, R. and Rosenberg, N. (eds.), *The Positive Sum Strategy*, National Academy Press, 1986.
Malone, T. W., *The Future of Work*, Harvard Business School Press, 2004 (高橋則明訳, 『フューチャー・オブ・ワーク』, ランダムハウス講談社, 2004).
Rosenbloom, R. S. and Spencer, W. J., *Engines of Innovation*, Harvard Business School Press, 1996 (西村吉雄訳, 『中央研究所の時代の終焉：研究開発の未来』, 日経BP社, 1998).
Tadokoro, S., Takamori, T., Tsurutani, S., and Osuka, K., "On Robotic Rescue Facilities for Disastrous Earthquakes: From the Great Hanshin-Awaji (Kobe) Earthquake," *J. Robotics and Mechatronics*, Vol. 9, No. 1, pp. 46-56, 1997.
Toyama, D. and Niwa, K., "Evaluating Japanese National R & D Projects Using a Lifecycle Model," *PICMET '01, Proceedings*, Vol. 2, No.25, 2001.
石黒周, 「新たな研究推進の方法論としてのRoboCup-Rescue」, 田所諭・北野宏明監修, 『ロボカップレスキュー：緊急大規模災害への挑戦』, 共立出版, pp. 75-88, 2000.
石黒周, 「NPO型分散研究システムのマネジメント：新たな産学官連携研究システムの研究」, 『経営情報学会誌』, Vol. 13, No. 3, pp. 79-95, 2004a.
石黒周, 「シーズの新たな価値評価プロセス：NPO型分散研究システム介在プロセス」, 『計測自動制御学会誌』, Vol. 43, No. 10, pp. 755-759, 2004b.
石黒周・丹羽清, 「研究開発型NPO介在ベンチャー創出プロセス：研究からのベンチャー企業の新創出プロセスの提案」, 研究技術計画学会, 第18回年次学術大会, 2003.
科学技術庁研究開発システム検討会編, 『夢と戦略のある研究開発システムをめざして：世界に通用するマネジメントと新たな中核的研究所群の形成』, 大蔵省印刷局, 1998.
科学技術庁編, 『研究開発の評価の現状　平成10年度版』, 1999.
北野宏明・石黒周, 「RoboCupと産官学連携」, 『ロボット学会誌』, Vol. 18, No. 5, pp. 25-30, 2000.
國領二郎, 『オープン・アーキテクチャ戦略：ネットワーク時代の協働モデル』, ダイヤモンド社, 1999.
サラモン, L. M., 山内直人訳・解説『NPO最前線：岐路に立つアメリカ市民社会』, 岩波書店, 1999.
社団法人研究産業協会, 『研究評価実践に関する調査報告書I』, 2000
田口敏行, 『産学協同と研究開発戦略：知的資産活用のマネジメント』, 白桃書房, 2003.
通商産業省工業技術院, 『転換期のR & D：センターオブエクセレンスの多面的醸成産業技術審議会総合部会企画委員会報告』, 財団法人通商産業調査会, 1992.
外山大・丹羽清, 「国家研究開発プロジェクトのライフサイクルモデル」, 研究・技術計画学会, 第15回年次学術大会講演要旨集, 2000.
長坂寿久, 「研究開発とNPO」, 『季刊　国際貿易と投資』, Winter 2002/No. 50, pp. 112-128, 2002.
長平彰夫・西尾好司, 『競争力強化に向けた産学官連携マネジメント』, 中央経済社, 2006.
西村吉雄, 「自立し分散した小集団がネットワークを介して協力する時代に」, 『日経エレクトロニクス』, No. 659, 1996.
西村吉雄, 『産学連携：「中央研究所の時代」を超えて』, 日経BP社, 2003.
『日本ロボット学会誌』, 「ロボカップ特集」, Vol. 29, No. 1, 2002.
平澤冷, 「我が国の公共部門における研究開発評価の課題」, 『研究技術計画』, Vol. 17, No. 3/4, pp.

128-141, 2002.
平川秀幸,「科学技術と市民的自由　参加型テクノロジーアセスメントとサイエンスショップ」,『科学技術社会論研究』, Vol. 1, pp. 51-57, 2002.
藤垣裕子,『専門知と公共性：科学技術社会論の構築へ向けて』, 東京大学出版会, 2003.
松野文俊・石黒周・山本長史・田所諭,「国際レスキューコンプレックス構想：神奈川県におけるRTを起爆剤とした企業化・産業活性化」,『日本ロボット学会誌』, Vol. 22, No. 7, pp. 829-832, 2004.
村上陽一郎,『科学者とは何か』, 新潮選書, 1994.

終章

技術経営の展開

研究と実践の共同によるイノベーションの実現

　高度技術社会の進展にともない技術経営の領域は拡大の一途をたどっている．技術経営学がイノベーションを先導する学問としてさらに発展するためには，企業現場の課題に対して企業と共同で行う実践的研究をいっそう充実させることが重要である．また，企業においては新規事業創造をはじめとするイノベーションに立ち向かい，それを実現するために，学問研究的アプローチを組み込んだ実践（「研究的実践」）が有効であろう．このように，技術経営の学問と実践の両者が共同することで，イノベーション実現への突破口を開くことができよう．

大学における技術経営実践的研究の展望

　本書の第1章から第5章で紹介した技術経営の5つの実践的研究は，実際に企業経営を支援できる有効な研究であることに加えて，学問的にも質の高い研究である．その根本的な理由は，これらを実施した研究者が深い洞察力によって複雑な要素が絡みあった実際の経営現場に鋭い光を当て，研究すべき真の課題を浮かび上がらせ，効果的な研究テーマを設定したことにある．

　一般に伝統的な学問分野では，それまで多くの研究者が取り組んできた既存の研究テーマに対して別の新たな解決方法を提示するという問題解決型の研究が多い．しかしながら，技術経営学のように新しい学問では，これまでとは違う視点で新しい課題を発見したり，あるいは，新しく領域を開拓し新研究課題を創造していくという問題発見型の研究がとくに必要とされるのである．

　このように技術経営学が新しい学問であることに加え，さらに注意すべきは，技術経営学には企業のイノベーションを先導・支援する役割が与えられているということにある．イノベーションとは従来とはまったく異なる新しいことを実現することであるので，それを扱う技術経営学もつねに自分自身を新たに変革していかなければ対応できないのである．

　したがって，技術経営学は自らの枠組みや境界をつねに積極的に拡張させることができる（させなければならない）という特徴をもっているのである．つまり，この学問は野心ある有為な若い研究者にとっては，そのもてる創造的能力を十分に発揮し，新しいことに挑戦できる実りある分野といえよう．

　ただし，実際に問題発見型の研究を行うのはかなりの困難をともなうということもまた事実である．まず，新しい研究テーマを自ら設定するまでに多くの時間と労力を費やす．伝統的学問では，それまでに積み重ねられてきた多くの先行研究を調査し，その欠点や盲点を見出してその解決に立ち向かうということが一般的であるのに対して，新しい分野では，現場に出向き，観察し，自らの視点で複雑な課題に新たな見通しを与えて研究テーマを構築するという難しく忍耐を要する作業が必要とされるからである．ついで，研究テーマ設定後にも「このテーマで本当によかったのだろうか」と自問せざるを得ないような不安と恐れがつねに付きまとう．この不安に耐え切れず，一般に理解されやすい

無難な研究テーマに変更しようとする誘惑と闘わなければならないのが常である．さらに，たとえ研究を遂行して一定の成果が得られたとしても，それが独創的であればあるほど自分の問題意識と研究テーマの意義や得られた研究成果の価値を他人に理解してもらうためのさらなる努力が必要とされるのである．

本書の5つの章を執筆した各々の研究者も，それぞれの研究を開始し完成させる過程には人知れない苦労が多くあったことは確かであろう．それを理解したうえで，これらの研究が成功した基本的要因をあげるとすれば，それは，現場の必要性に直結した課題を新たに発見・定義して，それを自らの問題意識と洞察力によって独自の研究テーマとして構築し，その解決法を模索するというアプローチで臨んだことにあるといえよう．まさに，実践的研究の真髄はここにある．

本書によって技術経営学の実践的研究の意義を確認し，さらにその優れた実例を目にして今後実践的研究に挑戦しようとする人たちに，本書が勇気を与えることができれば幸いである．

そのような人たちは，本書の5つの章に述べられた研究が多様性に富み，さらに，研究対象が非常に広範囲にわたっていることに気がつくであろう．そして，各章を読み進めると，自分がこの研究を行うならばさらに研究対象の世界をますます広げていけるという感覚と興奮に包まれるであろう．

実際に技術経営学は未踏の広大な領域をもっているのである．つまり，技術経営とは技術を主体的に活用する経営であるので，技術が飛躍的に進化・発展し続ける高度技術社会にあって，技術経営の扱う範囲も膨大な領域に拡大し続けるのである．それに呼応して実践的研究が必要とされる領域もさらに果てしなく生まれてくるのである．

したがって，無限の可能性があるこの技術経営の現場に飛び込み，そこに研究テーマを構築するというアプローチに挑戦しようとする人たちには大きな夢があり，同時に大きな使命が与えられていることは間違いないということを強調したい．

企業における研究的実践の必要性

企業において技術経営学研究の成果をもっとも有効に生かせる領域はどこに

存在するのであろうか．それは新規事業創造の領域であるといえる．

　既存事業の成長だけを目指すならば，企業現場での経験の積み重ねで実現可能であろう．これに対して，新規事業とは文字どおりそれまでの現場経験だけでは実現できない企てのことであり，ここに何がしかの支援ができる学問があれば望ましいといえる．今日の高度技術社会で企業が新規事業を創造しようとしたとき，とくに注目すべきことは，ほとんどの場合，新技術の開発と活用が不可欠だということである．そこで，技術をいかに経営に生かすかを扱う技術経営学が，新規事業創造を支援する学問として有効であるということになる．

　では，新規事業創造を企てる場合，換言するとイノベーションを実現する場合，どのように技術経営学を生かせるのであろうか．これが次に問われるべき問いであろう．

　企業が新規事業創造を目指そうとすると大きく2つの問題に直面する．まず第1の問題は，新しい企てを行おうとすると必ず既存事業部門との軋轢が生じるということである．この問題の解決法は拙著『イノベーション実践論』（東京大学出版会，2010）に詳しく述べたのでここでは割愛したい．

　第2の問題は，新しいことをどのように進めたらよいのかわからないということにある．この問題に立ち向かおうとするとき，ここで提案したい考え方は，「新しいことを行うことを『研究』であるととらえると見通しがよくなる」ということである．つまり，対象とすべき課題（新規事業に対応）を設定し，その解決や遂行のための仮説（事業戦略に対応）をたて，試行して検証する（パイロットプロジェクトやフィージビリティー・スタディーの実施に対応）という研究の手順を採用できるという考え方である．

　従来からの伝統的経営学の多くは先にも述べたように，過去のデータを収集して分析し，すでに起こったことの理由づけをすることに重きを置いているので，新規事業創造の目的のためには有効ではない．

　ここで有効であるのは，本書が実例を提示した技術経営の実践的研究である．つまり，本書が述べた実践的研究のアプローチは，企業が新規事業創造をはじめとするイノベーションを企てる際に，そのままの形で採用できるのである．ただしこの場合は，実践の場で研究的なアプローチを採用しているという意味で「研究的実践」と呼ぶのがふさわしいであろう．

次に，この研究的実践を行うにはどうしたらよいのか，あるいは，注意すべきことは何であるかを考えてみよう．ちょうど大学が実践的研究をする場合に企業との協力が必要であったように，企業が研究的実践を行おうとする際にも同じように学問研究の専門家との協力が効果的であろう．この場合はとくに，技術経営学の実践的研究を行っている研究者との協力が望ましい．彼らは研究と現場との間の難しい共同作業を経験済みだからである．なお，この共同作業の具体的な形態としては，新規事業創造の役割を担う社長直属のプロジェクトなどに，企業人とは異なる視点をもつ研究的な議論を加えるために，上記のような技術経営学の研究者の参加を求めることなどが考えられる．

　ところで，ここで提案するような研究的実践は，キャッチアップ段階においては注目されなかったことである．なぜなら，その段階では先進企業の後追いをすればよく，新規事業を企てる必要がなかったからである．しかし，企業がフロントランナーの段階に入ると，新規事業創造のために目標や課題の設定の段階から試行錯誤が含まれる研究的アプローチが必要となるのである．日本の多くの企業はまさにこの段階にいる．

研究と実践の共同によるイノベーションの実現

　これまで述べてきたように，技術経営学は学問を確立しようとする段階にあり，また，イノベーションという新しいことの実現を支援する役割が与えられている．したがって，その発展のためには現実の企業現場に目を向け，そこでの実際の問題を解決する方策を新たに提案するという「『実践的』研究」をさらに積極的に進める必要がある．

　一方，企業が厳しい競争環境の中で生き残りをかけてイノベーションを行おうとする場合，これまでとは異なる新規事業の創造が必須である．これを実行するには，これまで経験のない新規事業の設定という課題を何度も試行錯誤しては検討し直すという学問的研究アプローチの採用が有効となる．本書ではこれを「『研究的』実践」と呼ぶ．

　このように技術経営の学問研究と企業実践は，その発展のためにお互いに相手の協力を必要としていることに注目すべきである．このことは，大学と企業とが相互に乗り入れることによって相乗的に展開する道を目指すことが重要で

あることを示している．そしてこの道こそがイノベーション実現にとっての突破口になるにちがいない．本書がそのための1つの指針となることを願っている．

索　引

人名索引

Abbey, A.　18, 34
安達俊行　60
Amabile, T. M.　18, 22, 99
Andrews, F. M.　18, 31
Argyris, C.　141
Asakawa, K.　18
Ayers, A. D.　134
Badaracco, Jr. J. L.　142
Badawy, M. K.　97
Baker, B. S.　60
Birchall, D.　99
Brandenburger, A. M.　146
Brookes, N. J.　99
Carter, D. E.　60
Chanaron, J.　99
蔡芢錫　18
Chesbrough, H.　134
Clark, K. B.　61
Dickson, J. W.　18, 34
Dunbar, K.　19
海老根敦子　59
Eisenhardt, K. M.　141
Engel, G. V.　18
圓川隆夫　60
Farson, R.　22
Floyd, J.　33, 101, 118
藤垣裕子　191
藤井大児　19, 25
藤本隆宏　61
福田収一　60
古川久敬　113
Galbraith, J. R.　61
Goleman, D.　96
Grant, R. M.　138
Hamel, G.　138, 141
Heenan, D. A.　148
平川秀之　202

平野雅章　146
平澤冷　193
Hoorens, V.　120
Hunt, S. D.　141
池島政広　16
今田治　59
石田英夫　17, 18, 30, 31
石黒周　9, 134, 195, 196
石井正道　19
板谷和彦　8, 98
神田良　148
金井壽宏　25, 106
Katz, R.　18
河合忠彦　97
河合武　97
Keyes, R.　22
菊本辰道　97
木下祐輔　59
北野宏明　187, 195, 207
Klahr, D.　19
Kline, S. J.　182
Kogut, B.　141
今野浩一郎　17, 25
國領二郎　202
桑嶋健一　16
Lawler III, E. E.　61
Lewis, J. D.　148
Locke, E. A.　98, 108-110
真子百合　59
Malone, T. W.　189
March, J. G.　142
丸山瑛一　28
松田武彦　141, 143, 144
松野文俊　206
松行彬子　142
McDonough, E. F.　97
百瀬恵夫　149
Morgan, R. M.　141
森下正　149
森田道也　59

229

村上陽一郎　189, 191
村岡哲也　86
長坂寿久　190
長平彰夫　183
中川威雄　59
中村圭介　17, 30
Nalebuff, B. J.　146
難波正憲　153
Nathan, R.　182
Nicholson, N.　104
二村英幸　97
西村吉雄　182, 202
西尾好司　183
丹羽清　iii, 2, 7, 16, 17, 19, 21, 96, 98, 103, 109, 147, 153, 184, 193, 195
延岡健太郎　60, 61
野中郁次郎　138, 141-143, 148
沼上幹　60
温田聰夫　67
O'connor, G. C.　134
尾川信之　106
岡田猛　20
Pelz, D. C.　18, 31
Perlmutter, H. V.　148
Prahalad, C. K.　138, 141
Rangan, U. S.　148
Roberts, E. B.　153, 154
Rosenbloom, R. S.　182
斉藤実　60
榊原清則　17, 27
Schon, D. A.　141
Schoonhoven, C. B.　141
清野武寿　8
関口和雄　97
Sen, A.　100
Senge, P. M.　134
白肌邦生　8, 22, 96, 109
相馬亘　67
Spencer, W. J.　182
Sundgren, M.　97
田所諭　203
田口敏行　183
高橋伸夫　94, 97
竹田志郎　148
手塚貞治　9, 140, 148

寺本義也　148
Thamhain, H. J.　18, 97
十川廣國　96
Torvalds, L.　202
外山大　184, 193
豊田秀樹　103
植田一博　19, 21, 31, 174
梅原英一　146
Webster, Jr. F. E.　140
Wheelwright, S. C.　61
Williamson, O. E.　140
山田肇　147, 153
矢野正晴　97
Yin, R.　34
義村敦子　104
Yoshino, M. Y.　148
Yukl, G.　96

用語索引

英数字

Actions　111, 118
AIBO　197, 198
CALTECH　209
COE　180, 182
EBI　209
ERATO 北野共生システムプロジェクト　207
ICSB　207
Ideas　111, 118
IRS　→　国際レスキューシステム研究機構
Linux　202
M & A　139
MBA　5
Motivation　110, 118
NPO 型長期研究プロジェクト　9
NPO 型分散研究システム　11, 186, 200
NPO 研究機関　183, 202
NPO 組織　188
NPO 法人　181, 187
PICMET　2
RoboCup　9, 181, 186-188, 191, 192, 194, 200
　　——Junior　195, 198
　　——Rescue　195

SBGN 208
SBI → システムバイオロジー研究機構
SBML 208
SBW 208
SGI 社 197, 199
Success 111, 118
The International Max Planck Research School for Computational Biology & Scientific Computing 209
The RoboCup Federation 187
Tukey 法 105, 107
University of Manchester 209
Vision 110, 118
Ward 法 124

ア 行

アイデア創造 128
アクションリサーチ 99, 116, 133, 186
アンダー・ザ・テーブル 27
暗黙知 138
異質性 193
一元配置分散分析 154
イノベーション iii, 5, 16, 51, 58, 100, 138, 180, 224, 226, 227
——論 134
『イノベーション実践論』 iii, 226
意欲的活動実態 103, 105
インタビュー 34, 64, 151, 170
インフォーマル組織 27, 28
応用実践 2
大部屋方式 72
オープン性 190
オープンテクノロジープラットフォーム 196, 197, 208

カ 行

「会社間」信頼 162
階層構造 17, 22
概念変化 19, 21
開発提携型 160
開放性 193
科学技術 180
科学者 180
——共同体 189
学問研究 2

価値観 98
活性化 94-98
——アプローチ 111
——アプローチの間接効果 114
——アプローチの課題探索 115
——アプローチの直接効果 114
——アプローチのマネジメント学習 114
——マネジメント 108, 116, 125
——要因 95
活性効果 114
活性層 120
活性タイプ 115
活性度の短期的側面 119, 124
活性度の長期的側面 120, 124
活動の柔軟性の欠如 66
仮目標 36, 37, 39, 40, 46
期間短縮 59, 64
企業間提携 11, 139, 140, 145, 148
企業的成果 43
企業内研修 6, 13
技術開発意欲 101, 103
技術管理者 13
技術経営 4, 7, 225
——学 iii, 2, 6, 12, 224
『技術経営論』 iii
技術人材 94, 100, 109, 116
——の活性化 96, 111
——の活動メカニズム 126
——の活動モデル 111
——のマネジメント 9, 10
技術組織 94, 97
技術担当役員 13
記述統計 115
技術レベル 86, 87
基礎研究 182
——所 28
機能別部門体制 60
機能・役割の置換 69, 79, 81, 82
寄付税制 219
基本構想立案能力 147, 152, 157, 169, 175
キャッチアップ 4, 12, 13, 58, 180, 227
キャリア 106, 108
——意識 95
——向上 108
競合状況パターン 161

索 引 *231*

競争と淘汰性　190
協調活動　19, 21
共同研究契約　99
協働事業提案機能　197-199
協働性　190
協働と競争　146
組立型製造業　163
クラスター分析　115, 125
経営学　2
経営情報学　144
形式知　138
傾聴　96
ケースメソド　13
研究開発　16
　──型NPO振興機構　219
　──型ベンチャー　9, 11, 167
　──型ベンチャー企業　140, 149
　──能力　147
　──マネジメント　8, 16, 18, 97
研究・技術者　13
研究行動　35, 36
研究資源　193
研究者　3
研究所　17
研究成果の創出　194
研究的実践　226
研究投資　182
研究マネジメント　8, 10
顕在的競合　161
現状のマネジメント　30, 31, 39
工学　2
厚生経済学者　100
行動　98, 109
　──の強度　104
　──の継続性　104
　──の方向性　104
高度技術社会　2, 94
効率性　194
国際レスキューシステム研究機構　186, 201-203
個人の視点　96
コスト低減　59, 64
コスト負担ルール　161, 163
コーチング　96
国家研究プロジェクト　11, 180, 183

固定的な組織　181
「個人間」信頼　162, 163, 170
この指とまれ　202
コミュニケーション　17, 23, 27, 31, 47, 49, 95, 112, 114
コンカレントエンジニアリング　59
コンソーシアム　176

サ　行

サイエンスショップ　202
災害救助システム　203
サムシングニューイズム　190
参画型　8
　──研究　9
産学官連携　180, 183
産学協同研究　99
産学連携　11
参加風土　97
産業化　193
時間感覚　100-104, 107
事業成功　156, 175
資金調達能力　147
時限つきの組織　183
資源ベースアプローチ　140
試行錯誤　10, 37, 41, 42, 47, 48, 95, 98
指向性　193
試作評価　63
自社技術優位性　165
市場知能　146
システムバイオロジー　207
　──研究機構　186, 201, 207
次世代ロボット産業創出　199
事前調査　162
実験活動　19, 22
実行権限　25, 31, 47, 49
実証実験　21, 53
実践的研究　iii, 6, 13, 97, 224
自発的長期研究プロジェクト　201
シミュレーション技術　87
社会貢献　193
社会人学生　iv, 9, 12
重回帰分析　155, 160, 161, 163, 164
商品アイデア収集・創出　153
商品コンセプト設定　153
情報伝達手段　160, 165, 171

情報伝達の欠如　66
職場環境　101
職務意欲　98, 101, 104
職務関与　104
自律的改善　130
自律的学習　131
自律分散型組織　134
自律分散性　190
新規事業　5, 138
新興国　58, 61
人事面談　113
新製品開発　58
信頼ベースアプローチ　140
推測統計　115
スカンク・ワーク　27
ステップワイズ法　160, 161, 163, 164
スノーボール・サンプリング　101
成果主義　17, 22, 23
成果配分　170
　　――ルール　162
成功実感　128
生産技術　8
生産立上げ　63
生産ノウハウ　85
生産能力　147
生産部門　59, 60, 83, 85
生産前準備　63
青少年の教育事業　197, 198
製造業　58
製造プロセス・工程設計　63
性能・機能向上　59, 63
製品開発　101, 107
　　――プロセス　62, 78
製品企画　62
製品研究　101, 107
製品設計　63
　　――知識　85
設計と生産の連携　8, 10
設計部門　59, 60
設計変更　78, 79
説明活動　19, 20, 21, 23
セルフマネジメント　133
セレンディピティー　19
先行開発　101
潜在的競合　161

戦略的選択理論アプローチ　140
戦略的連携構築　197
創造工房　204
創造性　95
　　――の発揮　96
創造的風土　97
装置型製造業　163
組織　94, 134
　　――学習論アプローチ　141
　　――活性化　11
　　――間知　142
　　――間知能　9, 11, 143, 145, 157
　　――際知能　9, 142
　　――知能　9, 141, 144
　　――知能論アプローチ　141
　　――の視点　96
　　――風土　34, 39, 97
　　――目標　95

タ　行

大学組織　182
大学の独立行政法人化　183
大都市大震災軽減化特別プロジェクト　206
多重比較法　154
短期活性層　121
探索研究　8, 10, 16, 27, 30
知識　35, 138, 167
　　――共有　11, 143
　　――習得　139, 140
　　――創造論アプローチ　141
知的財産権　219
チャート診断法　110, 118
チャンキング　96
チャンピオン型プロジェクト　201
中央研究所　11, 28, 180, 181, 213
中小企業基本法　164
長期活性層　121
長期研究　180-182
　　――システム　9, 11, 185
提携共同体　143, 145, 152
提携成功　144, 155, 156, 175
　　――度　158
　　――要因　148
提携パターン　149, 158
　　――別成功要因　166

索　引　233

低制約性　190
適応性　193
適用実験　9
データ・情報の形態変換　78
データ・情報の伝達　67, 78-80
動機づけ　95, 96, 98
東京大学大学院総合文化研究科　iv, 7
トップダウンマネジメント　90
トップマネジメント　54, 135
取引型　96
取引コストアプローチ　140

　　ナ　行

認知科学　19, 21
ネットワーク組織　176
能動的意識　125

　　ハ　行

発見　17, 19-25, 33, 35, 45
　　——の現場主導型マネジメント　27, 28, 33, 34, 42, 43, 45, 47
　　——の現場主導型マネジメント効果　49
　　——の阻害ファクター　22, 24, 33
　　——の促進ファクター　21, 24, 33
半構造化インタビュー　34
阪神淡路大震災　202
販売提携型　160
販売能力　148
東日本大震災　206
ビジョンドリブン性　190
ビジョンドリブン組織　188
ビジョン保有　126
非専門家に対する閉鎖性　191
秘密保持契約　116
品質向上　59, 64
不活性層　121
負担ルール　171
部門間連携　60
フラット型組織　134
フルタイム学生　8, 9
プロジェクト活動　60

プロセス研究　101, 107
フロントランナー　4, 12, 13, 180, 227
分散分析　107
分担提携型　159
ベンチャー企業　138
ベンチャーキャピタル　139
包括提携型　160
防災科学研究所　204
報酬　98, 109
ポテンシャルチャート　120, 129, 130

　　マ　行

マルチファンディング　218
ミドルマネジャー　95, 135
未来志向性　100, 103, 105, 109, 110
　　——の影響側面　100
　　——の自己向上側面　100
無競合　161
面談手順　122
目標　26, 109
　　——管理サイクル　113
　　——管理制度　95
　　——達成意欲　126
　　——達成行動　128
　　——の共有　31, 47-49
もの作り　4
問題解決型　224
問題発見型　224

　　ヤ　行

ゆるやかな階層制組織　189
欲求　98, 108

　　ラ　行

リーダーシップ　18
　　——研究　96
リニアモデル　182
類推　19, 21
連携　61, 62, 64, 65, 69, 70, 72-76, 83, 84, 90
ロボカップトイズ　191

執筆者紹介

編者

丹羽　清（にわ・きよし）[序章・終章]
1946年生まれ．早稲田大学大学院理工学研究科修士課程修了．日立製作所，ポートランド州立大学技術経営学科客員教授，東京大学大学院総合文化研究科広域科学専攻教授を経て，現在，東京大学名誉教授．工学博士．テキサス大学 IC^2 (Innovation, Creativity and Capital) 研究所主任研究フェロー，PICMET（技術経営国際会議）インターナショナル・チェアー，IJITM（イノベーション国際論文誌）編集顧問，イノベーションや技術経営に関するコンサルティングも行う．著書に，*Knowledge-Based Risk Management in Engineering* (John Wiley & Sons, 1989), *Technology and Innovation Management* (共編, IEEE, 1999)，『技術経営戦略』（共編，生産性出版，1999），*Technology Management in the Knowledge Era* (共編, IEEE, 2001)，『技術経営論』（東京大学出版会，2006），『イノベーション実践論』（東京大学出版会，2010）など．

著者（掲載順）

板谷和彦（いたや・かずひこ）[第1章]
1959年生まれ．東京大学理学系大学院相関理化学修士課程修了．（株）東芝入社，同研究開発センターを経て，現在，東芝ビジネス＆ライフサービス（株）テクニカルサービス部部長．材料・デバイスの研究開発とマネジメント研究に従事．2002年に博士（工学），2010年に東京大学大学院総合文化研究科広域科学専攻博士課程を修了，博士（学術）．工学分野と技術経営分野で多数の論文がある．

清野武寿（せいの・たけひさ）[第2章]
1962年生まれ．慶應義塾大学大学院理工学研究科修士課程修了．（株）東芝入社，東芝生産技術研究所（現生産技術センター），同イノベーション推進本部を経て，現在，同生産技術センター生産技術企画部部長．2005年に東京大学大学院総合文化研究科広域科学専攻博士課程を修了，博士（学術）．製造業における生産技術開発現場で活用できる実践的な技術マネジメントを研究．

白肌邦生（しらはだ・くにお）[第3章]
1981年まれ．慶應義塾大学経済学部卒業，2009年に東京大学大学院総合文化研究科広域科学専攻博士課程修了．博士（学術）．現在，北陸先端科学技術大学院大学（JAIST）知識科学研究科准教授．技術開発組織論，サービス・マーケティングの研究・教育に従事．著書に『横断型科学技術とサービスイノベーション』（共著，社会評論社，2010）や多数の論文がある．

手塚貞治(てづか・さだはる)[第4章]

1968年生まれ.東京大学文学部社会学科卒業.NTT勤務を経て,現在,(株)日本総合研究所経営コンサルティング部(東京)部長/主席研究員.2001年に東京大学大学院総合文化研究科広域科学専攻博士課程修了,博士(学術).成長企業支援の実務に携わる傍ら,理論面での研究に従事.著書に『戦略フレームワークの思考法』(日本実業出版社,2008)などがある.

石黒　周(いしぐろ・しゅう)[第5章]

1957年生まれ.東京大学理学部化学科卒業.コニカ(株)を経て,(株)MOTソリューション代表取締役.国際レスキューシステム研究機構理事,研究開発型NPO振興機構専務理事などを兼務.2006年に東京大学大学院総合文化研究科広域科学専攻博士課程を修了,博士(学術).著書に『ロボカップレスキュー』(共編,共立出版,2000)がある.

技術経営の実践的研究　イノベーション実現への突破口

2013年1月10日　初　版

［検印廃止］

編　者　丹羽　清

著　者　石黒　周・板谷和彦・白肌邦生・
　　　　清野武寿・手塚貞治

発行所　一般財団法人　東京大学出版会

代表者　渡辺　浩

113-8654　東京都文京区本郷 7-3-1 東大構内
http://www.utp.or.jp/
電話 03-3811-8814　Fax 03-3812-6958
振替 00160-6-59964

印刷所　株式会社三陽社
製本所　誠製本株式会社

Ⓒ 2013 Kiyoshi Niwa *et al.*
ISBN 978-4-13-040259-0　Printed in Japan

JCOPY 〈(社)出版者著作権管理機構　委託出版物〉
本書の無断複写は著作権法上での例外を除き禁じられています．複写される場合は，そのつど事前に，(社)出版者著作権管理機構（電話 03-3513-6969，FAX 03-3513-6979，e-mail: info@jcopy.or.jp）の許諾を得てください．

技術経営論

丹羽　清　A5判・384頁・3800円

技術が社会に多大な影響を与える高度技術社会の現在，企業に求められる新しい経営学とは？　米国・日本における大学や企業セミナーなどでの講義経験をふまえ，技術と経営の両面からバランスよく体系立てて書かれた初の「標準的」教科書．学生はもちろん，現代社会を生きる企業人の必読書．

イノベーション実践論

丹羽　清　A5判・176頁・2600円

日本企業飛躍の道がここにある！　大学や企業セミナーでの長年の講義経験をもとに，理論と実際のビジネスを統合した新しい実践論．基本的な考え方から，問題点の扱い方，そして効果的実現に向けたアプローチまでを提示．イノベーションを志す企業人と学生の必読書．

知的財産制度とイノベーション

後藤　晃・長岡貞男編　A5判・424頁・4800円

特許性の基準やその範囲，企業の知財戦略，技術の取引や移転，あるいはそれらをとりまく司法制度や競争政策などの観点から，知的財産権がイノベーションに与える影響を理論的・実証的に分析することで，効率的な企業組織や望ましい知的財産制度のあり方を探る．

日本のイノベーション・システム
日本経済復活の基盤構築にむけて

後藤　晃・児玉俊洋編　A5判・340頁・5200円

技術者，研究者，企業，大学がそれぞれ有する高度な科学的・技術的知識を産業において実用化するインターアクティブなプロセスを考察することで，日本経済の中長期的な発展の基盤となるイノベーション・システムを構築するための手がかりを提示する．

ここに表示された価格は本体価格です．ご購入の際には消費税が加算されますのでご了承ください．